2018年度宁波市社会科学学术著作出版社

监视居住
制度研究

陈 岩 / 著

JIANSHI JUZHU
ZHIDU YANJIU

四川大学出版社

项目策划：曾　鑫
责任编辑：曾　鑫
责任校对：孙滨蓉
封面设计：墨创文化
责任印制：王　炜

图书在版编目（CIP）数据

监视居住制度研究 / 陈岩著． — 成都：四川大学出版社，2019.3
ISBN 978-7-5690-2825-6

Ⅰ．①监… Ⅱ．①陈… Ⅲ．①法制－研究－中国 Ⅳ．① D920.0

中国版本图书馆 CIP 数据核字（2019）第 042474 号

书名	监视居住制度研究
著者	陈岩
出版	四川大学出版社
地址	成都市一环路南一段24号（610065）
发行	四川大学出版社
书号	ISBN 978-7-5690-2825-6
印前制作	四川胜翔数码印务设计有限公司
印刷	四川盛图彩色印刷有限公司
成品尺寸	170mm×240mm
印张	12.25
字数	257千字
版次	2019年12月第1版
印次	2019年12月第1次印刷
定价	59.00元

◆ 版权所有 ◆ 侵权必究

◆ 读者邮购本书，请与本社发行科联系。
电话：(028)85408408/(028)85401670/
(028)86408023　邮政编码：610065
◆ 本社图书如有印装质量问题，请寄回出版社调换。
◆ 网址：http://press.scu.edu.cn

四川大学出版社
微信公众号

前 言

监视居住是我国法定强制措施之一，与其他几种强制措施相比，对监视居住的研究长期以来处于较为边缘化的状态。从已有的研究成果来看，对监视居住基础性理论问题的关注较少，而更多是由问题到对策的研究进路。这无疑会使得监视居住的研究成为无源之水、无本之木，而这也是监视居住研究长期处于"存、改、废"的理论怪圈当中循环往复、难以抽身的根本原因。一方面，学术界的研究难以提供有效的理论支持；另一方面，立法和司法实践中则是乱象丛生。2012 年《刑事诉讼法》修改时，对监视居住的修改成为重中之重。修改后的《刑事诉讼法》将监视居住定位为减少羁押的替代性措施，从适用条件、执行地点、监视方法、法律监督以及刑期折抵等诸多方面对监视居住作了全面的修订。以此为契机，本书在对监视居住制度的基本理论问题进行探讨的基础上，对法律修改的相关内容进行评析。

全书共 5 章：

第 1 章阐释了监视居住的基本范畴，包括监视居住及其相关的概念辨析、监视居住制度在我国的确立和发展以及监视居住制度的法律渊源。本章从监视居住的概念出发，首先厘清其内涵和外延，并在此基础上通过与未决羁押、羁押替代性措施以及单独监禁三个概念的比较，为后文对监视居住与羁押之间的关系的讨论做了铺垫。之后，梳理了新民主主义革命时期至今监视居住制度的确立和发展过程，分析了监视居住制度在不同历史时期的作用。最后对监视居住制度的法律渊源进行总结，并指出法律及立法解释应当是监视居住制度的主要法律渊源。

第 2 章分析了监视居住制度的法律性质及其功能。法律性质决定了监视居住制度的走向和具体程序的设置，本章从当前学界过分强调指定居所监视居住的特殊性的现象出发，通过对固定住处执行的监视居住与指定居所监视居住的比较得出结论，即二者的一致性强于其各自的特殊性。通过对比其他国家和地区类似监视居住的羁押替代性措施，说明监视居住所具备的人道主义属性。随后，通过与逮捕制度的对比分析了二者之间的关系，认为监视居住具有形式上的独立性及实质上的附属性。最后，阐述了监视居住制度权利本位的制度属性，并就其表现及形成原因进行了分析。

第 3 章介绍了域外类似监视居住制度的羁押替代性措施。虽然理论上习惯将与羁押相对的强制措施统称为羁押替代性措施，但是从其在各自的强制措施体系中的存在形式来看，较为典型的有作为保释附加条件的羁押替代性措施，如美国的软禁制度；也有作为羁押执行机制的羁押替代性措施，如德国的延期执行逮捕令制度、日本与我国台湾地区的停止执行羁押制度，等等。通过对上述典型制度的分析，了解羁押替代性措施的运行原理与规则，这对发挥监视居住减少羁押的替代性措施的作用大有裨益。

第 4 章阐释了被监视居住人的权利体系。这是监视居住制度中异常重要却又被严重忽视的问题。准确界定被监视居住人的权利体系既有必要性又有现实紧迫性。同为人身自由被干预的犯罪嫌疑人、被告人，看守所在押人员的权利体系相对较为明确，为被监视居住人的权利体系的构建提供了参照。因此本章首先从看守所在押人员的权利体系出发，并以此为参照分析了当前立法以及司法层面对被监视居住人的权利保护状况，之后得出结论：当前我国被监视居住人程序性权利保护仍停留在较为浅显的层面，而实体性权利的保护则严重偏科，过于注重安全因素的考量而忽略了被监视居住人的其他实体性权利。继而从被监视居住人的实体性权利及程序性权利两个方面分别对被监视居住人的权利体系进行了分析和论证。

第 5 章讨论了监视居住的程序规则。被监视居住人权利体系的界定只是为保护被监视居住人的合法权利、规范办案机关权力提供了理论上的可能性，由于权利本身内涵与外延具有相对模糊性以及现行制度设计中办案机关所享有的较大程度的自由裁量权，如何将权利保护的可能性转化为现实性还有赖于监视居住程序规则的设置。

目 录

绪 论 ……………………………………………………………… （1）

第1章 监视居住基本范畴概述 …………………………………… （8）
  1.1 监视居住的概念 …………………………………………… （8）
    1.1.1 监视居住的内涵 …………………………………… （8）
    1.1.2 监视居住的外延 …………………………………… （12）
  1.2 监视居住的相关概念辨析 ………………………………… （28）
    1.2.1 未决羁押 …………………………………………… （28）
    1.2.2 羁押替代性措施 …………………………………… （36）
    1.2.3 单独监禁 …………………………………………… （42）
  1.3 监视居住制度在我国的确立和发展 ……………………… （43）
    1.3.1 监视居住制度在我国确立和发展的基本过程 …… （43）
    1.3.2 监视居住存废之争 ………………………………… （49）
  1.4 监视居住制度的法律渊源 ………………………………… （51）
    1.4.1 法律 ………………………………………………… （51）
    1.4.2 法律解释 …………………………………………… （51）
    1.4.3 部门规章 …………………………………………… （53）
    1.4.4 司法解释性质的文件 ……………………………… （54）

第2章 监视居住制度的基础理论 ………………………………… （55）
  2.1 监视居住的法律性质 ……………………………………… （55）
    2.1.1 一种措施，两种性质 ……………………………… （55）
    2.1.2 监视居住的人道主义属性 ………………………… （58）
    2.1.3 监视居住的独立性与附属性 ……………………… （59）
    2.1.4 权力本位的制度属性 ……………………………… （65）
  2.2 监视居住的功能分析 ……………………………………… （69）

1

2.2.1　当前关于强制措施的功能分析 …………………（70）
　　2.2.2　监视居住的内部功能 …………………………（75）
　　2.2.3　监视居住的外部功能 …………………………（79）

第3章　域外类似监视居住制度及启示 …………………（83）
3.1　软禁制度及其启示——以美国为例 ………………（83）
　　3.1.1　软禁制度及其特点 ……………………………（83）
　　3.1.2　审前软禁的程序规则 …………………………（88）
　　3.1.3　电子监视——科技手段在软禁中的运用 ……（95）
3.2　延期执行逮捕令及停止执行羁押 ……………………（97）
　　3.2.1　延期执行逮捕令 ………………………………（97）
　　3.2.2　停止执行羁押 …………………………………（101）

第4章　被监视居住人的权利体系 …………………………（107）
4.1　干预人身自由强制措施下被追诉人的权利体系概观 …（107）
　　4.1.1　看守所在押人员的权利体系 …………………（107）
　　4.1.2　被监视居住人权利保护状况 …………………（112）
4.2　被监视居住人的实体性权利 …………………………（121）
　　4.2.1　平等权 …………………………………………（122）
　　4.2.2　人身权利 ………………………………………（124）
　　4.2.3　人格权利 ………………………………………（127）
　　4.2.4　政治权利及自由 ………………………………（130）
　　4.2.5　社会经济权利 …………………………………（132）
　　4.2.6　精神自由权 ……………………………………（137）
　　4.2.7　基本生活待遇 …………………………………（141）
4.3　被监视居住人的程序性权利 …………………………（144）
　　4.3.1　程序基本权 ……………………………………（144）
　　4.3.2　与外界联系的权利 ……………………………（147）

第5章　监视居住的程序规则 ………………………………（154）
5.1　监视居住的决定程序 …………………………………（154）
　　5.1.1　监视居住动议的提出方式 ……………………（154）
　　5.1.2　监视居住的决定权 ……………………………（156）
　　5.1.3　决定程序中的诉讼主体及其作用 ……………（158）
5.2　监视居住的执行程序 …………………………………（159）

- 5.2.1 监视居住的执行主体 …………………………………… (159)
- 5.2.2 决定权与执行权的分离 ………………………………… (160)
- 5.2.3 执行程序中决定机关与执行机关的关系 ……………… (162)
- 5.3 监视居住的救济程序 ………………………………………… (167)
  - 5.3.1 程序性救济 ……………………………………………… (167)
  - 5.3.2 实体性救济 ……………………………………………… (172)
- 5.4 监视居住期间侦查讯问程序规则 …………………………… (175)
  - 5.4.1 讯问地点 ………………………………………………… (175)
  - 5.4.2 讯问时间 ………………………………………………… (177)

参考文献 …………………………………………………………… (180)

绪 论

　　强制措施是刑事诉讼中人权保障与犯罪控制的双重价值体现最为集中之处，因此，在我国刑事诉讼法所经历的两次修改过程中，强制措施的章节均被重点关注，修改幅度也是其他章节难以与之并论，而就我国刑事诉讼法所规定的五种强制措施来看，监视居住又是修改的重中之重。2012年3月8日，在第十一届全国人民代表大会第五次会议中，全国人民代表大会常务委员会副委员长王兆国就《中华人民共和国刑事诉讼法修正案（草案）》做了说明。会后，草案规定的修改后《刑事诉讼法》第73条造成"秘密拘捕"的讨论一时成为舆论焦点。在会后当天，全国人大常委会法工委就刑事诉讼法修改答记者问中，15家媒体代表就《修正案（草案）》的提问，有4家媒体均提到了有关监视居住的问题，可见该问题的社会关注度之高。

　　而与此次《刑事诉讼法》修改过程中的大热相比，监视居住的问题在之前的司法实践中的适用以及理论界的关注与其他强制措施相比较则可说是门可罗雀。司法实践中，监视居住往往被束之高阁，甚至有些地方的办案机关从未用过监视居住。而理论界对监视居住的研究范围则是非常有限，长期以来，学者们非常热衷于监视居住的存废之争，而忽略了对于监视居住的基础理论的研究，而诸如监视居住的法律性质等基础性的问题则恰恰是解决监视居住在当前我国强制措施体系中"食之无味，弃之可惜"的困局的关键所在。

　　我国最早以立法的形式确立监视居住始于1979年《刑事诉讼法》，如前面所述，监视居住确立至今，围绕该制度的存废之争就未停止过。监视居住是否像有些学者所说，是属于特定历史时期的产物？在沸沸扬扬的存废之争中经历了两次修改的监视居住为何被立法者所力挺？对于上述问题的了解则有赖于对我国监视居住制度的产生、发展和演变的过程进行详细的梳理。

　　以上是选择监视居住作为学位论文题目的宏观背景，除此以外，以监视居住为代表的减少羁押的替代措施本身的价值来说，与拘留、逮捕的羁押性强制措施相比，其更能够反映无罪推定和保障人权的现代刑事诉讼的价值取向，同时也代表了我国立法者在减少羁押方面的立法目的以及对限制和剥夺公民人身自由的审慎的态度。而监视居住在司法实践中的实施状况将直接决定其替代羁押的法律定位能否得以实现，同时也将成为决定我国强制措施适用的风向标。

与取保候审、拘留和逮捕相比，监视居住向来不是我国学者对强制措施关注的重点所在。以中国知网收集的文章为例，在中国知网收录的博士、硕士学位论文中，以"监视居住"为题名进行检索，不限时间和论文级别，所收集到的博士学位论文数量为1，硕士学位论文数量也仅有12篇。同样是通过中国期刊网的检索，不限期刊类别以及发表年限，题名中含有"监视居住"的文章总共也只有82篇。相比较，以"取保候审"为题名检索出的博士论文数量为2，硕士论文数量79，学术论文403篇；而以"逮捕"为题名的博士论文数量为0，硕士论文数量为95，学术论文1016篇。

虽然针对监视居住进行的专门性研究成果不多，但是，将五种强制措施进行类型化的总结，将监视居住与取保候审、拘传类型化为非羁押性强制措施或者羁押替代性措施进行概括性研究的方式却较为多见。我国审前羁押率过高、羁押时间过长的问题由来已久，由于这一现象不符合现代刑事诉讼无罪推定与人权保障的本旨，与世界范围内审前释放为原则、羁押为例外的普遍性做法格格不入，因此，探索羁押替代性措施，减少羁押性强制措施的适用就成为学术界重点关注的问题之一。就已有的研究成果来看，这种概括性的以羁押替代性措施为对象的研究在总结羁押替代性措施的正当性基础、羁押替代性措施的功能以及对以保释为代表的国外羁押替代性措施的研究方面取得了较为显著的成果。

围绕监视居住进行的研究，学者们对监视居住产生的背景及其合理性、适用现状、监视居住的执行地点、执行方式、监视居住决定权和执行权的分立及合并等问题关注较多并取得了一些共识。就产生背景，有学者将其归纳为三点，即高度集中的计划经济体制背景、特殊的基层群众组织以及群众"司法权"的合理存在。[①] 就监视居住的执行地点，讨论的焦点在于如何防止执行地点不当造成的变相羁押的情况，就此，有学者概括性地指出，执行地点的确定应同时符合两个原则，一是要能有效控制，二是应不同于羁押。[②] 有学者从保障同住人的利益出发，认为刑事诉讼法应当将"指定的居所"作为执行监视居

---

① 参见姚玉林、张伟：《监视居住强制措施存在的合理性分析》，载《检察实践》2004年第2期。
② 参见戴涛：《执行监视居住中需要解决的几个问题》，载《法学》1988年第6期。

住的主要场所,而将"固定住处"作为补充。① 对此持反对观点的学者则认为,应当取消"指定居所的监视居住",而在住处、工作单位、居住社区或特定的公共场所执行。② 此外,也有学者从诉讼经济的角度对该问题做出分析,认为应当将分散式的监视改为集中式的监视,并且在实践中,针对外来人员犯罪的问题,有些地方的实务部门也在探索集中监视的方式;③ 但也有学者提出针锋相对的观点,认为在刑事诉讼法要严格限制监视居住适用条件的情况下,监视居住的适用率不会很高,从诉讼经济的角度考虑,建立专门的监视居住场所的诉讼成本将远高于在指定居所或者固定住处执行监视居住的诉讼成本。④ 就执行方式的问题,一般均认为当前采用的人盯人的方式存在众多缺陷,因此有学者主张引入国外电子监视的方式,也有学者认为当下条件并不成熟。就监视居住的决定权和执行权的问题,学术界存在两种截然不同的观点:一种观点认为应当将监视居住的决定权和执行权分离,公安机关仅具有监视居住的执行权,而决定权则由司法行政部门或者检察机关来行使;另一种观点则认为,为了保障监视居住的执行顺畅,应当将监视居住的决定权和执行权交由同一个机关行使。

有的学者还对职务犯罪中监视居住的适用以及流动人口、外来人员监视居住的适用作了专门性的研究。⑤ 2012年《刑事诉讼法》修改之后,学者们针对监视居住中较为特殊的指定居所监视居住问题进行了较为集中的讨论,讨论的重点在于指定居所监视居住的法律性质。⑥

以上述探讨为基础,学者们对监视居住的走向提出了针锋相对的两种观点:废除论及保留论。废除论认为,从司法实践效果来看,监视居住适用率非

---

① 参见潘金贵:《监视居住保留论:反思与出路》,载《人民检察》2007年第14期。
② 参见卞建林:《我国刑事强制措施的功能回归与制度完善》,载《中国法学》2011年第6期。
③ 参见马静华、冯露:《监视居住:一个实证角度的分析》,载《中国刑事法杂志》,2006年第6期;无锡市人民检察院课题组:《涉罪外来人员适用强制措施实证研究》,载《国家检察官学院学报》,2010年8月第18卷第4期。
④ 参见潘金贵:《监视居住保留论:反思与出路》,载《人民检察》2007年第14期。
⑤ 相关论述参见:程荣斌、赖玉忠:《论废除监视居住的理由》,载《山东警察学院学报》,2010年1月第1期;冯治明、王莉华《浅谈监视居住措施的正确使用》,载《公安理论与实践》,1997年第2期;无锡市人民检察院课题组:《涉罪外来人员适用强制措施实证研究》,载《国家检察官学院学报》,2010年8月第18卷第4期。
⑥ 相关论述参见:参见郎胜主编:《〈中华人民共和国刑事诉讼法〉修改与适用》,新华出版社2012年版;张军、陈卫东主编:《刑事诉讼法新制度讲义》,人民法院出版社2012年版;左卫民:《指定监视居住的制度性思考》,载《法商研究》2012年第3期;贺信:《指定居所监视居住:"双规"曲线入法》,载财新网:http://china.caixin.com/2012-03-12/100367089.html,访问日期:2012年11月22日。

常低，在少量的适用过程中却屡屡出现异化为变相羁押的情况。而从监视居住的产生背景来看，监视居住产生并赖以存在的社会条件已经不复存在，因此应当废除监视居住。持保留论的学者则认为，监视居住是处于取保候审和拘留、逮捕之间的缓冲地带，对于我国强制措施体系的完整性有着非常重要的作用。因此，虽然监视居住适用过程中存在种种问题，但不应因噎废食，而应该保留并加以改革和完善。对于监视居住的改革路径，学术界也存在众多不同的观点。如有的学者认为，监视居住与取保候审具有内在的共同性和相通性，在监视居住中引入担保制度，形成两种强制措施并用的局面实为明智之举。① 同时，也有学者认为，由于取保候审缺乏强制性，因此，应当取消取保候审，将其适用情形纳入监视居住的范畴。② 还有学者认为，鉴于监视居住与"两规"措施具有相似性，因而可以将限制人身自由的"两规"措施纳入监视居住中。③

近年来，我国刑事诉讼法领域内研究方法正在经历转型，实证研究方法越来越多地被用于刑事诉讼相关问题的研究。就监视居住来看，已有学者将这一研究方法运用到对司法实践中监视居住的适用情况的研究，并有针对性地提出了具体的改革方案。如有学者 2005 年 11 月至 2006 年 1 月对 S 省 N 市 N 县、Y 市 Y 区和 C 市 J 区公安局进行统计、访谈和档案检索。通过分析获取的数据以及典型的案例，得出结论认为监视居住能够发挥替代羁押的功能，但是存在羁押化倾向。结合数据以及典型案例，分析了监视居住适用率低的现象以及造成这一现象的原因。最后，为提高监视居住的适用率，建议将监视居住纳入取保候审，同时改分散式监视居住为集中式监视居住。④

已有的研究为我们了解监视居住适用现状以及当前监视居住适用过程中存在的问题有重要的作用。针对羁押替代性措施的研究所取得的成果对我们进一步挖掘监视居住这一旨在"减少羁押的替代性措施"提供了丰富的知识基础。然而，由于长期以来监视居住并未受到学术界足够的重视，因此，尚有许多问题有待研究。这些问题包括：

一、研究视角过于概括、宏大，缺乏对监视居住制度的内在发掘。这一问题主要体现在两个方面：一是前已述及，以羁押替代性措施为对象进行的研究

---

① 参见柯葛壮：《完善我国取保候审制度的几点思考》，载《法学》2003 年第 i6 期。
② 参见高一飞：《取保候审制度不宜保留》，载《人民检察》2994 年第 12 期；马静华、冯露：《监视居住：一个实证角度的分析》，载《中国刑事法杂志》，2006 年第 6 期。
③ 参见朱孝清《职务犯罪侦查措施研究》，载《中国法学》2006 年第 1 期。
④ 参见马静华、冯露：《监视居住：一个实证角度的分析》，载《中国刑事法杂志》，2006 年第 6 期。

对于我们研究监视居住制度提供了富有价值的知识基础，但由于研究视角过于宏大，对于监视居住的具体问题涉及还不够。二是在针对监视居住的具体问题，诸如历史沿革、执行地点、执行方式等问题的研究中，专门就某一个问题而开展的专门性的研究不够。已有的研究一个倾向是试图在有限的篇幅内罗列式地论述监视居住方方面面的问题，导致仅有观点而无论证的现象大量存在。因此，针对监视居住问题进行系统性的论证是本书的目标所在。

二、比较法研究相对欠缺。比较的方法是当前学术界非常盛行的一种研究方法，就强制措施问题来看，学者们将我国取保候审与国外保释制度进行了大量研究，对国外拘留、逮捕制度进行介绍的文章也非常丰富，但对于国外与监视居住相类似的强制措施进行专门介绍的研究数量非常有限。对上述制度进行系统性研究，或许可以为我国监视居住制度的进一步完善提供参考。

三、实证研究在监视居住问题的应用潜力有待进一步挖掘。由于当前我国司法实践中监视居住的强制措施应用数量非常有限，能够接触到的适用监视居住的典型案例罕见，使得难以对监视居住进行有效的实证研究。《刑事诉讼法》修改后，将监视居住定位为减少羁押的替代性措施，同时由于对传统的侦查讯问进行了非常严格的限制，使得通过监视居住实现对犯罪嫌疑人、被告人的讯问成为一种可能的路径，监视居住的适用数量极有可能大量增加。因此，2012年1月1日新《刑事诉讼法》实施后，为运用实证研究方法对监视居住的运行情况进行研究提供了很好的契机。

在研究方法的选取方面，本书使用了以下研究方法展开对监视居住问题的研究：

一、价值分析方法。任何社会制度都不是空中楼阁，而必定是以一定的价值取向为支撑的有机体，监视居住也是如此。对监视居住的性质、功能、程序规则等具体问题的探讨必须以监视居住制度的价值取向为基本前提，比如对监视居住功能的讨论。司法实践中监视居住等强制措施承担着诸如保障诉讼、惩罚教育、刑罚预支、证据发现、犯罪预防等多种功能，这与我国立法及司法实践对人权保障与犯罪控制的双重价值的权衡考量有关。越是强调对犯罪的控制，那么就有可能使得监视居住等强制措施负担过多的惩罚教育、证据发现等功能；相反，则会尽可能地把监视居住等强制措施控制在以保障诉讼顺利进行为限的范围之内。

二、比较研究方法。比较研究方法是社会学常用的一种研究方法，特别是我国作为法治后进国家，法律移植在我国的法治发展过程中发挥着重要作用。通过研究国外先进的法律制度，吸收其合理性的成分并结合我国实际情况确立我国的相关制度一直以来为我国学者所重视。就监视居住来说，当前对域外类似制度的考察、介绍还比较缺乏，这是本书所要做的重点工作之一。

三、实证研究方法。实证研究方法是对传统的思辨式研究方法的反思。近年来，实证研究方法在刑事诉讼法研究领域内大量应用，对弥补传统思辨式研究方法的弊端，推动我国法学研究视角的转变起到了举足轻重的作用。但是具体到监视居住的问题，实证研究方法的应用却十分有限。这对于我们准确、深入的了解监视居住制度构成了研究方法方面的障碍。实际上，不仅是学术界对于监视居住的了解不够深入，如有些学者所讲："绝大多数受访对象（公安机关工作人员）仅能解释不采用这一措施的理由，而无法描述这一措施的运行程序及实际存在的问题。"[1] 可见，当务之急是将实证研究方法引入对监视居住制度的研究，用实证的方法准确描述监视居住的运行程序集存在的问题，并为监视居住制度的改革奠定实证基础。

在研究对象的选取上，本书对监视居住制度中以下几个问题进行了重点的集中论述：

一是监视居住的内涵和外延。监视居住的概念是监视居住制度研究中最为基础却也最容易被忽略的问题，当前对监视居住概念的研究仍处于较为浅显的层面，既没有深入到监视居住制度的本质，也没有准确的界定其存在形态，也不能明确监视居住的外延。本书力求在这一监视居住制度的本源性的问题上重点着墨。

二是监视居住的法律性质。《刑事诉讼法》修改后，特别突出了指定居所监视居住的问题，并将其界定为减少羁押的替代性措施。然而，学术界对指定居所监视居住性质的讨论却争议颇多。从现有的规定来看，指定居所监视居住与羁押确实存在千丝万缕的联系，若将指定居所监视居住视为一种独立的强制措施，很难将其与拘留和逮捕所带来的羁押相区别开来。通过考察国外类似制度我们发现，监视居住的类似制度大多不是作为一种独立的强制措施而存在的，其对于羁押而言具有很强的附属性。而这种对于羁押的附属性或许是解释监视居住特别是指定居所监视居住性质的一个关键因素。

三是被监视居住人的权利体系。被监视居住人的权利体系是一个被我国刑事诉讼法学界长期忽略的问题。从当前有关监视居住的研究来看，少有学者涉足该问题，已有的研究成果系统性也不够。然而，明确被监视居住人的权利体系在我国刑事司法实践中具有现实紧迫性，当前刑事司法实践中对被监视居住

---

[1] 马静华、冯露：《监视居住：一个实证角度的分析》，载《中国刑事法杂志》，2006年第6期。

人的权利保护可以说是对被追诉人权利保护的一个灰色地带。我国刑事司法实践中，监视居住异化为变相羁押的问题由来已久，该现象背后所反映的就是监视居住执行机关对被监视居住人应当享有哪些权利以及监视行为对被监视居住人的权利干预应当控制在什么限度之内的问题的认识不清。前者是范围的问题，后者是程度的问题，明确被监视居住人的权利体系是执行机关对被监视居住人权利予以适度限制的先决条件，是避免监视居住异化为变相羁押的前提。

第1章 监视居住基本范畴概述

1.1 监视居住的概念

1.1.1 监视居住的内涵

一、诉讼行为

当前监视居住的概念基本上都是来自对《刑事诉讼法》法律文本中有关该强制措施的各种要素的归纳、总结。法学教材中的概念以及法律释义书中的概念大同小异,没有本质的区别。[①] 从现有的概念界定来看,学术界仍习惯于从宏观角度把握监视居住的特征,这种研究方式对于从整体上理解监视居住及其在整个强制措施体系中所处的地位有所帮助。但无论是将监视居住落脚于强制措施抑或是诉讼活动,都只是从理论上对监视居住所做的技术性处理,并未深入到监视居住的本质。

"对监视居住所作解释的教科书定义或者立法解释性定义都因为局限于立法的规定,未能对监视居住进行足够的理论概括。"[②] 究其原因,这种对监视

[①] 法学教材中较有代表性的概念比如:"监视居住,是指人民法院、人民检察院、公安机关在刑事诉讼过程中对犯罪嫌疑人、被告人采用的,命令其不得离开住处或者居所,并对其活动予以监视和控制的一种强制方法。"而立法释义书中的表述则是:"监视居住是指责令犯罪嫌疑人、被告人固定于自己的住处或者指定的居所(限于无固定住处的),未经执行机关批准不得离开、不得会见他人,在传讯时及时到案,不得进行干扰证人作证等妨害诉讼正常进行的行为,并由公安机关予以监视的一种强制措施。"参见陈卫东主编:《刑事诉讼法(第二版)》,中国人民大学出版社2004年版,第190~191页;胡康生、李福成主编:《中华人民共和国刑事诉讼法释义》,法律出版社1996年版,第62页。

[②] 汤茂定:《监视居住制度研究》,南京师范大学博士学位论文,第8页。

第1章 监视居住基本范畴概述

居住概念研究的局限性实际上是由于缺乏必要的理论研究工具所造成的。长期以来，我国刑事诉讼法学界较为注重从对刑事诉讼价值、目的、结构、职能到起诉、辩护、强制措施等各个范畴相互联系、基本完整的理论体系，但对于作为刑事诉讼基本构成要素的刑事诉讼主体、客体、行为以及条件的研究却没有深入进行下去。[①] 正是因为对刑事诉讼基本构成要素这种最具基础性的理论研究的缺失，使得对监视居住的概念等问题的解释仅停留在表面而没有深入其实质。因此，对监视居住概念的准确界定需要借助于刑事诉讼基本构成要素理论。

笔者认为，在诸多刑事诉讼基本构成要素的理论中，刑事诉讼行为理论对于我们准确界定监视居住的概念大有裨益。"诉讼行为，乃开启、进行、中介诉讼之各个行为，亦即，乃次第进行并为完成整个刑事诉讼程序所为之行为，就此而言，无论是保全被告或者搜集或保全证据之目的，强制处分确实属于诉讼行为。"[②] 刑事诉讼行为是刑事诉讼法律关系主体所实施的符合诉讼法上规定的构成要件，并足以产生诉讼法上效果的行为，是刑事诉讼程序的基本构成要素之一。刑事诉讼行为有广义和狭义两种理解。从我国刑事诉讼的立法和实践来看，对刑事诉讼行为宜作广义理解，从刑事程序启动、侦查到判决后的执行阶段所实施的能够引起诉讼法律关系发生、变更或者消灭的行为应当都属于刑事诉讼行为的范围。[③]

以行为中是否包含有达到一定法律效果的意思表示为标准，可以将诉讼行为分为诉讼法律行为和诉讼事实行为。[④] 诉讼事实行为又包括表示行为以及单纯事实行为。[⑤] 以刑事诉讼行为的视角审视监视居住，根据办案机关是否有权自己决定适用，可以将监视居住区分为诉讼法律行为和诉讼事实行为。根据《刑事诉讼法》第73条第1款的规定，涉嫌危害国家安全罪、恐怖活动犯罪、特别重大贿赂犯罪，在住处执行可能有碍侦查的三类特殊案件，办案机关自己无权决定适用监视居住，而必须要由办案机关的上一级机关批准方可适用。因此，这类的监视居住属于典型的诉讼事实行为。同时，办案机关向其上一级机

[①] 参见宋英辉主编：《刑事诉讼原理》，法律出版社2003年版，第173页。
[②] 林钰雄著：《刑事诉讼法（上册）》，中国人民大学出版社2005年版，第225页。
[③] 参见宋英辉主编：《刑事诉讼原理》，法律出版社2003年版，第196～197页。
[④] 参见宋英辉主编：《刑事诉讼原理》，法律出版社2003年版，第198页。
[⑤] 表示行为是指表达行为人的观念或者意见的行为，表示行为虽然是在人们的意志支配下实施的，但其所期待的法律效果是否发生，并不以行为人的意志为转移；而单纯事实行为，是指不以意思表示、观念、意见的表示为要素的行为。参见宋英辉主编：《刑事诉讼原理》，法律出版社2003年版，第198-199页。

关申请行为本身是包含有适用监视居住这一意思表示的，但最终能否适用要取决于上一级机关的决定，因此，该类型监视居住属于诉讼事实行为中的表示行为而非单纯事实行为。与三类特殊案件中监视居住的适用不同，对于在固定住处执行的监视居住，办案机关本身就有决定权，即该类型监视居住的适用取决于办案机关自己的意思表示，因此其属于典型的诉讼法律行为。

上述有关监视居住类型的划分是仅就监视居住的决定这一行为而言的，而就监视居住的执行来说，其仅仅是对决定行为的付诸实施，本身并不包含影响监视居住法律效果的意思。因此，其属于诉讼事实行为中的单纯事实行为。

二、干预基本权利形态

"刑事诉讼法上的强制措施均为对基本权利之侵犯。"[①] 通说认为，根据强制措施所干预的基本权利客体的不同，可将其分为三大类，即限制或者剥夺公民人身自由的强制措施、处分公民私有财产的强制措施以及干预公民隐私权的强制措施。从法律规定看，我国强制措施仅指限制或者剥夺公民人身自由的强制措施，至于处分公民私有财产以及干预公民隐私权的权力行为则被纳入"侦查行为"中加以规定，理论上统称为"强制性措施"，以示与强制措施之间的区别。

上述立法以及理论上类型化的区分有利于把握强制措施干预基本权利的本质，然而无论哪种强制措施都不单纯是对某一项基本权利的干预，而极有可能附带地影响到被追诉人的其他基本权利，尽管这种影响并不像该强制措施所直接干预的权利客体一样明显。类型化的认识方法容易导致这些附带性受到影响的基本权利被忽略，这对于被追诉人的权利保障而言极为不利。

要准确界定一种强制措施构成对被追诉人哪些基本权利的干预，首先要明确基本权利的范围。基本权利是宪法学上的概念，也称宪法权利或者基本人权，是指宪法规定实际存在的公民享有的主要的、"必不可少"的权利。[②] 我国宪法规定的公民基本权利从外延上看包括平等权、公民参与政治生活方面的权利和自由、宗教信仰自由、人身权利、社会经济、文化教育方面的权利以及受教育权。

具体到监视居住而言，其首先且最为主要地干预了被追诉人的人身自由权，为法定限制人身自由的强制措施。根据执行地点的不同，其对人身自由的

---

① [德] 克劳思·罗科信：《刑事诉讼法》，吴丽琪译，法律出版社2003年版，第273页。
② 参见焦洪昌主编：《宪法学（第四版）》，北京大学出版社2010年版，第104页。

限制体现出较大的差别。在固定住处执行的监视居住，被追诉人仍享有一定地域范围内的行动自由，其对人身自由的限制程度更接近于取保候审；而在办案机关指定的居所执行的监视居住，其对人身自由的限制则要严厉很多，以至于许多学者将其称之为"准羁押措施"。① 此外，就指定居所监视居住而言，"作为一种限制犯罪嫌疑人、被告人人身自由的强制措施，显然侵犯了其人身自由权、隐私权乃至通过工作获得报酬等基本权利。"②

三、法定强制措施

监视居住作为一项刑事诉讼行为，其行为客体直接指向公民的基本权利，而对公民基本权利的限制则必须遵循法律保留原则。"法律保留原则最初是由德国人奥托·梅耶提出，指的是为了抑制行政权的恣意，对国民权利、自由的限制，不允许由行政权来进行，而必须保留给立法权（法律）。"③ 一般认为，我国立法法中也确立了法律保留原则。根据我国《立法法》第 8 条的规定，对公民政治权利的剥夺、限制人身自由的强制措施和处罚只能制定法律；且根据该法第 9 条，"有关犯罪和刑罚、对公民政治权利的剥夺和限制人身自由的强制措施和处罚、司法制度等事项"，即便尚未制定法律，也不得通过先行制定行政法规的方式加以规定，由此形成了法律保留原则的例外规定。

前已提及，监视居住构成对公民多项基本权利的干预，属于立法法规定的"限制人身自由的强制措施"的事项，根据法律保留原则的要求，监视居住理应通过制定法律的方式加以规定。而根据《立法法》第 42 条的规定，在"法律的规定需要进一步明确含义"以及"法律制定后出现新的情况，需要明确适用法律依据"两种情况下，全国人民代表大会常务委员会则享有解释法律的权力。这同样也是我国法律保留原则的重要内容之一。

因此，严格遵循法律保留原则，有权对监视居住作出规定的只能是全国人民代表大会及其常务委员会，而做出规定的形式也只能是法律或者立法解释。国务院、最高人民法院、最高人民检察院等认为有解释必要的，仅有权向全国人民代表大会常务委员会提出法律解释的要求。

---

① 参见陈卫东主编：《2012 刑事诉讼法修改条文理解与适用》，中国法制出版社 2012 年版，第 180~181 页。
② 周长军：《从基本权干预原理指定居所监视居住——兼评新〈刑事诉讼法〉第 73 条》，载《山东社会科学》2013 年第 4 期。
③ 焦洪昌主编：《宪法学（第四版）》，北京大学出版社 2010 年版，第 108 页。

我国早在1963年的《中华人民共和国刑事诉讼法草案（初稿）》中即已规定了监视居住，在之后的1979年刑事诉讼法中首次以法律的形式确立了监视居住制度，此后通过两次修改对监视居住不断加以完善。但是，对于监视居住的进一步解释、细化和明确，均未采取立法解释的方式，而是由最高人民法院、最高人民检察院以及公安部采用了司法解释以及部门规章的方式加以规定，这即违背了法律保留原则。值得注意的是，自1996年刑事诉讼法修改后，包括2012年修改后，一直采用"六部委规定"[①]的方式就各家司法解释和规定中存在的冲突以及执行刑事诉讼法所面临的共同问题作出规定。从该规定的制定主体来看，其并非严格意义上的立法解释，但是相比较于由公、检、法各自就执行刑事诉讼法的相关问题做出解释和规定而言，无论从其法律效力或者是从维护法制统一的实际效果考察，"六部委规定"均优于司法解释以及规定的形式。

1.1.2 监视居住的外延

从我国刑事诉讼法的规定来看，监视居住根据执行地点的不同可以分为两种，即在固定住处执行的监视居住以及在指定的居所执行的监视居住。由此看来，监视居住的外延似乎非常明晰。然而，由于"固定住处"以及"指定的居所"两个概念本身的模糊性，以至于理论界以及实务界对此存在非常大的争议。而这又是关系到监视居住与变相羁押之间的界限的关键因素。

实际上，对于上述两个概念，不管是立法还是司法解释中均尝试对其具体化和明确化，但是，从当前实际效果来看并不理想，其仍是困扰司法实践的难题。[②] 学理上的解释则更是不胜枚举。面对这些五花八门的解释，笔者认为，只有从监视居住的字面意义出发，并结合我国的客观社会环境才有可能对上述两个概念做出相对准确的界定，并以此确定监视居住的外延，为规范监视居住的适用创造条件。

一、何为"监视"

"监视"行为在各国刑事诉讼法中一般有两种存在方式：一是作为一种特

[①] 即由全国人大常委会法制工作委员会牵头，最高人民法院、最高人民检察院、公安部、国家安全部以及司法部就执行刑事诉讼法相关问题共同做出的规定。
[②] 据悉，在2013年刑事诉讼法学年会上，来自高检院的同志反映，修订后的《刑事诉讼法》实施至今，已有许多地方检察院向高检院请示有关指定居所监视居住的执行地点选择的问题。出于安全和节省司法成本的考虑，司法实践中指定居所监视居住多是在办案机关的办案点执行。

殊侦查手段，用于法定的特殊类型案件中证据的收集。二是作为监禁替代措施的监视，这种监视根据所适用的程序阶段又可以分为两种：第一种是作为审前羁押替代措施如条件保释中所附加的条件，用以限制犯罪嫌疑人、被告人的人身自由并使其按时出庭接受审判；第二种是作为监禁刑的替代措施，如缓刑、社区矫正的辅助手段，用以督促罪犯执行刑罚。

（一）作为侦查手段的监视

监视，从字面意思上一般将其理解为从旁观测注视。从空间的概念上理解，监视行为主体与被监视的对象往往共处一室或者被监视者在监视行为主体的自然感官可及的范围之内。这是传统意义上对监视行为的解释，在科技手段尚不足以支持远距离监视的年代，监视只能在有限的空间范围内才能实现。然而，现代科技手段的发展拓展了监视的内涵和外延，使得监控行为摆脱了空间范围的束缚。

刑事诉讼法中的监视一般是指追诉机关的一种侦查手段。根据《元照英美法词典》，监视（Surveillance），是警察适用的一种手段，包括对人和场所的直接监视（Visual Observation）和电子监听，如监视（Stakeout）、跟踪（Tailing of Suspects）、搭线窃听（Wire Tapping）。其目的旨在收集犯罪证据或仅为积累有关犯罪活动的资料。《英汉法律英语大词典》则将其解释为，严密观察或监听某地或某人，以期获得有价值之证据。一定程度上，监视与监听是通用的，作为一种刑事侦查手段，监听有着多种表现形式。传统上，监听是指运用自然感官对正在进行的与犯罪有关的谈话内容进行跟踪、听取。随着科学技术的不断进步，现代意义上的监听大都采用电子、机械等技术手段来进行，其方式大致可以概括为两种：一是采用窃听器、录音仪器等装置对自然谈话进行的监听；另一种是采用技术手段截取有线电话、无线电话、电报、网络通信等电子通信信息的监听。[1] 可见，刑事诉讼法中所采用的监视的概念，其范围要远远超出对监视字面意义的理解。其既包括了传统意义上所进行的"面对面"的监视，也包括通过电子监控设备及其他科技手段所进行的"背对背"的监听、窃听等行为。

作为侦查手段的监视可以从以下几个基本方面加以理解：

首先，监视的目的是为了保全犯罪嫌疑人、获取证据。与普通的常规的侦查行为不同，监视、监听均属于特殊侦查行为，在刑事诉讼法中往往被划入技术侦查的范畴。无论是常规侦查行为抑或是技术侦查行为，其目的均是保全犯罪嫌疑人、

---

[1] 罗海敏著：《反恐视野中的刑事强制措施研究》，中国人民公安大学出版社2012年版，第180页。

获取证据。但是需要指出的是在所获取的证据的使用方面，监视等技术侦查行为所获取的证据的使用规则较为特殊。首先，监视、监听所获取的证据的使用需要遵循最后手段原则，即技侦手段以及其他秘密侦查手段的适用范围应当明确限定在常规技侦手段无效时的特定、例外的情形或案件中。① 其次，通过监视、监听所获取的证据，除法定情形不能在其他案件中作为证据使用。②

其次，监视的行为主体一般是享有刑事追诉权的警察，在允许私人从事侦查行为的国家和地区，公民个人也可以进行监视行为。世界各国普遍地将警察机关和检察机关作为刑事侦查的主体，但由于法治理念以及诉讼传统的区别，在是否允许私人从事侦查行为的问题上各国的作法却大相径庭。一般来说，英美法系国家允许私人和有关社会团体进行有限度的侦查作为对警察和检察官侦查行为的辅助；大陆法系国家则多将侦查权严格限制在公权力的范畴之内，不允许私人从事侦查行为。但由于监听本身就属于一种特殊侦查手段，运用不当可能对公民的隐私造成较大程度的干预，即便在允许私人从事侦查行为的国家和地区，对私人监听行为的开展也进行了较多的限制。

再次，监视的手段包括两种，一是监视行为的实施者与被监视者共处一室或者在自然感官可及的范围内进行直接监视；二是通过电子设备对被监视者进行远程的监视，也就是我们通常所指的电子监视。传统意义上的监视仅指直接监视，电子监视则是科学技术发展到一定水平的产物。从各自的行为结果来看，电子监视对犯罪嫌疑人、被告人的基本权利的干预范围和程度远非传统的直接监视可以比拟，因此，出于保障犯罪嫌疑人、被告人权利的目的，各国对电子监视可以适用的案件范围以及适用程序均作了非常严格的限制。③

最后，从监视行为的对象来看，一般既包括对人的监视也包括对场所的监视。对人的监视一般是指对犯罪嫌疑人的监视，特殊情况下才能针对与案件有

---

① 参见陈卫东主编：《2012刑事诉讼法修改条文理解与适用》，中国法制出版社2012年版，第214页。
② 如《意大利刑事诉讼法》第270条规定，窃听所取得的材料不得在其他诉讼中使用，除非对于查明某些对其必须实行当场逮捕的犯罪来说这些材料是不可缺少的。
③ 以窃听为例，《意大利刑事诉讼法》第266条对窃听的适用案件范围作了如下限制："1. 在与下列犯罪有关的刑事诉讼中，允许对谈话、电话和其他形式的电讯联系进行窃听：1）依照第4条的规定依法应判处无期徒刑或者五年以上有期徒刑的非过失犯罪；2）依照第4条的规定依法应判处五年以上有期徒刑的妨害公共管理的犯罪；3）涉及麻醉品和精神刺激药物的犯罪；4）涉及武器和爆炸物的犯罪；5）走私犯罪；6）利用电话实施的侵辱、骚扰或干扰他人的犯罪。2. 在上述情况下允许窃听现场对话。但是，如果这种对话发生在《刑法典》第614条列举的地点，只有当确有理由认为那里正在进行犯罪活动时，才允许窃听。"

关联的其他人进行监视。① 对场所的监视，则不仅包括对特定案件中可能发生犯罪行为或者衍生犯罪证据的场所的监视，还包括当前各国普遍采用的作为社会治安综合治理手段的对公共场所进行的日常监视行为。一般来说，对人的监视和对场所的监视是同时进行的，对场所的监视是手段，对人的监视是目的。

（二）作为监禁替代措施的监视

第二次世界大战以后，世界各国的犯罪率不断攀升，② 监狱过度拥挤的问题成为各国刑事诉讼所面临的共同难题。监狱过度拥挤，无论是从国家的角度还是从个人的角度来看，都是极为不利的。从国家角度而言，监狱过度拥挤造成国家刑事司法成本的不断攀升；③ 而对个人而言，监禁不但意味着罪犯之间可能出现交叉感染、更加难以回归社会等问题，而且监狱过度拥挤甚至被认为侵犯了被监禁者的基本权利。④

在这样的背景下，各国开始反思各自的刑罚体系，以减少监禁为目的的各

---

① 如《德国刑事诉讼法》第 100 条 c（2）规定："对于第一款第一项 b 和第二项的措施，只有在基于一定事实可以推断其他人员与行为人有联系或者可以建立这种联系，使得措施将导致查清案情、侦查处被指控人居所，并且采用其他方式很难或者不可能取得这种成果的时候，才允许针对其他人员采用。"英国从 20 世纪 50 年代开始犯罪率就一直上升，1967 年犯罪总数为 1,200,000 起，1977 年超过 2,400,000 起，为 1967 年的两倍。从 20 世纪 50 年代中期开始，英国全国的暴力犯罪案件平均每年增加 11%，谋杀罪 1967 年较 1957 年增加了 4 倍多。美国的杀人、抢劫、强奸等七种重大案件，1952 年发生 2,036,510 起，1964 年发生 2,600,000 起，1975 年发生 11,256,600 起，1984 年则高达 120,702,00，1984 年比 1952 年增加了 6 倍多。日本在第二次世界大战后的 3 年，违反刑法的犯罪率就增加了 1 倍。参见陈光中主编：《外国刑事诉讼程序比较研究》，法律出版社 1988 年版，第 30~31 页。
② 英国从 20 世纪 50 年代开始犯罪率就一直上升，1967 年犯罪总数为 1,200,000 起，1977 年超过 2,400,000 起，为 1967 年的两倍。从 20 世纪 50 年代中期开始，英国全国的暴力犯罪案件平均每年增加 11%，谋杀罪 1967 年较 1957 年增加了 4 倍多。美国的杀人、抢劫、强奸等七种重大案件，1952 年发生 2,036,510 起，1964 年发生 2,600,000 起，1975 年发生 11,256,600 起，1984 年则高达 120,702,00，1984 年比 1952 年增加了 6 倍多。日本在第二次世界大战后的 3 年，违反刑法的犯罪率就增加了 1 倍。参见陈光中主编：《外国刑事诉讼程序比较研究》，法律出版社 1988 年版，第 30~31 页。
③ 如 2007 年，美国阿拉斯加州被监禁的人数达到 1981 年的 5 倍，相应的，州司法系统的花费也增加了 1 倍。See Natasha Alladina, The Use of Electronic Monitoring In The Alaska Crimenal Justice System: A Practical Yer Incomplete Alternative to Incarceration, Alaska Law Review, June, 2011.
④ 1981 年，在 Graddick v. Newman 一案中，美国联邦最高法院判定监狱过度拥挤侵犯了被监禁者的宪法权利。See Mark E. Burns, Electronic Home Detention: New Sentencing Alternative Demands Uniform Standards, Journal of Contemorary Law, 1992.

项改革也随之而来。以监禁人口全球居首的美国为例,[①] 20 世纪 80 年代,美国就开始了以减少监狱人口为目的的电子监视的早期探索。早在 1987 年,联邦法院就曾向 39 个州、哥伦比亚地区、波多黎各以及美属维尔京群岛发出缓解监狱拥挤问题的要求。[②] 在这一年,21 个州启用了电子监视项目,超过 900 个罪犯被置于电子监视之下。1993 年电子监视在美国全部的 50 个州被采用,大约有 7 万罪犯被置于电子监控之下。电子监视的具体方式有很多,往往根据被监视人的特点进行选择,这些方式包括家庭监视装备、电子手环、电子脚环、现场监视装备、酒精测试装备以及语音验证系统。[③]

作为监禁替代措施的监视主要有两种:一是作为审前羁押替代措施附加条件的监视,二是作为监禁刑替代措施辅助手段的监视。二者在监视方式上不外乎上述几种,因此其外在表现形式极为相似。虽然二者在达到减少监狱人口的实际效果方面存在一致性,但在适用目的上却存在本质区别。前者适用电子监视的目的在于减少审前羁押,将犯罪嫌疑人、被告人的人身自由限制在一定的范围内(通常是限制在其住宅内)并保证其按时到庭接受审判;对于后者来说,它既达到了减少监狱人口、降低司法成本的目的,同时也解决了以往的监禁刑替代措施——假释、缓刑,过于放纵罪犯、招致社会不满的问题。

作为监禁替代措施的监视与作为侦查手段的监视均是现代科技在刑事诉讼中的具体应用,二者在具体的技术手段上甚至存在一定程度的重合,但尽管如此,二者还是存在明显的不同:(1)适用目的不同。作为侦查手段的监视是在常规侦查手段无法获取有效证据时用以获取证据的必要手段,而作为监禁替代措施的监视则是要达到减少监禁人口的目的。(2)是否具有秘密性不同。作为侦查手段的监视,其有效性依赖于它的秘密性,这也是所有技术侦查手段发挥

---

① 早在 2008 年,美国当年监禁人口达到 230 万人,美国人口总数仅占全球人口的 5%,但是其监禁人口却占到了全球监禁人口的 25%,据统计,在美国,每 100 个人中就有一个处在监禁状态,这一比例是非常高的。参见:http://news.163.com/08/0317/19/478SGE5K000120GU.html,访问日期:2013 年 11 月 1 日。

② See Mark E. Burns, Electronic Home Detention: New Sentencing Alternative Demands Uniform Standards, Journal of Contemorary Law, 1992.

③ See Natasha Alladina, The Use of Electronic Monitoring In The Alaska Crimenal Justice System: A Practical Yer Incomplete Alternative to Incarceration, Alaska Law Review, June, 2011.

作用的必要前提；① 而作为监禁替代措施的监视则要以被监视人知晓为前提，其适用甚至还要事先征得被监视人的同意。（3）是否需要被监视人的配合不同。作为侦查手段的监视的秘密性决定了其不存在需要被监视人配合的问题，而作为监禁替代措施的监视根据是否需要被监视人的配合则可以分为主动监视和被动监视。主动监视是指不必依赖被监视人的合作而对其进行的持续的、不间断的监控；被动监控则需要被监视人的配合才能得以完成，如要求被监视人通过电话向办案机关汇报情况、要求被监视人朝安装在住处的酒精含量测试仪呼气以确定其是否处于醉酒状态等等。②（4）社会联动程度不同。作为侦查手段的监视要实现获取犯罪证据的目的，仅仅依赖办案机关的监视手段往往难以实现，或者说要实现更有效率的获取犯罪证据，办案机关在自己的监视手段之外，往往还需要综合运用各种社会信息资源实现其监视目的；③ 作为监禁替代措施的监视通过办案机关独立的监视方法即可实现，无须动用社会信息资源。

（三）监视居住中的"监视"

监视居住中的"监视"即刑事诉讼法规定的监视方法，根据现行《刑事诉讼法》第76条的规定，为了监督被监视居住人是否遵守了监视居住期间应当遵守的规定，既可以采用传统的直接监视的方法，也可以采用电子监视的方法。在我国，虽然监视居住客观上也起到了辅助侦查、获取犯罪证据或者发掘犯罪证据线索的作用，但是由于我国刑事诉讼法明确将监视居住规定为一种强制措施而非侦查行为，因此，监视居住中所指的"监视"与上述作为侦查手段的监视和监听从法律性质上看存在本质区别。

虽然理论上较容易对二者做出区分，但是司法实践中二者却存在混淆的可

---

① 2012年刑事诉讼法修订时，曾有人提议在刑事诉讼法条文中明确列举技术侦查的种类。当时关于技术侦查的含义和种类的规定曾有两个方案：一是"技术侦查措施是指采取监控、通信对公民住宅等场所秘密拍照、录音、录像、截取计算机网络信息等技术手段，获取犯罪证据的侦查措施。"二是，"技术侦查措施时指采取监控、通信、秘密拍照、录音录像、截取计算机网络信息等技术手段或者犯罪证据，影响公民的通信自由、住宅或隐私等权利的侦查措施。"但从最终的修订结果来看，两种意见均未被采纳，究其原因就在于技术侦查的具体种类一旦公布，其适用效果必然大打折扣，因此为了保证技术侦查的有效性，修订后的刑事诉讼法中并未规定技术侦查的具体种类。

② See Natasha Alladina, The Use of Electronic Monitoring In The Alaska Criminal Justice System: A Practical Yer Incomplete Alternative to Incarceration, Alaska Law Review, June, 2011.

③ 实现对犯罪行为的有效侦控必须充分地利用社会信息，通过对社会信息资源的利用实现侦查目的的典范莫过于当前我国公安系统"大情报系统""警综平台"建设。以笔者曾到访的安徽省芜湖市公安局为例，除了该单位的监控平台以外，其可以使用的社会信息资源有三是多种，包括水电气、房产信息、社会医保信息、有线电视信息、旅店业信息、餐饮业从业人员信息等等。对这些社会信息资源的充分利用对于芜湖市公安部门有效侦控刑事案件起到了举足轻重的作用。参见中国人民大学诉讼制度与司法改革研究中心：《侦查权平衡规范客体芜湖调研报告》，尚未刊印。

能性。一方面，作为强制措施的监视居住中所指的"监视"与作为侦查手段的"监视"从其外在表现形式来看存在高度的一致性；另一方面，虽然根据我国刑事诉讼法的规定，监视居住在侦查、起诉和审判各个程序阶段均可适用，但从司法实践来看，其多用于侦查阶段，且监视居住的执行主体与技术侦查的主体均为公安机关，行为主体的重合难免出现以监视居住之名行技术侦查之实的情况发生。特别是现行《刑事诉讼法》第76条明确规定了"在侦查期间，可以对被监视居住的犯罪嫌疑人的通信进行监控"的情况下，对作为监视方法的监视以及作为侦查手段的监视的准确界定就显得尤为必要了。

因此，在选择电子监视作为监视居住的监视方法时，应特别强调电子监视的合目的性。也就是说，采用电子监视作为监视方法不能超出强制措施保障诉讼顺利进行的目的。"在侦查阶段为了对被监视居住人进行监督管理，可以采取通信监控的方式。如果需要采取监控通信的方式侦破犯罪，要根据本法关于技术侦查的有关规定，经过严格的批准手续，根据批准的措施种类、对象和期限执行。"[①]

我国刑事诉讼立法及司法实践中关于监视居住中监视方式的理解存在一定程度的脱节。刑事诉讼立法中对于监视方法的规定经历了一个从无到有的过程，1979年《刑事诉讼法》以及1996年《刑事诉讼法》中均没有关于监视方法的规定，2012年修订后的《刑事诉讼法》则明确赋予监视居住执行机关可以采用电子监控、不定期检查以及通信监控等方式对被监视居住人遵守监视居住规定的情况进行监督。然而，从司法实践来看，当前监视居住的执行仍然停留在"面对面""人盯人"的传统监视阶段。如在北海律师杨在新涉嫌妨害作证而被监视居住的案件中（详见【案例3】），整个监视居住期间，执行人员与杨在新同吃同住，对其进行24小时不间断的监视，在刚开始执行监视居住时执行人员甚至与其同住在一个卧室当中。这也难怪监视居住总是面临异化为变相羁押的质疑，而这就是当前我国监视居住中监视方法的真实写照。

传统监视方法意味着耗费大量的人力、物力、财力。通过下面一则案例可以直观的感受采用传统监视方法时的巨大投入：

【案例1】南昌市检察机关首例监视居住案[②]

2013年1月，南昌市湾里区检察院立案侦查一起贿赂案件。因涉案官员

---

① 郎胜主编：《〈中华人民共和国刑事诉讼法〉修改与适用》，新华出版社2012年版，第168页。
② 参见兆明：《执行成本高易异化 "指定居所监视居住"遭遇"慎用"》，新法制报，2013年5月8日，第一版，参见：http://jxfzb.jxnews.com.cn/system/2013/05/08/012407400.shtml，访问日期2013年11月2日。

身体原因，不宜羁押。该院向上级检察院汇报，经允许后对涉案官员指定居所监视居住。

监视居住的地点选择在一家宾馆，并通知宾馆所在地公安机关。监视居住期间，检察机关办案人员对其进行了提讯，为保证其人身安全和防止自残、自杀和逃脱，检察机关派出15名人员，分四班陪护，每次3人。

办案组针对犯罪嫌疑人身体状况，配备药箱、血压仪、血糖仪，每天一测一记录，随时掌握犯罪嫌疑人的身体状况，同时与指定地点的当地医院联系，做好突发事件应急准备。

监视居住11天后，顺利查清涉案官员的犯罪事实。

监视居住期间，仅一天的开销就达3400元。

上述案例即典型的"人盯人"式的传统监视。监视居住执行期间，办案机关出动大量人员轮流陪护，为了达到法律要求的不得在羁押场所、办案场所执行监视居住的要求，不仅需要租用宾馆的房间，而且出于安全考虑还要根据被监视居住人的身体状况配备相应的医疗设备，巨大的司法成本投入在所难免。

一方面需要巨大的投入，另一方面却一直面临变相羁押的质疑，然而这一看似费力不讨好的方法却在监视居住的司法实践中占据着主导地位。究其原因不外乎以下几点：（1）传统监视方法与指定居所监视居住更为契合，电子监视则更适合在固定住处执行的监视居住。就固定住处执行的监视居住而言，采用传统的监视方法要达到有效地限制被监视居住人与外界的交流的目的似乎很难，而即便能够达到目的，也必然会对被监视居住人的同住家属的正常生活产生较大的影响；而对执行机关来说，采用传统的监视方法在固定住处执行监视居住，所面临的风险又太大。可见，采用传统监视方法在固定住处执行监视居住很难在理想的监视效果与被监视居住人与其同住人的权利保障之间取得平衡。而电子监视在实现上述平衡方面则更有优势。但在当前电子监视尚不成熟的情况下，只能在指定的居所采用传统监视方法执行监视居住。（2）方便以监视之名行侦查之实。从监视居住的适用情况看，其主要适用于检察机关自侦的重大贿赂案件。由于此类案件较为特殊，对口供的依赖程度较大，如何获取口供成为这类案件的重要突破口；而在指定的居所面对面的监视，为办案机关提供了获取口供的得天独厚的条件。（3）虽然成本高，但适用数量少、时间相对也较短。从对单个犯罪嫌疑人、被告人每天的投入来看，采用传统监视方法执行监视居住的成本显然要远远高于在看守所羁押的耗费。但考虑到监视居住的适用数量较少，而且持续时间较羁押的时间短很多，将司法资源向这些案件进行倾向性的投入也未尝不可。（4）传统监视方法能最大限度地保证办案安全。

前已述及，在固定住处执行监视居住的不宜采用传统监视方法，也正是因为如此，在固定住处监视居住的执行过程中发生犯罪嫌疑人、被告人逃避侦查、起诉、审判的风险也较大。如成都首例指定居所监视居住的案件：

【案例 2】王勇危险驾驶案①

王勇，男，39 岁，甘肃省天水市麦积区人，事发时在成都打工。

2011 年某日中午，王勇饮酒后驾驶无牌照三轮摩托与一辆二轮摩托相撞，致使车上乘客摔伤。事发后，警方对王勇进行了血液酒精浓度测试，发现其涉嫌危险驾驶。2012 年 2 月 29 日，警方对其立案侦查，随后对其采取监视居住，让其在成都的暂住地执行监视居住。

起初，王勇在接到办案机关通知后均能按时报到，但随后却以"身体有病"为由私自返回甘肃老家，警方多次催促未果。后来，甚至关机逃避警方办案。

2013 年 5 月，警方前往甘肃将其抓捕归案并予以拘留，随后向金牛区检察院提请批准逮捕。但金牛区法院以涉嫌犯罪最高刑罚仅为拘役，不符合逮捕条件为由，未批准逮捕。但认为，鉴于王勇在监视居住期间逃跑，遂建议公安机关对其采取指定居所监视居住。

随后，警方决定将其指定在成都一家宾馆一楼的房间进行监视。该场所安装有防护栏，同时警方派出两名警察进行不定期检查。指定居所监视居住期间，办案部门负责王勇的食宿费用。11 天之后，王勇被法院判处危险驾驶罪，拘役两个月。

在上述案件中，正是因为先前的固定住处执行监视居住的过程中缺乏有效的监视导致发生了逃避侦查的行为，才对犯罪嫌疑人采用了指定居所监视居住。本案中仅仅是在指定居所监视居住的过程中派两名警察不定期检查，采用的仍然是传统的直接监视，即便监视的强度不及杨在新案中 24 小时不间断的、同吃同住式的监视，但从监视效果来看仍对保全犯罪嫌疑人、保障诉讼的顺利进行起到了重要作用。

传统监视方法大行其道还有一个重要的原因，这就是电子监视的缺位。在电子监视开展较早的国家和地区，其已经被证明了是一种行之有效的监视方法。对国家而言，其意味着缓和了监狱过度拥挤的压力，同时节省了司法成本；而对犯罪嫌疑人、被告人而言，其得以在人身相对自由的状态下等待审

---

① 案例来源，人民网：《成都首例指定居所监视居住，警方给醉驾男开房》，参见 http://sc.people.com.cn/n/2013/0719/c347559-19108227.html，访问日期：2013 年 10 月 2 号。

第1章 监视居住基本范畴概述

判,并且将涉嫌犯罪可能对自己和家庭带来的负面影响降到了最低。

而在我国,电子监视系统还未被大量地应用于刑事诉讼当中。除了作为技术侦查手段的电子监视,与监视居住中的电子监视最为相似的就是同为监禁替代措施的社区矫正中的电子监视。当前,电子监视已经被探索性地应用于社区矫正。根据社区矫正中电子监视系统的运作原理,技术层面上,其同样可以运用于监视居住的执行过程中。下面以公安部第一研究所开发的社区矫正电子监控系统[①]来展示电子监视的运作原理(见表1):

表1

运作原理	该系统可以在规定的区域和时间内限定犯人的活动范围,通过安装在犯人脚踝上的电子发射器定时发射信号,由区域信号控制器接收信号,并经公用电话网传送到监管中心,监管人员就可以随时掌握犯人在社区内的服刑情况
系统组成及技术指标	**电子发射器(TAG)** ◆防破坏性:可承受水下5m的压力,防撬、能经受碰撞、摔打;捆绑带剪断或TAG脱离身体进行报警 ◆加密编码:跳码(Hopping Code)数字加密编码 ◆记忆性:出现报警状态可记忆72小时 ◆电池:3.6V锂电池可连续工作一年;电池欠压提前7天发欠压信号 ◆发射功率[②]:1mW(1千瓦) ◆发射距离≤50m ◆尺寸:70×65×20mm ◆重量:98g
	区域控制器(FMU) ◆检测报警:切断电话线和打开FMU的机壳能自动报警并记忆,再向中心报警;电话线与电源线同时断线则判定有移机行为;接收不到TAG信号,蜂鸣器发出提示声音 ◆接收天线:双天线切换接收,自动识别并接受强信号 ◆接收灵敏度:≤0.7μV ◆电源转换:外接电源断电能自动转换到机内备用电源供电 ◆加密通信:采用数字加密技术,完成与中心端的通信 ◆尺寸:230×170×45mm ◆重量:915g
	中心系统 ◆信息记录:所有被监管的罪犯信息和监管人员的工作信息;所有与FMU和TAG通信的信息;所有FMU电源和电话线状态变化信息;比较系统记录犯人实际的监禁和离开的时间 ◆设置监控:对被监管罪犯设定监禁和外出时间;事件设置优先级,优先处理危险级别高的时间;监控系统内所有TAG和FMU的设备工作状态 ◆响应时间:系统对发生任何事件的相应时间小于10分钟 ◆数据备份:对所有发生的时间信息和人员管理信息备份

---

① 参见"公安部社会公共安全产品行业综合信息服务网",http://www.ga.net.cn/html/pages/2010/06/03/3170042000.html,访问日期:2013年11月2日。

② 发射功率通俗讲就是信号强度,是指电子发射器向区域控制器发射的信号强度。

当然，电子监视并不限于上述社区矫正中所用的一种，包括视频监控、定期电话汇报等都可视为电子监视的范畴。电子监视与监禁相比固然有众多优势，但同时也存在一定的隐忧，比如对公民隐私权的干预。虽然作为监禁替代措施的监视以被监视人知晓为前提，不像作为侦查手段的监视秘密进行，但其同样也存在干预被监视人及其他同住人员隐私的隐忧。

传统的监视方法迎合了办案机关保证办案安全以及侦查取证的需要，过去的司法实践中对犯罪重打击轻保护的司法环境为以传统的监视方法为依托的指定居所监视居住提供了一定的生存空间。现行刑事诉讼法确定了以在固定住处执行为原则，在指定的居所执行为例外的适用原则。为了达到上述原则和例外的关系，应当尽量减少指定居所监视居住的适用。一个可供借鉴的路径就是在将来的监视居住适用过程中，尽量减少传统监视方法的应用，尽可能地将犯罪嫌疑人、被告人置于其住处并通过电子监视的手段来监督其遵守监视居住期间应当遵守的规定。

二、何为"居住"

（一）固定住处

1. "固定住处"的宪法学解读

（1）"固定住处"与公民住宅不受侵犯权。

从我国宪法条文的表述来看，其中并无固定住处的表述。然而，新《刑事诉讼法》将在固定住处执行监视居住作为原则，在指定居所执行作为例外，其所传达出的立法精神无疑包含了对限制或者剥夺公民人身自由时的慎重以及最大限度保障公民生活安宁的考虑，[①] 而这一立法精神恰恰契合了公民住宅不受侵犯这一宪法基本权利。

宪法意义上的住宅所涵盖的范围较为广泛。"一般来说，住宅就是供人居住的房屋……住宅与一般建筑的区别在于它满足人们的生活需要，是人们身体和精神休憩场所，是人们的私人领域。"[②] 由于宪法意义上的住宅所强调的并非物质实体本身，而是对于住宅中人的安全、自由、隐私以及尊严等基本权利的保护，因此它是在最广泛的意义上对这一概念的使用。抽象地讲，宪法意义

---

① 《公安机关办理刑事案件程序规定》中将指定的居所界定为：公安机关根据案件情况，在办案机关所在的市、县内为犯罪嫌疑人指定的生活居所。即便是指定的居所，其落脚点也在"生活"居所，举重以明轻，在固定住处执行监视居住当然需要保障犯罪嫌疑人生活安宁。

② 庞凌、缪岚：《住宅不受侵犯权研究》，载徐显明主编：《人权研究（第六卷）》，山东人民出版社2007年版，第391页。

上的住宅只需要同时满足两个要素即可：一是有房屋这一物质实体；二是房屋是用来满足人的生活需要，即要有居住、生活的意思。从这一角度来说，显然无法将宪法意义上的住宅与固定住处简单等同，而最为显著的区别就在于前者并不要求有长久居住的意思，而后者则正好相反。

前已述及，固定住处的界定是关系指定居所监视居住会否被滥用的关键，而重中之重则在于对"固定"的解释以及执法尺度的把握。新《刑事诉讼法》明确将"尊重和保障人权"作为一项任务予以确定，在指定居所监视居住的问题上贯彻这一任务，就必须在保障诉讼顺利进行的基础上尽可能放宽固定住处的条件。为此，可以借鉴宪法上住宅的概念，并在此基础上稍加限制。即只要是被监视居住人合法取得的，以满足基本生活需要为目的而意欲长期居住的房屋均可被认定为固定住处。

如果被监视居住人有同住的家属，那么在固定住处执行监视居住则势必会造成对其同住家属住宅不受侵犯权利的限制。特别是在新《刑事诉讼法》规定了电子监控、不定期检查等监视方法，甚至在侦查期间还可以监控犯罪嫌疑人的通信的情况下，上述监视方法无一例外的对同住家属的私人生活领域造成干扰，对其隐私权带来一定的限制。那么这种干扰或者限制依据何在呢？宪法学上将对住宅不受侵犯权的限制称之为住宅不受侵犯权的克减，包括法定克减以及意定克减。[①] 被监视居住人的住宅不受侵犯权当然要受到一定的限制，这属于法定克减的范围，而与其同住家属的该项权利所受到的限制则属于意定克减的范畴。当然，被监视居住人的家属也可以选择不在固定住处与被监视居住人同住，但一旦选择与其同住，则视为对限制其住宅不受侵犯权的默认。

（2）"固定住处"与迁徙自由权。

我国经济、社会高速发展的背后，随之而来的是人员流动性越来越强，当前，外来人员犯罪在各地的发案比例一直居高不下。而对于涉嫌犯罪的外来人员在审前阶段一般以羁押为常态，对这类人员也几乎不可能适用监视居住。究其原因，由于外来人员一般流动性较大，对于外来人员犯罪，在现有的监视居住措施效果并不理想的情况下，在其暂住的住处执行监视居住很大程度上存在放任犯罪的可能性。因此，虽然从《刑事诉讼法》及相关司法解释的现有规定来看，是否具有本地户口并非判断是否构成"固定住处"的要件，但司法实践

---

① "法定克减是指法律规定的可见住宅不受侵犯权的情形；意定克减是由于共同居住等原因，基于当事人双方的明示或默示的意愿而相互克减自己的住宅不受侵犯权。"参见庞凌、缪岚：《住宅不受侵犯权研究》，载徐显明主编：《人权研究（第六卷）》，山东人民出版社2007年版，第397-398页。

中，办案机关多以此为由拒绝适用在其住处执行监视居住，而较多地采用指定居所监视居住。

这一现象背后所反映的是我国公民迁徙自由权的缺失。迁徙自由的一个很重要的组成部分即选择住所的自由。所谓选择住所自由，意味着政府不能为人民限定住所，人民有权变更自己的住所，有权选择自己的住所地，有权在其意愿和可能居住的地方居住并将其确定为合法住所地。[①] 自英国 1215 年《自由大宪章》首次规定迁徙自由以来，该项权利已经为世界上许多国家的宪法予以明确规定，《公民权利与政治权利国际公约》等国际性法律文件中也对其做出系统性的规定。遗憾的是，我国《宪法》并没有规定公民迁徙自由权。而长期以来形成的以户籍制度为基础的城乡二元社会结构更是限制了我国公民的自由流动。

如果将选择住所的自由理解为公民的行动自由，那么在其背后还有另一层意思，即在依据自己意愿选择的住所地，公民应当享有同当地居民同等的权利。因此，在因涉嫌犯罪而被采取强制措施时，其合法权利不应受到额外的限制或者受到区别对待。就监视居住的执行来说，仅仅因犯罪嫌疑人是外来人员、流动人员就拒绝对其适用在固定住处执行的监视居住明显不能成立。

虽然我国《宪法》没有规定公民迁徙自由权，但不可忽视的是，顺应社会发展趋势，当前我国的户籍制度改革正在稳步推进，以合法的固定住所作为落户基本条件并且逐步放宽户籍迁移的限制已然成为社会发展的大势所趋。最好的例证便是在城市管理领域由"暂住证"到"居住证""工作居住证"的变迁。这也反映了当前在户籍制度仍然存在的背景下，国家越来越重视对非户籍人口合法权益的保障。在这样的社会环境下，强调外来人员、流动人口在执行监视居住方面的区别对待无疑是逆历史潮流而动。

2. 固定住处的法律解读

我国 1979 年《刑事诉讼法》中就规定了监视居住制度，对于监视居住的执行地点，当时立法采用的表述是"不得离开指定的区域"。从"指定的区域"到现行刑事诉讼法"固定住处"的表述，无疑都太过于笼统。而现行《刑事诉讼法》、两高司法解释中均没有就固定住处做出更加具体的解释。《公安机关办理刑事案件程序规则》中将其界定为"犯罪嫌疑人在办案机关所在的市、县内

---

① 邓成明、杨松才主编：《〈公民权利和政治权利国际公约〉若干问题研究》，湖南人民出版社 2007 年版，第 60 页。

生活的合法住处"。而眼下，立法机关也基本认可了这种表述方法。[①] 应该说这一规定基本适应了司法实践的需要，同时也符合一般意义上人们对于"住处"的理解。

首先，从行政区划上将固定住处的范围限定在"办案机关所在的市、县内"，这与《刑事诉讼法》立案管辖的规定是相一致的。其既方便办案机关对被监视居住人的监视，同时也避免了在异地执行监视居住更有可能侵犯犯罪嫌疑人基本权利的隐患。

其次，该规定将固定住处限定为"生活"所用，而并不包括一般意义上的学习、工作场所。从保障犯罪嫌疑人权利的角度来说，应当在合法的前提下尽可能地扩大固定住处的范围。[②] 然而，人是社会动物，在固定住处执行监视居住或多或少都会影响到周围人的正常活动。家庭是组成社会的基本单位，是个人不可或缺的物质依靠和精神寄托，因此在家庭生活场所执行监视居住，同住的家庭成员理应具有较高的容忍度，且前已述及，这也构成对住宅不受侵犯权的意定克减。但是，对于因共同学习、工作等原因而共同居住的人，法律则不能要求其对监视居住的执行具有较高的容忍度。比如，因就读而入住的学生宿舍或者因工作而居住的集体宿舍，除非共同居住人明确表示同意，那么不得在这些地方执行监视居住。

再次，从监视居住的适用情形来看，"患有严重疾病、生活不能自理的""怀孕或者正在哺乳自己婴儿的妇女"以及需要照顾生活不能自理的人的"唯一扶养人"被采取监视居住的，因其自身或者被扶养人的身体原因，极有可能在医院、疗养院等地方长期居住。那么这些地方能否被视为"固定住处"而作为监视居住的执行场所呢？首先，法律规定强制措施的目的在于保障刑事诉讼顺利进行，在实现这一目的的前提下，应当尽可能地采用对犯罪嫌疑人合法权利影响最小的强制措施；在同一强制措施内部，应当尽可能采取对犯罪嫌疑人影响较小的手段。就监视居住来说，在保证犯罪嫌疑人能够及时到案、不干扰证人作证、毁灭、伪造证据、串供的前提下，尽可能保障其就医的权利既是贯彻新《刑事诉讼法》"尊重和保障人权"任务、遵循刑事诉讼比例原则的要求，

[①] 立法机关在对新刑事诉讼法进行说明时指出："这里规定的'住处'，是指犯罪嫌疑人、被告人在办案机关所在地的市、县内学习、生活、工作的合法住所。"参见郎胜主编：《中华人民共和国刑事诉讼法修改与适用》，新华出版社2012年版，第161页。

[②] 如有学者认为，监视居住的"住处"和"居所"的空间范围应界定为：犯罪嫌疑人、被告人在办案机关所在区域内经常和连续使用的合法住宅及其在该区域内合法生活、工作、学习的固定场所。参见郭琼：《试论检察机关自侦案件中监视居住的执行》，载《当代法学》2003年第2期。

同时也是人道主义精神的体现。其次，一旦上述人员已经或者即将长时间在医院、疗养院等地方就医或者照顾被扶养人，那么上述地点肯定会成为其生活重心所在，从这个角度来说，其也符合对"固定住处"的一般理解。再次，从犯罪嫌疑人的利益出发，如果上述犯罪嫌疑人在办案机关所在的市、县内有合法住处，同时又在医院、疗养院进行治疗的情况下，为了满足这些特殊群体的需要，办案机关也可以将医院、疗养院视为犯罪嫌疑人的"固定住处"。当然，在医院、疗养院执行监视居住的，出于对同住人利益的保护仍应遵循有同住人明确同意的原则。

（二）指定的居所

在我国为数不多的适用监视居住的案件当中，在指定的居所执行监视居住的情况较为普遍。出于办案需要，办案单位需要采取指定居所监视居住时往往是"有条件要用，没条件创造条件也要用"。[①] 虽然司法实践中在指定居所监视居住执行的情况较多，但至今对于什么是符合法律条件的指定居所仍是困扰实务界乃至理论界的一大难题。

关于监视居住的执行地点，1979年《刑事诉讼法》将其表述为"指定的区域"，这就是指定的居所最初的法律渊源，随后在两次法律及相关司法解释的修订中均对指定的居所不断完善和细化。1996年《刑事诉讼法》首次将监视居住的执行地点区分为固定住处和指定的居所，在随后出台的《公安机关办理刑事案件程序规定》中，对指定的居所界定为"公安机关根据案件情况，在办案机关所在的市、县内为犯罪嫌疑人指定的生活居所"。并且从反面规定了"公安机关不得建立专门的监视居住场所，对犯罪嫌疑人变相羁押。不得在看守所、行政拘留所、留置室或者公安机关其他工作场所执行监视居住"。同时期的《公安执法细则》中还规定"公安机关不得建立专门的监视居住场所，对犯罪嫌疑人变相羁押。严禁在公安机关办案场所、办公场所或者宾馆、酒店、招待所等其他场所执行监视居住"。2012年《刑事诉讼法》修订后，明确了在固定住处执行监视居住与在指定的居所执行监视居住的原则与例外的关系。随后公布的《高检规则》以及《公安机关办理刑事案件程序规定》中明确了指定的居所应当符合的条件，即"具备正常的生活、休息条件；便于监视、管理；

---

① 2013年9月28日，在由中国人民大学诉讼制度与司法改革研究中心主办、河南省法学会刑事诉讼法学研究会以及开封市检察学会承办的新刑事诉讼法实施评估暨第六届中美刑事司法实证研究方法研讨会上，来自河南省检察院的一位检察官就指出，为了达到犯罪嫌疑人、被告人在办案机关所在的市、县内无固定住处的条件从而适用指定居所监视居住，办案单位甚至不惜采用指定异地管辖的办法变通适用。

保证办案安全"。并且在《高检规则》中进一步细化了不得作为指定居所的情形,即"采取指定居所监视居住的,不得在看守所、拘留所、监狱等羁押、监管场所以及留置室、讯问室等专门的办案场所、办公区域执行"。

《刑事诉讼法》及相关司法解释和部门规章中从正反两个角度对指定的居所作出规定,应当说已经最大限度地将与监视居住的法律性质相违背的执行地点的主要情况排除出去,防止指定居所监视居住异化为变相羁押的立法目的一目了然。但从实际效果看其仍然没有解决"应当在哪执行"的问题,司法实践中大量存在在宾馆、办案单位、纪委办案点执行监视居住的现象,甚至也存在建立专门场所执行监视居住的问题。可见,"应当在哪执行"的问题是解决当前指定居所监视居住乱象丛生的关键。

"应当在哪执行"的问题成为指定居所监视居住适用过程中一个解不开的死结,归根结底是由错误的制度设计所造成的。《刑事诉讼法》试图以执行地点为准据,从而在监视居住内部实现对人身自由限制的不同区分,以适应不同的办案需要。然而,在刑事诉讼法关于被监视居住人应当遵守的规定中却没有体现出这种差别,也就是说在固定住处执行监视居住与在指定的地点执行监视居住所要遵守的规定是完全相同的。

其实,对于被监视居住人人身自由受限制的程度完全可以通过规定监视居住期间应当遵守的不同行为规则的方式体现出来,而不一定非要采取以执行地点为区分的方法,这样一来就可以避开困扰监视居住执行的难题。考察国外类似制度,对于符合羁押替代措施适用条件的犯罪嫌疑人、被告人,法律往往为其创造条件以最大限度满足其在住处候审的需求,在住宅以外的其他地点执行羁押替代措施的情况几乎不存在。但在这些羁押替代措施内部也存在限制人身自由程度不同的划分,而这种划分正是通过对犯罪嫌疑人、被告人施以不同的义务的方式实现的。以美国审前软禁制度为例,软禁以在家里执行为原则,而当客观条件决定难以在家执行时,犯罪嫌疑人、被告人甚至可以在办案机关所在的地区临时租赁房屋作为软禁的执行地点(参见案例【5】)。这与我国司法实践中办案机关租用宾馆、招待所等作为指定居所监视居住的地点的做法颇为相似。所不同的是,被软禁的人在法律规定的范围内自己为租赁行为,费用也由自己承担;而在我国则是由办案机关或者监视居住的执行机关为租赁行为,而且相关司法解释中也明确规定了监视居住的费用不得让被监视居住人承担。虽然是在家执行,但是根据其附加条件的不同,同样为软禁但对人身自由的限制程度却大相径庭,较为严厉的软禁当中,犯罪嫌疑人、被告人的活动甚至会被限制在非常小的范围内。有时候,被监视人甚至只能待在屋里而未经允许的情况下连院子也不能踏入。① 而在对人身自由限制程度较轻的软禁中，被软禁人仅需要遵守宵禁的有关规定，其可以正常地工作、购物、参加宗教活动等。

由此看来，解决当前指定居所监视居住执行困境的途径并非盯着指定居所监视居住的地点不放，而是应该探索如何贯彻刑事诉讼法在固定住处执行为原则、在指定居所执行为例外的立法精神，尽可能地扩大在固定住处执行的监视居住的适用。

1.2 监视居住的相关概念辨析

1.2.1 未决羁押

在我国，羁押是讨论监视居住始终绕不开的问题之一。

仅从法律规定来看，这二者之间并不存在交叉与重合。羁押是作为拘留、逮捕之后的一种必然状态而存在的，是对犯罪嫌疑人、被告人人身自由的完全剥夺；而监视居住则是一种形式上独立的、对犯罪嫌疑人、被告人人身自由予以限制的强制措施。然而，由于法律定位、立法语言的模糊性以及司法实践中的制度运行偏差问题，在中国刑事诉讼语境中，监视居住与羁押之间又有着千丝万缕的联系。

首先，从法律定位上看，2012年新修订的《刑事诉讼法》第72条重新调整了监视居住与逮捕的关系，将监视居住"定位为羁押的替代措施"②，意图以此达到减少羁押的目的。在我国强制措施体系中，监视居住对公民人身自由的限制程度仅次于拘留、逮捕，特别是在2012年新修订的《刑事诉讼法》明确规定了指定居所监视居住之后，其在一定程度上具备了羁押的某些特征。在一些情况下，监视居住过程中对犯罪嫌疑人、被告人的人权保障水平甚至不如

---

① See Mark E. Burns, Electronic Home Detention: New Sentencing Alternative Demands Uniform Standards, Journal of Contemorary Law, 1992.
② 郎胜主编：《中华人民共和国刑事诉讼法修改与适用》，新华出版社2012年版，第157页。

看守所的被羁押人员。① 这也是为何立法者在解释《新刑事诉讼法》第 72 条时，并没有单纯强调通过增加监视居住的适用来达到减少羁押的目的，而是提出"既减少羁押，又防止监视居住的滥用"②。

其次，从立法技术上看，虽然我国刑事诉讼法及相关司法解释中也采用了羁押这一表述，但对于羁押的内涵与外延并无明确规定。司法实践中，对在指定的居所执行监视居住的方式把握不当，极易造成变相羁押的问题。但由于指定居所监视居住本身即具备羁押的某些特征，加上羁押这一概念本身的模糊性，很难准确判断指定居所监视居住在具备怎样的情形时就构成了变相羁押。

羁押的本质是什么？其核心构成要素有哪些？准确界定羁押的本质及其核心构成要素是划清羁押与监视居住，特别是其与指定居所监视居住的界限，避免指定居所监视居住异化为羁押的先决条件。

一、未决羁押的概念

虽然各国普遍将羁押作为一项独立的强制措施，但鲜有在刑事诉讼法中明确给出羁押的概念。③ 当前关于羁押的概念多是学者们从学术上进行归纳和总结的结果。

羁押有广义和狭义之分。广义上的羁押，是指对犯罪嫌疑人、被告人或者被判刑人的人身权利予以剥夺的法律制度，可以分为未决羁押和已决羁押。④ 狭义上的羁押仅指未决羁押，是指刑事诉讼程序中为了确保诉讼程序之进行及刑之执行而对被告所实施之自由之剥夺。⑤ 从外延上看，未决羁押即在有罪判决生效之前的羁押，既包括审判开始前的羁押，也包括有罪判决之后的上诉或其他定罪后救济程序中的羁押。⑥ 我国刑事诉讼法学界以及法律实务部门所采

---

① 比如单独监禁问题，也即关禁闭问题。关禁闭是我国《看守所条例实施办法》所规定的，看守所对在押期间有违法犯罪行为的在押人员采取的一种惩戒措施。根据《联合国囚犯待遇基本原则》原则 7，应努力废除或限制使用单独监禁作为惩罚的手段，并鼓励为此而做出的努力。可见，世界范围内，对单独监禁持一种否定的态度。即便一国国内立法将其作为一种羁押场所的管理手段，也应将其作为非常规手段来使用，将其对在押人员的负面影响降到最小的程度。而从当前指定居所监视居住的执行状况来看，对被指定居所监视居住人采取单独关押的作法非常普遍。被监视居住人的吃喝拉撒睡均在同一房间内进行，并且在监视居住期间，也不存在像看守所的放风、劳动制度，被监视居住人所有的时间均在指定的房间内度过，这种作法与单独监禁极为类似。
② 郎胜主编：《中华人民共和国刑事诉讼法修改与适用》，新华出版社 2012 年版，第 157 页。
③ 韩国刑事诉讼法典是个例外，该法第 69 条规定："本法所称羁押，包括拘传和拘禁。"参见马相哲译：《韩国刑事诉讼法》，中国政法大学出版社 2004 年版，第 25 页。
④ 参见陈卫东主编：《刑事诉讼法学研究》，中国人民大学出版社 2008 年版，第 404 页。
⑤ 参见［德］克劳斯·罗科信著，吴丽琪译：《刑事诉讼法》，法律出版社 2003 年版，第 281 页。
⑥ 参见孙长永著：《探索正当程序——比较刑事诉讼法专论》，中国法制出版社 2005 年版，第 79 页。

用的往往是狭义上的羁押的概念。

由于语言习惯、法律传统等方面的差异,不同国家和地区的刑事诉讼法典对未决羁押的称谓不尽相同。[①] 但一般来说,就整个大陆法系而言,一般称之为"未决羁押",而英美法系国家通常则采用"审前羁押(pre－trial detention)"的说法。从表述上看,两者在整个刑事诉讼程序的时间节点上略有不同,前者是在有罪判决做出之前,而后者则是在审判程序开始之前。但不论何种表述,其所对应的均是做出有罪判决之后的羁押,即作为"保全刑事执行之手段"[②] 的羁押。

未决羁押与审前羁押均存在于一定的刑事诉讼阶段,以该诉讼阶段结束、下一诉讼阶段开始为重要的时间节点,随着诉讼程序往前推进,未决羁押与审前羁押即告终结。明确了二者结束的时间节点,对于准确计算羁押期限有非常重要的意义,但更重要的是二者的起算时间点。在实行拘留、逮捕与羁押相分离的国家和地区,一般实行"逮捕前置主义",羁押有其独立的判断标准与审查程序。虽然逮捕也当然地附带了对人身自由的控制,但由于法律尽可能地将逮捕的时间限制在较短的范围内,这种短期剥夺犯罪嫌疑人人身自由的状态并不被视为羁押。未决羁押的起算点往往以治安法官做出羁押令状为准。

我国刑事诉讼法及相关司法解释中既没有未决羁押也没有审前羁押的提法,而通常采用"羁押"的提法。从诉讼阶段论的角度,这里所指的羁押既包括审判阶段之前的羁押(侦查阶段的羁押以及审查起诉阶段的羁押),也包括法院受理公诉案件后至生效判决做出之前的羁押。从划分的时间点上看,我国惯用的"羁押"的概念与大陆法系国家"未决羁押"的概念基本一致。

二、未决羁押的本质

谈及未决羁押,较容易联想到以下情形:拘留或逮捕的直接后果、高墙电网、与外界基本隔绝、行动不自由,等等。这些都是未决羁押的一些基本特征,但并非都是其本质所在。羁押的本质是什么?

[①] 这种差别主要体现在大陆法系国家和地区的刑事诉讼法中,英美法系国家和地区一般统称为"审前羁押"。在大陆法系国家和地区中,"法国现行法称之为'先行羁押',意指判决以前先予羁押;德国法称之为'待审羁押';意大利法回味'预防性羁押';日本法称之为'勾留',直译应为'羁押'"。参见孙长永著:《探索正当程序——比较刑事诉讼法专论》,中国法制出版社2005年版,第79页。

[②] 林钰雄著:《刑事诉讼法(上册)》,中国人民大学出版社2005年版,第264页。

（一）人身自由被剥夺还是被严重限制

未决羁押这一追诉行为的客体是犯罪嫌疑人、被告人的人身自由权。人身自由权是公民权利体系中最为基本的一项权利，是公民享有其他权利的前提和基础。基于其本源性、基础性，对人身自由的约束、限制和强制需要基于足够的正当性。

"在刑事诉讼中，羁押的程序目的及必要性为其适用提供了正当依据……如何划定个人权利与国家利益之间的关系是每一个民主国家在制定刑事制度和设计司法程序时必须面临和解决的问题。"[1] 密尔在《论自由》一书中将社会所能合法施用于个人的权力的性质和限度概括为两条基本原则：一、个人的行为只要不干涉他人的利害，个人就有完全的行动自由，不必向社会负责；他人对于这个人的行为不得干涉，至多可以进行忠告、规劝或避而不理。二、只有当个人的行为危害到他人利益时，个人才应当接受社会的或法律的惩罚。社会只有在这个时候，才对个人的行为有裁判权，也才能对个人施加强制力量。[2]

密尔的理论在国家权力对公民个人人身自由的干涉方面划定了一条界线，但是，基于人权保障的角度，仅划定界线还远远不够。在法律认可的国家权力可以"对个人施加强制力量"的状态中，如果不能对该权力的行使进行必要的规制，那么个人自由将会面临灭顶之灾。由此可见，怎样将这种强制限定在必要的范围之内则是更加重要的问题。

就刑事诉讼而言，出于国家追诉犯罪的需要，刑事诉讼法赋予有权机关在法院判决有罪之前对犯罪嫌疑人、被告人的人身自由予以干预的权利，并根据比例原则，将干预程度不同的强制措施划分为不同的等级。以我国为例，一般认为我国刑事诉讼法规定了三类人身自由干预程度不同的强制措施：一是拘传，属于临时性限制人身自由的强制措施；二是取保候审和监视居住，属于在较长时间内限制人身自由的强制措施；三是拘留和逮捕，属于剥夺人身自由的强制措施，以未决羁押为表现形式。

虽然对人身自由的限制和剥夺更多的是从学理上对侵犯人身自由行为的归类，[3] 但在刑事诉讼法中实现对人身自由干预程度不同的上述划分的一个前提就是区分对人身自由的剥夺和限制。从诉讼基本法理的角度，这种区分是贯彻比例原则的需要，以此鼓励有权机关在实现保障诉讼的前提下尽可能对犯罪嫌

---

[1] 王贞会著：《羁押替代性措施改革与完善》，中国人民公安大学出版社2012年版，第29页。
[2] ［英］约翰·密尔著，程崇华译：《论自由》，商务印书馆出版社1959年版，第112页。
[3] 参见朱最新主编：《宪法学》，中国人民大学出版社2010年版，第221页。

疑人、被告人采取对其人身自由影响较小的强制措施。这种区分同时又具备宪法基础。① 可见，我国宪法对于公民人身自由权的保护是作了限制与剥夺的不同程度的区分的，以此为基础，其他法律规范中以及法学研究领域在描述人身自由权的减损时便习惯性的使用"剥夺或限制人身自由"的表述，而并未对这两者做出明确区分。

"徒法不足以自行"，虽然人们已经普遍接受法的实施与法律规范以及立法意图之间存在偏差这一客观事实，但尽可能地使司法实践接近立法意图是实现法治的应有之义。然而，就当前的法律环境看，对犯罪嫌疑人、被告人人身自由的剥夺和限制的区分问题并未受到应有的重视。不但学术界对于剥夺人身自由与限制人身自由的使用没有做出严格区分，② 司法实践中，大量变相羁押现象的存在也足以说明问题。

究其原因，首先，司法观念上看，无罪推定原则始终无法跨越立法与司法实践的鸿沟，是对人身自由的"剥夺"与"限制"不加区分使用这一问题的根源。从1979年制定刑事诉讼法以来，经历了1996年与2012年两次修改，无罪推定原则始终没有写进刑事诉讼法。1996年修改刑事诉讼法时增加一条作为第12条，即"未经人民法院依法判决，对任何人都不得确定有罪"。2012年再次修改时对该条未做改动。由于与《公民权利和政治权利国际公约》《国际刑事法院罗马规约》等国际公约中关于"无罪推定原则"的表述极为相似，③ 该规定一度被解释为在我国首次确立了无罪推定原则。然而，时任全国人大法工委主任的顾昂然曾指出："封建社会采取有罪推定的原则，资产阶级针对有罪推定，提出了无罪推定。我们坚决反对有罪推定，但也不是西方国家那种无罪推定，而是以客观事实为根据。"④ 就此否定了我国已确立无罪推定的说法。但即便如此，从1996年以及2012年对刑事诉讼法所做的两次修改来

---

① 我国《宪法》第37条明确规定，中华人民共和国公民的人身自由不受侵犯。任何公民，非经人民检察院批准或者决定或者人民法院决定，并由公安机关执行，不受逮捕。禁止非法拘禁和以其他方法非法剥夺或者限制公民的人身自由，禁止非法搜查公民的身体。

② 比如，同样是对未决羁押现象的表述，大多数学者将其表述为对人身自由的剥夺，而也有学者认为未决羁押是对人身自由的严重限制。

③ 《公民权利和政治权利国际公约》第14条第2款规定："凡受刑事控告者，在未依法证实有罪之前，应有权被视为无罪。"《国际刑事法院罗马规约》第66条（一）规定："任何人在本法院被依照适用的法律证明有罪以前，应推定为无罪。"

④ 顾昂然：《关于刑事诉讼法的修改原则》，载《法制日报》1996年2月3日。同时，在当时全国人大法工委刑法室编著的《中华人民共和国刑事诉讼法释义》一书所作的解释中也有类似的说法："我们反对有罪推定，但也不是西方国家的那种无罪推定，而是实事求是地进行侦查，客观地收集有罪或无罪、罪轻或罪重的各种证据。"

看，还是吸收了无罪推定的一些因素。① 然而，立法中吸收无罪推定的精神并不意味着其在司法实践中也行之有效。相反，我国司法实践中，特别是在侦查活动中，与无罪推定相悖的做法时有发生。具体到强制措施的问题，曾定位于限制人身自由的非羁押性强制措施——监视居住经常异化为带有明显的羁押性质的剥夺人身自由的强制措施。

其次，对"人身自由"的本质缺乏认识是混淆"剥夺人身自由"与"限制人身自由"的直接原因。人身自由有广义和狭义之分。广义的人身自由，是指公民的身体、人格和身份不受非法侵犯，具体包括人格尊严、身体自由、婚姻自由和住宅安全等；狭义的人身自由，是指公民按照自己的意志和利益，在法律规定的范围内作为和不作为的权利以及人身不受他人约束、妨碍、强迫和控制的权利。② 在刑事诉讼法学领域，一般采用狭义上的人身自由的概念，强调自由意志支配下的行为自由。前已述及，人身自由是公民基本权利体系中最基本的一项权利，是公民行使其他权利的基础，因此，在人身自由受到限制或者剥夺的状态下，其他权利的行使不免会受到不同程度的影响。如选举与被选举的权利、与外界接触的权利③、隐私权，等等。虽然由于不同强制措施对人身自由的干预程度不同，使得上述权利行使受到的限制也不尽相同，④ 但这并不足以成为判断限制人身自由还是剥夺人身自由的标准。然而，由于没有认识到人身自由的本质是人在自由意志支配下的自由行动，因而容易通过对比指定居所监视居住与拘留、逮捕后的羁押之间被追诉者所享有的权利的不同而认为指定居所监视居住是对人身自由的限制。但在指定居所监视居住状态下，被追诉者的自决权已然受到剥夺，这与未决羁押所带来的后果是相同的。因此，其并

---

① 一般认为，无罪推定的内涵包括三个方面，即定罪权由法院统一行使、控方承担证明有罪的责任、疑罪从无。通过进一步推演，还可以得出犯罪嫌疑人、被告人不得强迫自证其罪等权利。1996年修改刑事诉讼法时取消了"免予起诉"的规定，确立了人民法院的统一定罪权，同时明确规定了疑罪从无原则。2012年修改刑事诉讼法时又将"公诉案件中被告人有罪的举证责任由人民检察院承担"以及"不得强迫任何人证实自己有罪"写进来。上述修改均体现了无罪推定的精神。
② 李步云主编：《人权法学》，高等教育出版社2005年版，第130页。
③ 监禁本身不是目的，而是要以回归社会为目标。与外界接触对于被监禁者回归社会至关重要。但即便如此，在限制或者剥夺人身自由的状态下，与外界接触的权利应当受到合理地限制。通常的作法是通过限制与之接触人员的范围以及接触的时间、地点、方式等来实现这种限制。比如，可以接触的人员一般仅限于家属以及辩护律师，命令不得进入特定场所的作法则是对地点的限制，而宵禁是在时间方面作出的限制。
④ 比如，根据全国人民代表大会常务委员会《关于县级以下人民代表大会代表直接选举的若干规定》第4条和第5条的规定，在监视居住与取保候审状态下，犯罪嫌疑人、被告人准予行使选举权；而因危害国家安全案件或者其他严重刑事犯罪案件被羁押，正在受侦查、起诉、审判的人，经人民检察院或者人民法院决定，被羁押期间停止行使选举权利。

非对人身自由的限制,而是剥夺。而对于两种状态下被追诉者在享有的权利方面的区别,则更多的是由于执行场所、管理方式等客观原因造成的。①

就人身自由的限制来说,法律往往通过限制人身自由权行使的时间和地域来达到此目的,但同时也就意味着在一定的时间以及地域范围内,其仍享有自由意志支配下自由行动的权利。

采取强制措施就意味着强行改变犯罪嫌疑人、被告人原来的行为规范,同时强加给其一系列新的行为规范。从法律所设定的采取强制措施后犯罪嫌疑人、被告人应当遵守的规定来看,取保候审以及监视居住是对犯罪嫌疑人、被告人人身自由权利的限制,而拘留、逮捕后的羁押则是对人身自由的剥夺。之所以得出这一结论,主要是由于法律为被取保候审以及监视居住的犯罪嫌疑人、被告人所设定的行为规范具有较大的弹性。相比之下,拘留、逮捕后羁押状态下的行为规范则较为固定。一方面,被取保候审人以及被监视居住人享有在一定区域范围内的行动自由,只要不违反法律所设定的禁止性规范即可;②另一方面,就个案而言,虽然均适用取保候审或者监视居住,但由于法律赋予有权机关可以根据案件情况选择犯罪嫌疑人、被告人应当遵守的行为规范的权力,同时考虑到在执行方式上的差别,不同的个案中,取保候审和监视居住所表现出的对人身自由的限制程度甚至会呈现较大的区别。③而处于羁押状态的犯罪嫌疑人、被告人却有着近乎相同的行为规范。

综上所述,未决羁押的本质在于对人身自由的剥夺而非限制,做出这一判断的依据是被追诉者是否享有在自由意志支配下行动自由的权利,而法律所设定的采

---

① 即便是在美国,在监狱以外的场所执行的监禁替代措施从实体结果上看也可能产生剥夺人身自由的效果。如 United States V. Wayte 一案中,被告人因未注册义务兵役制而被认定有罪,面临最高刑期为 5 年以下监禁或者 10000 美元以内罚款。然而,被告人并没有被执行监禁,而是被处以 6 个月缓刑。法院要求其缓刑考验期间在其祖母的住处执行家庭监禁,同时 Wayte 只有在面临生命危险的紧急情况下,经过缓刑官的许可才可以离开住处。在这个案件中,被告人完全被圈禁在家中而与外界隔绝,宗教事由、教育等在大多数家庭监禁中通用的可以离开家庭监禁场所的事由在该案中完全被排除适用,这丝毫不亚于在监狱执行监禁的效果。See Jeffrey N. Hurwitz, House Arrest: A Critical Analysis Of An Intermediate-level Penal Sanction, University of Pennsylvania Law Rebiew, March, 1987.
② 如根据刑事诉讼法第 75 条,被监视居住的犯罪嫌疑人、被告人在执行监视居住的出所内具有相当的活动自由,而经执行机关批准,甚至可以离开执行监视居住的出所、会见他人以及通信。
③ 取保候审毋庸赘言,从刑事诉讼法第 69 条的规定来看,在第一款规定了被取保候审人应当遵守的规定之后,该条第二款还赋予公、检、法根据案件情况选择适用相关规定的权力;而就监视居住而言,虽然不像取保候审那样在应当遵守的规定之外还规定了可以选择适用的规定,但一方面,在固定住处执行与在指定的居所执行监视居住本身在对人身自由的限制方面就存在巨大的差异,而另一方面,就执行方法而言,执行机关还有选择是否对被监视居住人采取电子监控、是否对其通信进行监控的权力。这均可能使得对犯罪嫌疑人、被告人的人身自由的控制体现出较大的弹性。

取强制措施后对犯罪嫌疑人、被告人应当遵守的行为规范也是有利的佐证。

（二）未决羁押对个体的社会学意义

社会与个体总是处于辩证的联系当中。"任何社会的发展，总是这样或那样地同社会成员个体的自由发展联系在一起。人类社会的文明发展，归根结底是社会成员自身能力的发展。"[①] 未决羁押通常意味着被羁押人在较长时间内不能正常生活和工作，除了失去人身自由以外，还失去了很多其他机会和权益，如继续工作或担任公职、保持与家庭或亲友的密切联系等。[②] 长期以来，学术界及实务界较多从法律层面分析未决羁押的程序价值及可能带来的对实体结果的影响，但实际上，从被羁押人最终的归宿来看，他们大多数还是要走出监禁场所、重归社会，而此时，被贴上"罪犯"标签的负面效应就凸显出来了。通常被监禁的时间越长，这种负面效应也越明显。

未决羁押对个人的影响首先体现在监禁本身是一种逆社会化的活动。"个人社会化"是社会学研究领域的术语，是指社会将一个自然人转化成为一个能够适应一定的社会文化，参与社会生活，履行一定社会行为的人的过程；也是一个自然人在一定的社会环境中通过与他人的接触与互动，逐渐地认识自我，并成为一个合格的社会成员的过程。[③] 采取广义上个人社会化的概念，个人终其一生都处在不断社会化的过程之中。[④] 产生个人社会化现象的动力包括家庭、同辈群体、学校、工作单位和大众传播媒介。[⑤] 然而，一旦对个人实施监禁，包括未决羁押或者是自由刑的执行，那么就基本上使其丧失了上述社会化动力。正是意识到监禁刑的这种弊端，现代刑法学特别强调罪犯重新回归社会的问题，逐步实现由惩罚刑向教育刑的转变，通过自由刑执行过程中对罪犯的教育矫治以及行刑社会化的各种举措，试图缓解监禁刑对个人社会化所造成的障碍。然而，未决羁押不同于自由刑的执行，其所针对的对象是尚未被定罪的犯罪嫌疑人、被告人，受无罪推定原则的制约，既然尚未被定罪也就谈不上教育矫治。并且，从现代羁押制度的目的来看，无论一般性羁押抑或是预防性羁押，其目的无非是保障诉讼进程或是预防再犯，教育矫治从来都不是羁押的目

---

① 张华金主编：《哲学的智慧》，上海社会科学院出版社 2010 年版，第 413～414 页。
② 参见孙长永：《探索正当程序——比较刑事诉讼法专论》，中国法制出版社 2005 年版，第 111 页。
③ 参见彭华民、杨心恒主编：《社会学概论》，高等教育出版社 2006 年版，第 88～89 页。
④ 社会学中对个人社会化存在狭义和广义两种理解：狭义的社会化是指个人接受社会文化并被社会认可的过程，其研究的主要对象是儿童和少年，强调个人对社会文化模式的学习和掌握。广义的社会化是指个人学习社会文化、扮演社会角色并形成人格的整个一生。参见张友琴、童敏、欧阳马田编著：《社会学概论》，科学出版社 2000 年版，第 90 页。
⑤ 参见彭华民、杨心恒主编：《社会学概论》，高等教育出版社 2006 年版，第 94～96 页。

的所在。因此，理论上讲，与自由刑的执行相比较，未决羁押对个人社会化所形成的障碍更加严重。

未决羁押的负面效应还体现在其削弱了被羁押人的发展、甚至是生存能力。这主要是长期羁押所带来的负面影响。在我国，由于逮捕羁押不分、羁押期限与审判期限不分等问题，一押到底、超期羁押成为长期以来困扰我国刑事司法实践的顽疾。① 而被释放后，经历长期羁押的被羁押人往往表现出对社会的"不适应"，包括劳动能力的减弱、丧失以及思想观念滞后在内的诸多问题。② 以劳动为例，与看守所内的已决犯以及在监狱执行自由刑的罪犯需要参与劳动改造不同，出于安全等因素的考虑，羁押在看守所的未决犯并不被强制要求劳动。然而，无论从哪个角度来讲，劳动本身对于未决犯都是一种积极的因素，因为"劳动的权利被视为人格与社会不断发展的重要因素之一，劳动权被镌刻在了许多国家的宪法典之中（如比利时宪法的第 23 条，西班牙宪法的第 25 条），成为羁押场所尊重人格尊严与规范化建设的基本指标。"③ 虽然2005 年公安部《看守所组织在押人员劳动管理办法》中对看守所在押人员参加劳动问题做了规范，但是在押人员劳动仅是作为一项看守所的管理措施而存在，其初衷并非对在押人员劳动权的保障，这也就造成了看守所所提供的劳动机会的局限性。因此，也就不难理解长期羁押状态下被羁押人劳动能力、生存能力的减弱或丧失的问题了。

1.2.2 羁押替代性措施

所谓羁押替代性措施，顾名思义，是指法定的可以代替羁押适用而又能实现羁押预期目的的各种法定刑事诉讼程序保全措施的总和。④ 基于保护公民人身自由的共识并考虑到未决羁押对公民人身自由干预的严厉程度，现代各国普遍把未决羁押作为一种例外的程序性保障措施，通常情况下，犯罪嫌疑人、被

---

① 超期羁押的案例不胜枚举，较典型的如河北刘俊海、刘印堂涉嫌杀人纵火案（超期羁押 15 年）、河南李怀亮涉嫌故意杀人案（超期羁押 12 年）、辽宁郑永林涉嫌故意杀人案（超期羁押 10 年）等；而根据 2013 年最高人民检察院工作报告，过去五年，"（检察机关）会同公安机关、人民法院集中清理久押不决案件，依法纠正超期羁押 1894 人次"。
② 如在郑永林涉嫌故意杀人案中，其妻子表示，"十年前刚认识他时（2001 年，郑永林被释放后不久，'整个人思想比同龄人落后 10 年'。"参见：http：//www.qianzhan.com/indynews/detail/285/130524-798e3675_3.html，访问日期：2013 年 6 月 14 日。
③ See J Feest, Imprisonment and prisoners work: Normalization or less eligibility?, 1999, Punishment and society, P99~107. 转引自孙皓：《看守所规范化研究》，第 206 页，中国人民大学博士学位论文。
④ 参见薛宏伟：《羁押制度创新、热点问题与法律适用》，人民法院出版社 2007 年版，第 305 页。

告人应当有权在享有人身自由的状态下等候听证或审判。① 为此，各国刑事诉讼法在设计干预人身自由的强制措施体系时，除了对未决羁押进行严格的法律控制以外，也规定了大量的羁押替代性措施。

出于使干预人身自由的强制措施体系尽量完整的目的，各国刑事诉讼法律规范中基本上均规定了羁押替代性措施，但横向比较其在不同国家的强制措施体系中的地位却不尽相同，而在同一时期，同一国家或者地区内的不同司法辖区中对待羁押替代性措施的态度也大相径庭；② 并且纵向比较，在不同的历史时期，羁押替代性措施的适用情况也体现出很大的差别。③ 那么，哪些因素左右了羁押替代性措施的适用呢？

笔者认为，其根本原因在于在审前程序中贯彻无罪推定原则的要求，而直接原因则是对羁押，特别是过量羁押所带来的弊端的反思。

一、羁押替代性措施与现代刑事诉讼理念的契合

刑事诉讼是国家追诉犯罪的一系列活动的总称，追诉犯罪、实现国家刑罚权曾一度成为刑事诉讼活动的唯一目的，而实现该目的的首要前提就是发现并有效地控制犯罪嫌疑人。在以追诉犯罪为唯一目的的刑事诉讼制度设计中，犯罪嫌疑人、被告人在诉讼过程中的地位微不足道，甚至在一些极端情况下直接沦为诉讼客体，成为有权机关查明案件事实的工具。④ 在这种情况下，通过羁

---

① 参见孙长永：《探索正当程序——比较刑事诉讼法专论》，中国法制出版社2005年版，第82页。
② 以美国为例，美国联邦宪法至今没有规定被告人获得保释的权利，只是在第八修正案中规定了禁止收取过量的保证金，而在许多州的宪法中则对被告人获得保释的权利做了明确规定。
③ 以英国保释制度为例，其盎格鲁-撒克逊司法系统一直有保释的惯例，并认为所有的犯罪都可以保释。11世纪、12世纪时，一个建立在传票、令状、保证基础上的更加复杂的审前释放体系建立起来，但很快就被滥用。1166年克拉伦登巡回审判中生成一个令状，即"要求法官延缓释放被告人，除非有特殊原因"，由此，首次形成了一份不予释放的名单。1275年，英国议会通过威斯敏斯特条例，首次明确将被告人划分为可保释的被告和不可保释的被告。该条例一直适用至1628年权利请愿书出现之时，但权利请愿书中却没有规定被指控的人必须在一定时间内被释放。该漏洞在1677年的人身保护法令中得以弥补，法令规定，被拒绝保释且请求人身保护令的被指控人有权在三天以内将权利请愿书提交法官进行听证。如此一来，保释的权利有了保障，但由于对保释的数量不加限制，负责庭审的人实际上享有给予过多保释的自由裁量权。See Clara Kalhous, John Meringolo, Bail Pending Trial: Changing Interpretations Of The Bail Reform Act And The Importance Of Bail From Defense Attorney's Perspectives, Pace Law Rebiew, Summer 2012.
④ 这种情况在纠问式诉讼模式中体现的尤为明显，犯罪嫌疑人、被告人完全沦为诉讼客体，其存在于诉讼程序中的唯一目的就是协助司法官员查明案件事实以实现国家刑罚权。为达到上述目的，刑讯逼供成为常态，犯罪嫌疑人、被告人的身体健康乃至生命权往往难以得到保障，也就更不用说人身自由权利的保障了。因此，犯罪嫌疑人、被告人一旦到案就被严格的控制起来，在以追诉犯罪为唯一目的的制度设计中，一旦到案，剥夺犯罪嫌疑人、被告人的人身自由权利是再正常不过的了。

押实现对犯罪嫌疑人最大限度的控制是常态。随着对刑事诉讼活动认识的逐步深入，人们意识到追诉犯罪并非刑事诉讼的唯一目的，刑事诉讼目的具有多元性，在实现国家刑罚权的同时，刑事诉讼也可以在人权保障方面有所作为。

虽然现代各国刑事诉讼都无一例外的以人权保障为己任，但由刑事诉讼活动本身的追诉性所决定，其不可避免地会对公民的基本权利产生干预。在对待这些干预的态度上，现代刑事诉讼给出的应对方式是首先利用无罪推定原则明确犯罪嫌疑人、被告人在刑事诉讼中的正当地位，进而通过赋予犯罪嫌疑人、被告人强有力的防御性权利以及通过合理限制追诉机关的权力这种双管齐下的方式将对基本权利的干预限制在必要的范围内。

早在1764年，意大利法学家贝卡利亚就提出了无罪推定的思想。1791年法国《人权宣言》中首次将其以法律规范的形式确定下来，之后被写入越来越多国家和地区的刑事诉讼法中，成为现代刑事诉讼法的基本原则之一。根据该原则，证明犯罪嫌疑人、被告人有罪的证明责任由控诉机关承担，在法院判决认定被告人有罪之前，其被推定为无罪。既然被推定为无罪，那么即便是有犯罪的嫌疑，也不应对其基本权利进行过多的干预，特别是相对于其他权利具有基础性、前提性的人身自由权利更是如此。况且，由于人类认识能力的局限性，无法保证仅仅将羁押适用于将来被判定有罪的人，在当前的认识水平下，无辜者被羁押是在所难免的。由此可见，与非羁押性强制措施相比较，羁押存在道德上的先天的劣势，这种劣势使得羁押不能成为干预人身自由的强制措施体系中占主导地位的强制措施。而反观羁押替代性措施，其既满足了无罪推定原则下保障犯罪嫌疑人、被告人人身自由权利的要求，同时也能够达到保障诉讼顺利进行、实现国家对犯罪的追诉的效果，无论是从道德评判还是从实用主义的角度考量，羁押替代性措施都有着羁押所无法企及的优势。而尽可能地使犯罪嫌疑人、被告人处于审前被释放而非羁押的状态，也是尽量避免因人类认识能力的局限性所可能带来的无辜者被羁押的后果的必然选择。可见，羁押替代性措施与无无罪推定原则存在高度的契合。

二、对现代羁押体系的反思

羁押替代性措施与无罪推定等现代刑事诉讼理念的高度契合是其得以在刑事诉讼实践中得以大量应用的根本原因，而羁押本身所面临的种种问题则是外因所在。

首先，羁押面临无法逾越的道德鸿沟。① 实际上，这不仅仅是审前释放所面临的问题，而是整个干预人身自由的强制措施体系所应共同审视的问题。辩证地看，上述审前释放所面临的问题同样也是羁押所必须面对的。

（1）羁押必然造成无辜者人身自由权利被剥夺的情况。由于羁押后果的严厉性，各国普遍对羁押设定了严格的适用条件。"未决羁押只能针对有相当的根据怀疑其犯罪或者被正式质控有罪的人。对于没有犯罪嫌疑的人，不允许以未决羁押的手段剥夺其人身自由。"② 这里所指的"相当的根据"一般需要达到"重大犯罪嫌疑"的地步。但即便如此，仍然无法保证被羁押之人即是在将来之审判中被判定为有罪之人。因为对是否具备"相当的根据"的判断依赖于证据的收集和认识，而受制于科技手段、人类认识水平等主客观因素的限制，无法保证对证据的收集和认识的准确无误，也就难以避免对是否存在"重大犯罪嫌疑"判断失误。考虑到侦查人员在收集和运用证据过程中的疏忽以及刑事政策等的影响，对于羁押必然造成无辜者被剥夺人身自由权利的现象就不难理解了。

（2）预防性羁押——法律可以惩罚将来之行为吗？预防性羁押是与一般性羁押相对应的，是以保障社会公共安全以及公民个人安全为目的，对可能再行实施危害社会行为的被追诉者予以羁押。"对于在押的犯罪嫌疑人、被告人而言，未决羁押的法律效果与监禁刑的法律效果并无实质性的区别。经验证明，如果不对未决羁押进行有效的控制，它所产生的实际后果往往比短期自由刑还要严重。"③ 由于羁押带有很强的惩罚性，其自身与无罪推定原则之间的冲突就难以解释，而将如此严厉的干预人身自由的强制措施适用于尚未发生之行为，更是严重挑战着人们对"法律仅惩罚已经发生的行为"的普遍法治信仰。出于功利主义的角度考虑，如果预防性羁押能够准确地预测再犯之虞，那么基

---

① 美国学者瑞·帕特诺兹曾指出："审前释放所面对的是一系列复杂的问题，因为，通过该项程序所决定将要释放的人可能是一个无罪的人，也可能是一个非常危险的人。如果把善良无辜的人予以羁押，这是对公民人身自由的严重侵犯，如果把真正危险的犯罪分子放到社会上，造成对社会的再次侵害，亦是对社会的严重不负责任。" See Ray Paternost, The Empirical and Legal Case for the Power of Judge at Bail, Cardozo Law Rebiew, Yeshiva University, US, 2001（7）. 转引自房国宾：《审前羁押替代措施之理性分析》，载《贵州社会科学》2010 年 11 月第 11 期。
② 参见孙长永主编：《探索正当程序——比较刑事诉讼法专论》，中国法制出版社 2005 年版，第 85 页。
③ 孙长永主编：《探索正当程序——比较刑事诉讼法专论》，中国法制出版社 2005 年版，第 82 页。

于公共安全的考量，也并非不可为之。① 但问题在于，出于对尚未发生的行为之预防目的而剥夺公民的人身自由权利本就难以自圆其说，更为可怕的是由于预防性羁押是建立在对未来可能发生的危险行为的预测的基础上的，而我们当前并不具备准确预测的能力，错误预测的可能性甚至高于准确预测，② 因此，预防性羁押有很大一部分实际上都是错误的羁押。

其次，羁押已经或可能带来诸多负面效应。

(1) 过多运用羁押可能动摇实体法的犯罪预防功能。

一般来说，与非羁押性强制措施相比较，羁押的严厉性毋庸置疑，对于犯罪行为也应当具有更强的威慑力。这也是为何在强调犯罪控制甚于人权保障的国家和地区羁押率一般都相对较高的重要原因。然而，任何事物均有一个量变与质变的问题，羁押也不例外。当羁押数量接近、达到或者超过羁押场所所能容纳的最大限度时，羁押数量再行增加非但不能强化该强制措施所应具有的威慑力，甚至可能适得其反，更有甚者可能会导致动摇实体法犯罪预防功能的效果。"监狱过度拥挤是长期以来被忽视的一个问题，在监狱关押量有限的前提下，为了收押源源不断送来的犯罪嫌疑人、被告人或者是罪犯，监狱更容易让服刑人员通过减刑等获得提前释放；而为了减轻监狱的关押负担，法院则更倾向于判处被告人更轻的监禁刑。"③ 无论是刑罚执行过程中频繁通过减刑获得提前释放，抑或是使得法院更青睐于较轻的监禁刑，均可以看作是一个相对成熟的刑事司法系统的应激性反应。但是这种反应或者调整必然向犯罪者本人以及整个社会传递出这样的信号，即同样的犯罪行为较之于以前所受到的法律惩罚更为轻缓了。这无疑将会削弱刑事实体法一般预防以及特殊预防功能。

(2) 羁押与审前释放相比更容易带来有罪判决。

在我国，羁押附属于不同的诉讼阶段，未决羁押期限实际上是由侦查羁押

---

① 虽然争议很大，但实际上，不论是大陆法系还是英美法系，当前很多国家和地区均已通过立法的形式肯定了预防性羁押。我国也不例外，现行《刑事诉讼法》第79条将逮捕条件中的"社会危险性"条件细化为了五种具体的情形，其中第一种就是"可能实施新的犯罪的"，这可以看做是我国首次通过立法的形式确定了预防性羁押。

② "根据一项研究，精神健康的专业人员预测精神失常的女性之间未来发生暴力行为的能力基本上是靠运气，对于男性也好不到哪儿去。其他研究证明，关于未来的犯罪行为预测的'虚假准确定'（错误地预测某时间将要发生）具有相当高的比例。按照学者的说法'即使最乐观的行为科学家和法学者现在似乎相信，危险预测的准确性，无论是观察的还是统计上的，大体上等于二选一'。"参见［美］迈克尔斯著，魏晓娜译：《美国刑事诉讼法精解（第二卷·刑事审判）》，北京大学出版社2009年版，第108页。

③ See Douglas J. Klein, The Pretrial Detention "Crisis": The Causes And The Cure, Washington University Journal of Urban and Contemporary Law, 1997.

期限、审查起诉羁押期限以及审判羁押期限共同组成的。与侦查羁押期限以及审查起诉的羁押期限相对固定不同，由于羁押期限与审判期限不分，实际上，犯罪嫌疑人、被告人的羁押期限中审判期限占据了相当大的比重。在我国司法实践中，办案机关往往习惯性地用尽法律规定的最长羁押期限，由于侦查羁押期限以及审查起诉羁押期限相对固定且相对较短，犯罪嫌疑人、被告人的羁押期限或长或短基本上是由法院的审判期限所决定的，这与国外的做法有很大区别。① 以此类推，在我国主审法官的审判期限决定未决羁押期限的情况下，法官在做出判决时必然也会将未决羁押期限作为所判处刑期的重要考量因素。

在将羁押作为例外，审前释放为常态的国家和地区，一旦犯罪嫌疑人、被告人被羁押，那么他面临的受到有罪判决的可能性则更大。如果这些国家和地区还实行陪审团审判的话，那么情况可能会更加糟糕。"因为陪审团有理由认为，由于法律并未将羁押作为候审的首选状态，那么如果在这种情况下犯罪嫌疑人、被告人还是被羁押了，他十有八九是有罪的。"②

（3）过量羁押造成羁押场所与办案单位、执行机关关系紧张。

世界范围内，犯罪数量与日俱增，羁押人数长期处于持续增长的状态，这使得许多羁押场所的实际关押人数远远高于其设计关押量，羁押系统不堪重负、效率低下。羁押场所的过量羁押问题在我国尚不算普遍，但在一些经济较为发达的犯罪多发地区，该问题也已经逐渐显现出来。③

根据我国《看守所条例》第 3 条的规定，看守所承担着"保障侦查、起诉和审判工作的顺利进行"的任务，学界习惯将其称之为看守所的诉讼服务职能。实际上，看守所的诉讼服务职能不仅仅体现在保障侦查、起诉和审判工作的顺利进行，作为羁押场所，其不仅需要跟办案机关打交道，而且还需要跟执行机关打交道，其工作基本贯穿诉讼程序的始终。但是，对于存在过量羁押现象的看守所，日常看管以及对在押人员起居生活的管理就占用了大量的所内资

---

① "在法国，有时在实践中有这样的情况，审判法官为了不否定预审法官（在审判前）所持的意见，往往倾向于选择一种刑期至少相等于先行羁押期间的刑罚；而在刑期较长的情况下，审判法官则较少利用缓刑或监禁刑的替代性；有时，审判法官还会利用部分缓刑，而将不予缓刑的部分定位相当于被告已经受到先行羁押的时间。"王贞会、茹艳红：《羁押目的及其关联命题之辨》，载《山东警察学院学报》2011 年 11 月第 6 期。

② See Douglas J. Klein, The Pretrial Detention "Crisis": The Causes And The Cure, Washington University Journal of Urban and Contemporary Law, 1997.

③ 以笔者参加中国人民大学诉讼制度与司法改革研究中心的调研所到的深圳市宝安区看守所为例，该所设计关押人数为 3000 人，但是 2010 年至 2012 年三年的月均在押人数分别达到了 6089 人、6045 人以及 6232 人，均高达设计关押数量的两倍以上，过量羁押的现场非常严重。据悉，深圳的所有看守所中均存在不同程度的过量羁押现象。

源，看守所承担的诉讼服务职能势必受到影响。过量羁押甚至导致看守所与办案机关、执行机关之间的工作衔接不畅、摩擦不断。①

1.2.3 单独监禁

与适用拘留、逮捕强制措施的犯罪嫌疑人、被告人被集中关押于看守所的做法不同，在指定的居所执行监视居住的犯罪嫌疑人、被告人往往被单独关押。在管理方式上，前者采用"一对多"的基本方式，即一个看守所干警平均管理多个在押人员；而后者恰恰相反，采用的是"多对一"的管理方式，即多名办案人员轮班看管的方式。②

除了"一对多"的基本管理方式外，看守所日常管理中在特殊情况下也存在"一对一"或者"多对一"的管理方式，也即我们通常所称的单独监禁或者"关禁闭"。根据《中华人民共和国看守所条例实施办法》第四十七条、第四十八条的规定，在押人员在羁押期间存在法定违法行为，③应当根据不同情节分别给予警告、训诫、责令具结悔过或者禁闭的处罚。对禁闭的人犯，应当关在专设监房反省。禁闭期限一般为一至十天，最长不得超过十五天。

仅从表现形式上看，指定居所监视居住与看守所中单独监禁的形式极为相似，而这也是指定居所监视居住极易演化为变相羁押的非常重要的外部条件。

然而，指定居所监视居住与单独监禁无论是从本质上还是外部环境来看，均存在很大的差异。二者本质上的差异较容易理解，前者为限制人身自由的强制措施，后者则是剥夺人身自由的强制措施，二者对被追诉人人身自由的干预程度不同。就外部环境而言，二者的差别主要体现在：（1）执行场所的社会开放性程度不同。自2009年"躲猫猫"事件始，看守所实现公开化、透明化已

---

① 同样以深圳市宝安区看守所为例，严重的过量羁押导致该所与监狱的关系非常紧张。与该所干警座谈过程中，其多次提及"投牢难"的问题，很多应当投送监狱执行的已决犯投不出去。以到访当天的数据为例，当天实际日关押量是6200人，其中已决犯1081人，已决犯的数量占到看守所在押人员数量的17.4%；已决犯中，余刑三个月以下留所服刑罪犯710人，余刑三个月以上一年以下待投送罪犯317人，余刑一年以上待投送罪犯54人。待投送的比例达到已决犯总量的34%，而真正符合刑事诉讼法规定的余刑三个月以下留所服刑的罪犯仅占66%。干警反映，有时为了投牢甚至要动用私人关系，"投牢难"的问题可见一斑。而对于造成过量羁押的原因，看守所干警也直言不讳地指出，这与当前法律赋予办案机关的刑事拘留权力过大有直接关系。

② 根据现行刑事诉讼法，监视居住的执行机关是公安机关，但实际执行过程中，却基本上采取谁决定谁执行的方式，由办案机关自己执行。

③ 包括：（一）违法监规纪律、经教育不改正的；（二）散布腐化堕落思想，妨碍他人悔改的；（三）不服监管，经查确属无理取闹的；（四）故意损坏公物的；（五）欺侮、凌辱其他人犯，侵犯他人人身权利的；（六）拉帮结伙打架斗殴，经常扰乱管理秩序的；（七）传授犯罪方法或者教唆他人进行违法犯罪的；（八）逃跑或者组织逃跑的；（九）有其他违法犯罪行为的。

经成为看守所各项改革的一项重点内容。看守所一改往日过于神秘的做法，开始主动接受社会各界的监督。随着探索和改革的不断深入，一些较为成熟的做法也逐渐制度化并在全国进行推广，比如羁押场所巡视制度。相比较而言，由于当前指定居所监视居住的地点多选择在宾馆或者纪委办案点，且出于办案安全、高效的考虑，这些地点一般并不向社会公开，比较而言，其向社会的开放性程度远远不及羁押场所。（2）对被追诉人的权利保障程度不同。根据刑事诉讼法的规定，公安机关是监视居住的执行机关，但是，由于当前公安机关警力不足问题较为突出，实践中监视居住大多处于谁决定谁执行的状况，由办案机关自行执行。出于方便办案的考虑，监视居住的执行地点往往直接成为办案地点，加之该执行地点基本不对外公开，因此，在这种极为封闭的环境下，对被追诉人的权利保障极为不利。反观羁押于看守所的被追诉人，其首先在公安机关内部实现了羁押场所与办案单位的相对分离，由此形成一种内部的监督与制约关系。其次，检察院派驻看守所的驻所检察室对看守所的日常监管活动进行监督，从而形成一种长效化的外部监督机制。上述保障机制在当前指定居所监视居住实践中均不具备。

1.3 监视居住制度在我国的确立和发展

1.3.1 监视居住制度在我国确立和发展的基本过程

一、新民主主义革命时期的监视居住制度

我国的监视居住制度最早出现于新民主主义革命时期。这一时期促使监视居住制度出现的因素有两个：一是羁押场所缺乏，以监视居住的方式减轻羁押场所的压力。如有学者指出，设立监视居住主要是为了解决羁押场所缺乏的问题。[①] 由于革命根据地不具备大量关押犯罪嫌疑人、被告人的现实基础和物质

---

① 工农民主政权时期，我国已开始设置看守所，设立之初，主要目的是为监禁被判刑短期徒刑犯与羁押涉嫌反革命罪或其他刑事犯罪的待审人员。虽然也设有监狱，但看守所作为主要的监所类型，既关押已决犯又关押未决犯的情况一致持续到解放区人民民主政权初期。也就是说，这段时期以内，看守所承担着大量的关押已决犯的工作，挤压了其关押未决犯的功能的发挥。解放战争时期，由于有了稳固的解放区，看守所由过去主要的监所类型降为次要类型，解放区人民民主政府着手解决监狱、看守所不分的问题。参见张凤仙、刘世恩、高艳编著：《中国监狱史》，群众出版社2004年版，第204～208页。

条件，当时的苏维埃中央政府便根据情况创设了监视居住措施。[①] 二是缓解革命历史条件下边区、解放区劳动力匮乏，生产力不足的问题。这个因素是与第一个因素联系在一起的，一方面羁押场所人满为患，另一方面，被羁押人员越多就意味着越多的劳动力被闲置，其不但不能从事劳动生产，而且每天还要消耗掉大量的粮食。因此，这一时期中央政府以及各边区、解放区曾三番五次的要求减少监所监押的犯人，但对于未决的犯人又不能放任不管，因此就创制了"保回耕作""保回养病"等处理办法，对其有条件地予以释放并交由基层政权以及群众加以约束和监督，这就是我国监视居住制度的雏形。

这一时期的监视居住制度表现出三个显著特点：

一是带有很强的政策性。这一时期监视居住的典型形式是"保回耕作"，而保回耕作主要是解决羁押人数过多既不适用当时的战争环境又会阻碍国民生产的问题。例如1943年《晋察冀边区行政委员会关于处理监押犯之决定》规定："目前各县监押犯人，日渐增加，不但不适应战斗环境，而且有碍国民生产，又根据目前北岳区人民生活水准，特别在与一般灾民生活，相形对比之下，现在囚粮数目过多，为了减少监所监押犯人，节省开支，借社会力量促使犯人向上之心发挥犯人力量增加生产计，兹决定下列两种人犯，在未判决前，得斟酌情形，准予保外听候传讯，以免有误农时：甲、犯刑法第六十一条所列各罪之嫌疑者；乙、犯刑法第六十一条以外刑之嫌疑而无逃跑或湮灭证据之虞者。"而对于保回耕作的人犯，还需要服劳役，包括公家的建筑、修滩、开渠以及为抗属和贫苦而缺乏劳动力之人民代耕等事项，在最大限度利用劳动力的同时也在客观上起到了对人犯的监视作用。

二是工具性极强，不具备自身独立的存在价值。监视居住制度产生之初适用目的较为单一，就是为了解决特殊历史条件下羁押场所缺乏的问题以及劳动力不足的问题。该制度本身并没有承载公平、正义抑或是效率的价值，或者说其主要体现的不是上述价值，而是作为羁押执行程序中的一种补充，其工具性一览无余。

三是监视居住是特殊历史条件下群众路线在刑事司法工作中的运用。群众路线形成于新民主主义革命时期，[②] 是党的根本工作路线，自形成以来被广泛地运用于党的各项工作。新民主主义革命时期的刑事司法工作中也体现了群众

[①] 参见樊崇义著：《刑事诉讼法学研究综述与评价》，中国政法大学出版社1991年版，第128页；张建良著：《刑事强制措施要论》，中国人民公安大学出版社2005年版，第194页。

[②] 1929年9月28日，《中共中央给红军第四军前委的指示信》中第一次提出"群众路线"这一概念。

路线的要求,其中关涉监视居住制度的主要体现在新民主主义革命的各个阶段中清理监所、减少羁押的通知、指示当中。对于涉嫌犯罪情节较轻的人犯,可以酌情监视居住、交保或者缓刑,并借助社会力量,主要是将其交由乡市政府与群众负责约束和改造。①

二、中华人民共和国成立初期的监视居住制度

监视居住制度通过法律的形式加以确认和不断发展也是我国《刑事诉讼法》的起草、修订并不断完善的过程。

中华人民共和国成立后相当一段时间内,我国刑事诉讼程序立法工作处于空白状态,直至1957年拟定的《中华人民共和国刑事诉讼法草案(草稿)》中,监视居住制度才首次被写进法律草案。20世纪50年代中期开始了《刑事诉讼法》的起草工作。1954年,中央人民政府法制委员会拟定了《中华人民共和国刑事诉讼条例(草案)》。1956年,董必武同志在党的第八次代表大会上提出法制应该逐步完善起来,并建议组织力量"赶快把国家尚不完备的几种重要的法规制定出来。"党的八大以后,由有关部门组织了专门机构进行了大量的调查研究,总结了我国民主革命时期,特别是中华人民共和国成立以来的司法实践经验,并借鉴了历史上和外国的有益经验,于1957年拟出《中华人民共和国刑事诉讼法草案(草稿)》,共七编十六章,三百二十五条。后来因反右斗争开始而使起草工作停顿下来。② 1957年的草案中单独规定了强制措施一章,该章第一条将监视居住与拘传、逮捕、交保以及羁押规定为法定强制措施。但当时的草案附注中写到"有人主张:本条第四项(即监视居住)应当删去"③,可见,在当时起草草案的过程中对监视居住是否应当写进《刑事诉讼法》即存在争议。1957年草案中将监视居住定义为:"监视居住,就是限制被告人不许离开所指定的区域,由采取这种措施的机关委托他的工作单位或者居住地的公安机关监视。"

1962年恢复修订工作,当时在1957年草稿的基础上进一步调查研究,于1962年8月31日制定了《中华人民共和国刑事诉讼法草案(初稿)》。后于

---

① 相关的指示和通知有:1943年《晋察冀边区行政委员会关于处理监押犯之决定》、1944年林伯渠在边区政府委员会第四次会议上《关于边区政府一年工作总结的报告》、1944年《边区政府关于普及调解、总结判例、清理监所指示信》、1944年晋察冀边区行政委员会《通知司法工作应围绕大生产运动进行》等等。参见武延平、刘根菊等编:《刑事诉讼法学参考资料汇编(上册)》,北京大学出版社2005年版,第235页、第154~158页、第230页。

② 参见徐益初编著:《刑事诉讼法学研究综述》,天津教育出版社1989年版,第48~49页。

③ 吴宏耀、种松志主编:《中国刑事诉讼法典百年(中册)》,中国政法大学出版社2012年版,第465页。

1963年3月1日、1963年3月13日、1963年4月1日以及1963年4月10日相继制定了三稿、四稿、五稿和六稿。几个草案中有关监视居住的条文数量有限，前后变化也不大，其对监视居住制度的调整主要体现在两个方面。一是篇章体例的调整。前三稿中均将强制措施单独规定为一章，并在该章中对监视居住作了规定。但是，在第三稿中，"有人主张本章对被告人实行逮捕和拘留的规定，应专设一章；关于拘留、交保、监视居住等强制处分的规定也专设一章"①。而在随后的第四稿中即采纳了这一建议，将"拘留、交保、监视居住"作为章名单独予以规定，随后的两稿中延续了这一做法。二是对监视居住执行机关的调整。前三稿中，均规定"监视居住由采取这种措施的机关委托被告人的工作单位或者居住地的公安机关执行"。第四稿中则将其规定为"监视居住由当地公安机关执行，或者委托人民公社管理委员会（乡人民委员会），或者委托被告人的工作单位执行"，随后的两稿也采用了这一规定。

虽然之后由于"社会主义教育运动"开始，接着进行"文化大革命"，使修订工作陷于停滞，但上述反复修订所形成的草案为"文化大革命"后刑事诉讼立法工作的开展提供了基础并积累了宝贵的立法工作经验。

三、十一届三中全会之后的监视居住制度

（一）1979年《刑事诉讼法》规定的监视居住制度

粉碎"四人帮"以后，党的十一届三中全会提出加强社会主义法制建设。② 我国第一部《刑事诉讼法》就在这样的背景下诞生了。

1979年2月，全国人大常委会法制工作委员会在1963年《中华人民共和国刑事诉讼法草案》的基础上，制定了我国第一部《刑事诉讼法》，其中基本上延续了草案中有关监视居住制度的规定。这部法律中，强制措施一章总共15个条文，其中有关监视居住的规定更是寥寥无几，仅笼统地规定了公、检、法享有监视居住决定权；监视居住的执行地点为"指定的区域"；监视居住的执行主体为派出所或者受委托的人民公社、被告人的所在单位。然而，也正是

---

① "1979开始，全国工作的着重点转移到社会主义现代化建设方面来。随着这个历史性的转变，必须认真地加强社会主义民主和社会主义法制。没有健全的社会主义法制，就很难实现健全的社会主义民主。"吴宏耀、种松志主编：《中国刑事诉讼法典百年（中册）》，中国政法大学出版社2012年版，第577页。

② 1979年第五届全国人民代表大会第二次会议上，时任全国人大委员长的彭真同志在《关于七个法律草案的说明》中指出社会主义法治建设的重要性。参见吴宏耀、种松志主编：《中国刑事诉讼法典百年（中册）》，中国政法大学出版社2012年版，第859页。

1979年《刑事诉讼法》开启了监视居住由政策性极强的应急性措施向规范化、程序化的刑事法律制度转变的过程。

当然，立法规定的粗疏必然导致司法实践中权力运行的不规范，其操作性之差也可想而知。1979年《刑事诉讼法》确立了监视居住制度之后，有关该制度的存废之争就没有停止过，在1996年《刑事诉讼法》修订前后，对该制度的争议尤为激烈。

（二）1996年《刑事诉讼法》规定的监视居住制度

在此起彼伏的争议当中，1996年《刑事诉讼法》修订时对监视居住制度做了有限的调整，而且通过之后的《高法解释》《高检规则》以及《公安机关办理刑事案件程序规定》等司法解释和部门规章使得监视居住的程序规则更加明确。调整主要体现在增加规定了取保候审与监视居住的适用情形，增加规定了被监视居住人在监视居住期间应当遵守的规定，明确了监视居住的适用期限以及监视居住的解除。

经过此次修订，后来相当长时间内被诟病的监视居住与取保候审同质化的问题开始浮出水面，即在适用情形完全相同的情况下，监视居住仅仅作为犯罪嫌疑人、被告人既提不出保证人又不交纳保证金的情况下替代取保候审的辅助性强制措施。这也反映了立法部门对监视居住的法律性质及其定位问题的认识仍较为模糊，监视居住到底是定位于取保候审的辅助性措施还是作为减少羁押的替代性措施的问题上，立法导向并不明确。

虽然这一时期的《刑事诉讼法》及相应的司法解释对监视居住的规则进行了进一步的规范和细化，但"刑事诉讼法规定的内容，除了技术层面操作规程以外，还折射出整个国家诉讼的民主与文明"①。虽然自1979年颁布实施以来至1996年首次修订中间已经经历了16个年头，但1996年修订后的刑事诉讼法"基本上还是1979年的时代背景和认知水平下所形成的框架体系，随着1996年的修改虽有很大程度的改进，但是整体的框架和制度体例没有发生本质变化。"就监视居住制度来说，1996年《刑事诉讼法》中有限的条文内容尚不足以构建起完整的制度体系。作为一种与取保候审同质化的辅助性强制措施，监视居住甚至缺乏赖以存在的制度价值。这也是为何在《刑事诉讼法》再次被列入法律修改规划后，关于监视居住存废问题的讨论再次沉渣泛起的重要原因。但是，这种状况在2012年修订刑事诉讼法时得到了较大程度的改善。

---

①② 陈卫东主编：《2012刑事诉讼法修改条文理解与适用》，中国法制出版社2012年版，第4页。

(三) 2012 年《刑事诉讼法》规定的监视居住制度

"2012 年刑事诉讼法第二次修正是新中国刑事诉讼发展史上的一次重大变革,此次刑事诉讼法修改过程的一个突出特点就在于,紧随 2008 年底以来中央新一轮司法体制与工作机制改革的步伐,充分、全面地固定与转化了一大批经过实践初步检验的司法改革经验与做法,着眼于解决司法实践中的突出问题,探索进行制度创新。"① 监视居住作为此次刑事诉讼法修订的重中之重,许多新的规定也得益于对司法实践经验的总结,这些新规定背后也折射出我国刑事司法理念的发展。②

2012 年《刑事诉讼法》规定的监视居住制度与以往相比存在以下特点:(1) 监视居住定位更加明确。修订后的监视居住制度有了独立的适用条件,摆脱了与取保候审同质化的问题。③ (2) 内容更加全面。摆脱与取保候审同质化的问题就要求监视居住制度形成相对完整的制度体系。修订后的监视居住制度通过两条路径达到了上述要求:一方面对在司法实践中行之有效的规定予以完善,如紧随经济社会形势的变化对监督管理措施做出调整,在保留传统的监督管理手段的情况下增加"将护照等出入境证件、身份证件、驾驶证件交执行机关保存"的规定;另一方面,对 1996 年《刑事诉讼法》中没有规定但对于塑造监视居住的独立品格至关重要的相关问题予以明确规定,包括监视居住的适用条件、指定居所监视居住后通知家属的规定、委托辩护人、法律监督、监视居住期限与刑期的折抵以及对被监视居住人的监督方式。(3) 程序性、规范化程度更强。程序是约束权力的利器,以程序保护权利的观念已被普遍认可。监视居住制度不断发展的过程也是其自身程序逐步完善、追诉权的行使逐渐规范的过程。通知家属、委托辩护人、法律监督等程序的明确,对于规范追诉机关适用监视居住过程中的权力运行以及被监视居住人的权利保护程度是修订前的

---

① 陈卫东主编:《2012 刑事诉讼法修改条文理解与适用》,中国法制出版社 2012 年版,第 4 页。
② 以监视居住期限是否可以折抵刑期的问题为例,自 1984 年开始,最高人民法院就陆续以"答复""批复"的形式就该问题作出回应,及至 2011 年,最高人民法院对该问题的态度均为:监视居住不属于判决以前先行羁押,因此监视居住期间不能折抵刑期。然而,2012 年刑事诉讼法修订时,立法部门考虑到在指定的居所执行监视居住的特殊性,认为指定居所监视居住虽然不属于羁押措施,但是对公民人身自由的限制和剥夺程度比一般的监视居住和取保候审更强,从更好地保护当事人的合法权益的角度出发,明确增加规定了指定居所监视居住的期限应当折抵刑期。
③ "由于与取保候审和逮捕措施在适用条件、执行处遇上的差别,监视居住才真正具有了独立的强制措施品格,成为一种与取保候审有实质区别的强制措施,能够真正发挥羁押替代措施的作用,丰富了我国刑事强制措施的层次。"参见陈瑞华、黄永、褚福民著:《法律程序改革的突破与限度——2012 年刑事诉讼法修改评述》,中国法制出版社 2012 年版,第 108~109 页。

监视居住制度所不能比拟的。

1.3.2 监视居住存废之争

自从1979年我国《刑事诉讼法》首次确立监视居住制度以来,该制度在理论界以及司法实践中便一直争议不断。经历了1996年以及2012年两次法律修订,立法机关对监视居住制度一直持肯定态度,通过法律修订,监视居住制度也在不断地完善。然而,理论界以及司法实践部门对监视居住的态度则是大相径庭,褒贬不一,并且形成了态度鲜明的"保存论"和"废除论"两种观点,这在对其他四种强制措施的理论研究中并不多见。

持"废除论"者主要基于以下理由:(1)赖以产生的历史条件不复存在。该观点以经济基础与上层建筑的关系为出发点,认为监视居住制度是与高度集中的计划经济体制、特殊的基层群众组织以及群众"司法权"的合理存在为基础的。在上述历史条件下,监视居住对保障刑事诉讼法的实施确实起到过积极作用。但新的历史时期,上述经济、政治以及社会文化条件已经不复存在,人员流动性史无前例的加强使得监视居住已经不适应当前的社会背景,因此应当予以废除。[1](2)适用率低、司法实践价值不大。该观点认为,与其他几种强制措施相比,监视居住在司法实践中的适用律极低。既然其在司法实践中适用价值不大,也就没有继续保留的必要了。[2](3)容易异化为变相羁押。该观点认为,由于监视居住的内涵无法准确把握,司法实践中对人身自由的限制程度完全取决于办案的需要,并依赖于执行机关的理解与操作,非常容易异化为变相羁押,从而对犯罪嫌疑人、被告人的合法权益造成侵害。出于保障犯罪嫌疑人、被告人人权的考虑,也应该废除监视居住制度。[3](4)增加执行机关的司法成本,不符合诉讼经济的原则。该观点认为,当前无论犯罪嫌疑人、被告人有无固定住处,监视居住普遍采取在指定的居所执行的方式,而具体的地点则

---

[1] 相关论述参见姚玉林、张伟:《监视居住强制措施存在的合理性分析》,载《检察实践》2004年第2期;程荣斌、赖玉忠:《论废除监视居住的理由》,载《山东警察学院学报》2010年第1期。
[2] 现有的研究成果中,有大量论证监视居住适用率低的数字,具体可参见徐静村、潘金贵:《我国刑事强制措施制度改革的基本构想》,载《甘肃社会科学》2006年第2期;马静华、冯露:《监视居住:一个实证角度的分析》,载《中国刑事法杂志》2006年第6期;杨正万:《监视居住制度的困境与出路——基于保留立场的分析》,载《凯里学院学报》2009年第27卷第1期。
[3] 参见姚玉林、张伟:《监视居住强制措施存在的合理性分析》,载《检察实践》2004年第2期;徐静村、潘金贵:《我国刑事强制措施制度改革的基本构想》,载《甘肃社会科学》2006年第2期;余辉胜:《现行监视居住制度的隐忧与省思》,载《西南政法大学学报》2007年第9卷第6期;程荣斌、赖玉忠:《论废除监视居住的理由》,载《山东警察学院学报》2010年第1期。

是多选择在宾馆、招待所等地方。在监视方式上，往往采取人盯人、轮班倒的办法。无论是在财力还是在人力上对于我国这样一个司法资源极为有限的国家来说，这种低收益、高成本的强制措施不宜保留。① （5）其他理由。除上述主要理由外，还有学者以世界各国缺少相应的立法例以及公安机关资源紧张，无力承担大量的监视居住任务为由主张废除监视居住制度。

持"保留论"者则主要是基于以下理由：（1）在强制措施体系中有存在的必要。有学者指出，监视居住是取保候审与逮捕之间必要的缓冲机制，具有两者都不具备的特殊功效，应予保留。② （2）对特殊案件的侦查有重要意义。如有学者认为，监视居住是在办理诸如经济案件、外国人犯罪案件、流窜作案、集团犯罪案件时保障侦查机关有效取证的重要措施。③ （3）有国外立法例可做参考。有学者指出，虽然具体的名称可能不同，但是法治发达国家侦查程序中普遍采用类似监视居住制度的限制人身自由的羁押替代措施。④

基于保留或者废除的分析，对于监视居住将来的发展趋势又存在不同看法，概括起来主要有以下几种观点：（1）应予废除，即便非要保留也应严格限制适用范围。该观点虽然主张废除监视居住制度，但考虑到未来法律修改时保留的可能性，主张应确定特定的适用对象，即一般只能在侦查贪污、贿赂和经济犯罪等特定案件中使用，一般案件不适用监视居住。⑤ （2）应予保留，并将其与取保候审予以整合。该种观点认为，应当将担保和监视居住并用，形成一种新型的非羁押性强制措施。这样一来，既可以解决现有监视居住制度执行效果不好的问题，也可以降低司法成本，并达到减少逮捕的效果。⑥ （3）应予保留，并将其明确规定为羁押的一种类型。该种观点认为当前监视居住制度出现的种种问题归根结底是因为其法律属性与相关要求之间不相协调，因此，要摆脱当前的困境必须重新界定监视居住的法律性质，将其界定为剥夺人身自由的强制措施。⑦

---

① 参见徐静村、潘金贵：《我国刑事强制措施制度改革的基本构想》，载《甘肃社会科学》2006年第2期；程荣斌、赖玉忠：《论废除监视居住的理由》，载《山东警察学院学报》2010年第1期。
② 参见潘金贵：《监视居住保留论：反思与出路》，载《人民检察》，2007年第14期。
③ 徐俊：《浅谈监视居住的适用价值及其完善》，载《政法学刊》2006年第6期。
④ 参见左卫民著：《中国刑事诉讼运行机制实证研究》，法律出版社2007年版，第160页。
⑤ 参见樊崇义等著：《刑事诉讼法修改专题研究报告》，中国人民公安大学出版社2004年版，第323页。
⑥ 参见柯葛壮：《完善我国取保候审制度的几点思考》，载《法学》2003年第6期。
⑦ 参见潘金贵：《监视居住保留论：反思与出路》，载《人民检察》，2007年第14期。

1.4 监视居住制度的法律渊源

法律渊源,也被称为"法源",是一个有多重含义的概念,但较多的是指法律的效力渊源,即不同国家机关依照法定职权和程序制定或认可的具有不同法律地位和效力的不同表现形式,也就是根据法律效力来源的不同,而划分的法律的不同形式。当代中国的法律渊源主要为以宪法为核心的各种制定法,包括宪法、法律、行政法规、地方性法规、规章、特别行政区的法律、国际条约和国际惯例等。[1] 监视居住制度的法律渊源主要有法律、法律解释、行政法规、部门规章以及答复、解答等。

1.4.1 法律

《刑事诉讼法》是监视居住制度最为主要的法律渊源,我国《刑事诉讼法》第 72 条至第 77 条的规定构成了监视居住制度最为基本的内容。这些内容包括监视居住适用条件、执行机关、执行场所、委托辩护、法律监督、监视居住的期限折抵、应当遵守的规定以及违反应当遵守的规定的法律后果、执行机关对被监视居住人的监督以及监视居住的期限和解除。除此以外,《刑事诉讼法》中有关强制措施的撤销、变更以及解除等规定也适用于监视居住。

1.4.2 法律解释

理论上,根据有权做出法律解释的主体的不同,可以将法律解释分为立法解释、司法解释和行政解释。从效力等级上看,立法解释的效力等同于立法,其法律效力当然高于司法解释和行政解释。目前来看,我国还未曾采用立法解释的方式对《刑事诉讼法》进行解释,司法解释是当前法律解释的唯一方式,而且从司法实践的层面来看,司法解释在法律执行过程中发挥着至关重要的作用。

《高法解释》以及《高检规则》中均对监视居住作了进一步的解释,但由于监视居住多用于刑事审前程序,在审判程序中甚少使用,因此比较而言,对

---

[1] 高其才著:《法理学》,清华大学出版社 2011 年版,第 83 页。

监视居住的司法解释主要体现在《高检规则》当中。① 特别是经过 2012 年的修订，《高检规则》中监视居住一节由原来的 14 个条文增加到 20 个条文，所涉及的内容也更为丰富和具体。

除《高法解释》和《高检规则》外，"六部委规定"中对监视居住的有关问题也做了规定，但目前对于"六部委规定"的性质则尚未有定论。虽然我国《刑事诉讼法》没有形式意义上的立法解释，但是对于是否具有实质意义上的立法解释则值得探讨。1996 年《刑事诉讼法》修改之后，全国人大常委会法制工作委员会牵头最高人民法院、最高人民检察院、公安部、国家安全部、司法部共同制定了《关于刑事诉讼法实施若干问题的规定》，也即"六部委规定"。2012 年《刑事诉讼法》修改后，仍然延续了"六部委规定"的做法。从制定"六部委规定"的初衷来看，它是就各机关在刑事诉讼法实施过程中可能共同面临的、涉及各机关工作衔接等问题所达成的一致意见，其解决的是法律实施问题。而根据 1981 年全国人大常委会《关于加强法律解释工作的决议》，我国的立法解释是就法律条文本身需要进一步明确界限或做出补充规定的，由全国人大法工委进行的解释。我国立法解释的主体仅限于全国人大法工委，而解释的初衷乃是对条文本身含义的进一步说明。这与制定"六部委规定"的初衷存在很大差别，而且从制定主体来判断，"六部委规定"也非立法解释。

然而，"六部委规定"同时也表现出立法解释的一些特质。首先，从"六部委规定"制定以及实施的时间来看，很难说其出台是完全出于《刑事诉讼法》实施的目的。"六部委规定"于 2012 年 12 月 26 日通过，并与修订后的刑事诉讼法共同于 2013 年 1 月 1 日实施，时间上判断，其出台的目的并非是出于解决刑事诉讼法实施过程中所遇到的问题，而更多的是协调公检法三机关之间的工作衔接、明确各自的职责和权限，是对刑事诉讼法相关规定的进一步细化和明确化。这与立法解释的目的具有一致性。其次，虽然从形式上看，"六部委规定"的制定主体并不限于立法机关，但由于立法机关在规定出台的过程中起到至关重要的作用，这与公安机关与司法机关或者司法机关之间就刑事诉讼法实施过程中遇到的问题所共同起草的规范性法律文件又有着本质的区别。如果将来能够保留全国人大法工委牵头相关部委共同协商的机制，但最终仅以法工委的名义出台该规定，那么"六部委规定"完全有可能演变为立法解释的形式。

---

① 2012 年修订的《高法解释》中，第五章对强制措施相关问题做了规定，其中单独就监视居住问题作出规定的条文仅是第 125 条至第 127 条三个条文。

实际上从有立法解释权的主体的角度考察，全国人大法工委也曾就监视居住的问题单独出台相关的"答复意见"，如2000年，全国人大法工委曾就公安部关于对犯罪嫌疑人居住期满后能否转取保候审的问题进行答复。根据《立法法》第55条的规定，全国人民代表大会常务委员会工作机构可以对有关具体问题的法律询问进行研究予以答复，并报常委会备案。然而，一方面，从章节结构看，该规定并未出现在《立法法》"法律解释"一节中；另一方面，从答复的效力来看，其效力范围非常有限，如上述答复就仅限于公安机关适用监视居住的案件，这明显的与立法解释的效力范围存在较大差别，因此这类答复意见虽然由立法机关做出，但也并非立法解释。

1.4.3 部门规章

有关监视居住的部门规章主要是指《公安机关办理刑事案件程序规定》，[①]该规定第六章第三节集中规定了监视居住，共15个条文（第105条至第119条）。规定主要明确了公安机关适用监视居住的内部审批程序以及作为监视居住的执行机关与检察机关以及法院之间在监视居住适用上的衔接问题，同时对于《刑事诉讼法》中涉及监视居住的较为模糊的概念，如"有碍侦查""指定居所""通信监控"等进行了细化。此外，在规定的第十二章"外国人犯罪案件的办理"一章中，还就外国籍犯罪嫌疑人适用监视居住的问题作了特别规定。

除《公安机关办理刑事案件程序规定》以外，公安部其他部门规章中也有对监视居住的相关规定，这些规章包括《公安机关执法公开规定》（2013年1月1日施行）、《公安机关人民警察执法过错责任追究规定》（1999年公安部令第41号公布施行）等。《公安机关执法公开规定》中明确规定了公安机关应当向控告人以及被害人、被侵害人或者其家属公开对犯罪嫌疑人采取强制措施的种类和期限。而《公安机关人民警察执法过错责任追究规定》中将没有犯罪事实或者没有证据证明有犯罪重大嫌疑的人错误的采取监视居住的作为应当追究执法过错的法定情形。

需要指出的是，1998年以及2006年《公安机关办理行政案件程序规定》

[①] 1998年5月14日，公安部令第35号发布《公安机关办理刑事案件程序规定》；2007年10月25日，公安部令第95号发布《公安机关办理刑事案件程序规定修正案》；2012年12月13日，中华人民共和国公安部令第127号发布修订后的《公安机关办理刑事案件程序规定》，该规定于2012年12月3日在公安部部长办公会议上通过，并于2013年1月1日开始施行。至此，1998年的程序规定以及2007年的修正案同时废止。

中曾对公安机关办理的涉外行政案件中外国人适用监视居住的问题作出规定，但在 2012 年对该规定进行修订后删除了其中涉及监视居住的规定。由于其不属于刑事强制措施的范畴，在此不予讨论。

1.4.4 司法解释性质的文件

除上述《刑事诉讼法》、司法解释、部门规章等主要法律渊源之外，我国刑事司法实践中还大量采用意见、通知、答复、批复和解答等方式解决法律适用中的具体问题，上述文件在司法实践中统称为司法解释性质的文件。

司法解释性质的文件中主要涉及监视居住三个方面的问题。一是有关监视居住期间与刑期折抵的问题。[1] 在《刑事诉讼法》就指定居所监视居住期间与刑期折抵问题做出统一规定后，涉及该问题的司法解释性质的文件已经于 2013 年 1 月 18 日全部废止。二是能否对公安机关采取监视居住行为提起行政诉讼的问题。[2] 三是关于监视居住期满后能否对犯罪嫌疑人采取取保候审强制措施的问题。[3]

---

[1] 有关监视居住期间与刑期折抵问题的司法解释性质的文件包括：《最高人民法院研究室关于怀孕女犯被监视居住如何计算刑期问题的电话答复》（1983 年 2 月 20 日发布实施，2013 年 1 月 18 日废止）、《最高人民法院关于依法监视居住期间可否折抵刑期问题的批复》（1984 年 12 月 18 日发布实施，2013 年 1 月 18 日废止）、《最高人民法院关于取保候审、监视居住期间能否折抵刑期问题的答复》（1996 年 6 月 7 日发布实施，2013 年 1 月 18 日废止）、《最高人民法院研究室关于监视居住期间可否折抵刑期问题的答复》（2000 年 11 月 30 日发布实施，2013 年 1 月 18 日废止）。

[2] 涉及该问题的司法解释性质的文件是《最高人民法院行政审判庭关于对公安机关采取监视居住行为不服提起诉讼法院应否受理问题的电话答复》（1991 年 5 月 25 日发布实施，现行有效）。涉及该问题的司法解释性质的文件有《公安部关于监视居住期满后能否对犯罪嫌疑人采取取保候审强制措施问题的批复》（2000 年 12 月 12 日发布实施，现行有效），除此以外，还有上文提及的《全国人民代表大会常务委员会法制工作委员会关于对"犯罪嫌疑人被监视居住期满后能否转取保候审问题的答复意见"》（2000 年 10 月 26 日发布实施，现行有效）。

[3] 涉及该问题的司法解释性质的文件有《公安部关于监视居住期满后能否对犯罪嫌疑人采取取保候审强制措施问题的批复》（2000 年 12 月 12 日发布实施，现行有效），除此以外，还有上文提及的《全国人民代表大会常务委员会法制工作委员会关于对"犯罪嫌疑人被监视居住期满后能否转取保候审问题的答复意见"》（2000 年 10 月 26 日发布实施，现行有效）。

第 2 章　监视居住制度的基础理论

2.1　监视居住的法律性质

2.1.1　一种措施，两种性质

根据执行地点的不同，监视居住分为在固定住处执行的监视居住以及在指定居所执行的监视居住。2012 年《刑事诉讼法》修改，指定居所监视居住成为监视居住部分修改的重中之重，修改后的指定居所监视居住成为社会舆论重点关注的问题，[1] 特别是关于其法律性质的争论尤为集中。论者大多认为由于执行地点不同所带来的巨大差别，对监视居住的法律性质需要一分为二地看，且特别强调了指定居所监视居住法律性质的特殊性。其中较有代表性的观点主要有以下几种：

1."指定监视居住成为第六种强制措施"。[2] 此种观点认为，指定居所监视居住与在固定住处执行的监视居住无论是在适用条件、适用内容还是在法律后果上都不相同，已成为现有五种强制措施都不能涵括的第六种强制措施。其适用条件的特殊性体现在两个方面，一是从适用对象看，仅限于三类重罪案件；二是从适用阶段上看，仅适用于侦查阶段，适用目的在于更好侦查，而非以不妨碍侦查、起诉、审判为目的。适用内容上看，其既不同于拘留、逮捕等

---

[1] 2012 年 3 月 8 日，第十一届全国人民代表大会第五次会议，全国人民代表大会常务委员会副委员长王兆国就《中华人民共和国刑事诉讼法修正案（草案）》做了说明。会后，网络上就草案规定的修改后《刑事诉讼法》第 73 条造成"秘密拘捕"的讨论一时成为舆论焦点。在会后当天，全国人大常委会法工委就刑事诉讼法修改答记者问时，15 家媒体代表就《修正案（草案）》的提问，有 4 家媒体均提到了有关监视居住的问题，可见该问题的社会关注度之高。

[2] 参见左卫民：《指定监视居住的制度性思考》，载《法商研究》2012 年第 3 期。

羁押性强制措施，也不同于非羁押性强制措施。而从法律后果上看，指定监视居住期限折抵刑期的规定也使其有别于一般的监视居住。

2."'双规'入法论"。① "双规"来自《中国共产党纪律检查机关案件检查工作条例》中第 28 条的规定，是纪委检查党内违纪案件的一种调查方法，指要求有关人员在规定的时间、地点就案件所涉及的问题做出说明。持该观点的人认为，"将'双规'纳入法制轨道"的提法早已有之，修改以后的《刑事诉讼法》第 73 条的规定其实暗含了"双规"入法的含义。就特别重大贿赂犯罪而言，指定居所监视居住与纪委办案中的"双规"措施极其相似。

3."异化为收容审查论"。② 其认为，由于指定居所监视居住存在立法任意性过大、适用范围广、持续时间长等诸多问题，其极有可能在执行过程中被扩大、歪曲适用，甚至异化为类似 1996 年刑事诉讼法修改前的收容审查制度。

4."准羁押论"。③ 这是有关指定居所监视居住的法律性质的诸多观点中较为普遍的一种。其认为从法律规定所表现出的对被追诉人人身自由的干预程度看，指定居所监视居住已经非常接近羁押状态，特别是指定居所监视居住的时间折抵刑期的规定，更是使其与羁押极为相似。我国《刑事诉讼法》规定的监视居住，相当于一些欧盟国家规定的住地逮捕，在有关国家中被视为羁押措施。④

笔者认为，指定居所监视居住确实有其独特性，司法实践中运用不当极易使其偏离制度设计的初衷。也正因为如此，新《刑事诉讼法》前后学术界及实务界在指定居所监视居住适用问题上的态度高度一致，均认为应当"慎重使用"。⑤ 但也不能仅因此就认为指定居所监视居住与在固定住处执行的监视居住存在本质的区别，二者一致性大于其独立性。

二者的独立性体现在：

---

① 参见贺信：《指定居所监视居住："双规"曲线入法》，载财新网：http://china.caixin.com/2012-03-12/100367089.html，访问日期：2013 年 9 月 26 日。
② 参见卞建林：《我国刑事强制措施的功能回归与制度完善》，载《中国法学》2011 年第 6 期。
③ 参见陈卫东主编：《2012 刑事诉讼法修改条文理解与适用》，中国法制出版社 2012 年版，第 180－181 页；陈光中：《两种情况拘留不通知"不过分"》，载京华网：http://epaper.jinghua.cn/html/2012-03/15/content_771066.htm，访问日期：2013 年 9 月 26 日。
④ 比如，根据《意大利刑事诉讼法》第 284 条的规定，法官决定实行住地逮捕的，规定被告人不得离开自己的住宅、其他私人居住地、公共治疗场所或扶助场所。处于住地逮捕状态的被告人被视为处于预防性羁押状态。
⑤ 如最高人民检察院副院长孙谦就指出，从立法精神来看，应当以在犯罪嫌疑人、被告人住处执行为原则，指定居所监视居住为特殊，实践中应当慎重使用。参见李娜、张昊：《最高检：指定居所监视居住实践中应当慎用》，载《法制日报》2013 年 1 月 4 日。

第 2 章 监视居住制度的基础理论

1. 适用的优先性不同。固定住处执行的监视居住与指定居所监视居住并非平行适用的关系，而是存在优先顺位的问题。根据《刑事诉讼法》第 73 条的规定，适用监视居住应当以固定住处执行为原则，以指定的居所执行为例外。

2. 适用的程序阶段存在差别。根据《刑事诉讼法》第 73 条规定，普通刑事案件在侦查、起诉及审判各阶段均可对被追诉人采取监视居住。但是对涉嫌三类特殊案件适用指定居所监视居住则需要满足"在住处执行可能有碍侦查"的条件，可见，对涉嫌三类特殊案件的被追诉人仅能在侦查阶段对其适用指定居所监视居住。

3. 适用主体不同。由于涉嫌三类特殊案件的被追诉人仅可在侦查阶段对其适用指定居所监视居住，相应的，有权适用的主体也仅限于承担侦查职能的公安机关和检察机关；而在普通刑事案件在固定住处执行监视居住的，公、检、法三机关均有决定适用的权力。

4. 行为性质不同。前已述及，固定住处执行的监视居住，其决定行为属于诉讼法律性行为，而三类特殊案件指定居所监视居住的决定行为则属于诉讼事实行为。

二者的一致性体现在：

1. 适用目的一致性。无论是固定住处执行的监视居住还是在指定的居所执行的监视居住，二者均为法定的强制措施，其保障诉讼的目的是一致的。对此，有学者认为其他强制措施的均适用于整个诉讼过程，且公、检、法三机关都可以决定或适用，但指定居所监视居住仅限于侦查阶段，与其他强制措施多元和分散的适用目的不同，指定居所监视居住带有侦查性质，适用目的较为单一。[①] 但笔者以为，笼统地说，所有强制措施的目的均为保障诉讼的顺利进行，尽管同一种强制措施在不同的诉讼阶段适用的直接目的有所不同，但肯定是与保障诉讼顺利进行的目的相一致的，三类特殊案件适用指定居所监视居住也不例外。

2. 在强制措施体系中的功能具有一致性。首先，从对人身自由干预的强度来看，在固定住处执行的监视居住较为接近取保候审的强度，而在指定的居所执行的监视居住则较为接近拘留、逮捕后的羁押，二者在强制措施体系中共同起到了承上启下的作用。其次，从监视居住的法律定位来看，新《刑事诉讼法》通过明确规定监视居住的适用条件、适用情形等一系列规定将监视居住定

---

① 参见左卫民：《指定监视居住的制度性思考》，载《法商研究》2013 年第 3 期。

位为"羁押的替代措施",这一定位并不因监视居住执行地点的差别而不同。

3. 适用条件一致性。从《刑事诉讼法》第 72 条规定的监视居住的适用条件来看,二者均以符合逮捕条件同时没有羁押必要或者符合取保候审条件但不能提出保证人也不交纳保证金为适用条件,而相同的适用条件则印证了二者本质上并无实质性差别。

由上述分析可知,指定居所监视居住的独立性或者说其特殊性主要体现在办理三类特殊案件的过程中。但是,一方面三类特殊案件本身数量有限,在所有案件发案数量中仅占少数;另一方面,指定居所监视居住不仅适用于三类特殊案件,而且还可以适用于普通刑事案件中没有固定住处的被追诉人。此外,上述各种观点对指定居所监视居住的担忧主要来自于执行过程中的"扩大适用"、把握不好度的问题,这是法律实施的问题,但从立法本意来看,二者的法律定位、适用条件等均是一致的。因此不能仅仅因为少数的特殊案件在指定居所监视居住执行过程中出现的问题,就否定其与固定住处执行的监视居住的一致性。

2.1.2 监视居住的人道主义属性

考察各国刑事诉讼法,羁押替代措施的适用普遍带有人道主义的属性。羁押替代措施的众多适用情形中相当一部分可以概括为"虽然符合逮捕条件,但因被追诉人本人或其家庭成员的身体或其他原因而没有羁押的必要"。

有的国家和地区的刑事诉讼法中采用"不得羁押"的方式予以规定。比如《意大利刑事诉讼法》第 275 条第 4 款规定,当被告人是正在怀孕的妇女、正在哺乳子女的母亲、处于特别严重的健康状况的人或者超过 65 岁的老人时,不能决定适用预防性羁押的强制措施,除非存在非常严重的防范需要。[①]《法国刑事诉讼法》第 145-5 条规定,在预审法官向负责处理释放与拘押事务的法官提出受案要求之前如已知道该人对居住在其家中的未满 13 周岁的未成年人唯一行使亲权,在没有裁定由第 81 条第 9 款所指之人或部门负责找到或提出适当措施以防止该未成年人的身体、安全与道德受到危害或者其教育条件受到影响时,不得命令对该人实行先行拘押。我国台湾地区"刑事诉讼法"第 114 条则规定:"羁押之被告,有左列情形之一者,如经具保声请停止羁押,不得驳回:(一)……。(二)怀胎五月以上或生产后二月未满者。(三)现罹疾病,非保外治疗显难痊愈者。"

---

① 参见黄风译:《意大利刑事诉讼法典》,中国政法大学出版社 1994 年版,第 94 页。

在众多国家和地区的强制措施体系中，仅有我国以及俄罗斯直接规定了监视居住，其刑事诉讼法中有关监视居住的规定也体现了人道主义的精神。《俄罗斯联邦刑事诉讼法典》第107条第2款则规定，如果存在本法典第108条规定的根据，① 考虑犯罪嫌疑人、刑事被告人的年龄、健康状况、家庭情况和其他情况，依照本法典第108条规定的程序，根据法院的决定对犯罪嫌疑人、被告人选择监视居住作为强制处分。②

虽然范围有宽有窄，但上述国家或地区通过规定"不得羁押"的方式或者直接规定羁押替代措施的适用条件的方式均体现了羁押替代措施所承载的人道主义的价值追求。打击犯罪、实现国家刑罚权并非刑事诉讼所追求的唯一目标，刑事诉讼法在追求实现国家刑罚权的过程中，也不能忽视对其他社会价值的保护。羁押替代措施的适用恰恰契合了在保障对犯罪有效追诉的前提下，尽可能的保护被追诉人及其相关人特别是家庭成员的社会关系的人道主义精神。

我国刑事诉讼法第73条有关监视居住的适用条件的规定也是人道主义精神在刑事诉讼法中的重要体现。该规定"有效平衡了保障诉讼顺利进行和保护人权的关系，既减少羁押，又防止监视居住的滥用，体现了人道主义原则和对公民权利的进一步保护。"③

2.1.3 监视居住的独立性与附属性

监视居住的独立性是指监视居住制度能否作为一个逻辑自足的体系独立存在的问题。2012年《刑事诉讼法》修改之前，学术界习惯性地将我国强制措施区分为羁押性强制措施和非羁押性强制措施，虽然也有学者采用羁押性强制措施和羁押替代措施的表达方式，但从《刑事诉讼法》规定来看，不管是取保候审还是监视居住，其与拘留和逮捕之间并没有"替代与被替代"的逻辑关系，因此羁押性强制措施和非羁押性强制措施的表达更为恰当。也就是说，监视居住与逮捕之间仅存在形式逻辑上的全异关系，假设将逮捕从强制措施的体系中排除掉，也不影响监视居住作为一种强制措施的独立存在。

2012年《刑事诉讼法》修改之后，增加规定了监视居住的适用条件、执行场所、通知家属、委托辩护人、法律监督、刑期折抵、执行监督等内容，使其与取保候审同质化的问题得以解决，监视居住形式上的独立性一目了然。而

---

① 即符合羁押的适用条件。
② 黄道秀译:《俄罗斯联邦刑事诉讼法典》，中国人民公安大学出版社2006年版，第94页。
③ 郎胜主编:《中华人民共和国刑事诉讼法修改与适用》，新华出版社2012年版，第157页。

从《刑事诉讼法》关于监视居住的适用条件的规定来看，监视居住的适用是以符合逮捕条件为前提的，这便使得监视居住与逮捕之间形成了一种内在的逻辑联系。既符合逮捕条件又有逮捕必要的适用逮捕，符合逮捕条件而无逮捕必要的则适用监视居住。这样一来，该规定也起到了完善逮捕的逻辑体系的作用。

从我国《刑事诉讼法》就监视居住的规定来看，我国监视居住制度具有形式上的独立性以及实质上的附属性。

监视居住的独立性体现在：

1. 立法结构上的独立性。我国《刑事诉讼法》规定了五种强制措施，虽然从法典结构看，五种强制措施依次规定在刑事诉讼法第一编第六章中，而没有再将其设节予以单独规定，但是由于法律对每种强制措施均规定了单独的适用条件、适用情形、法律后果等，因此每种强制措施均呈现出较强的独立性。如果说这种独立性在《刑事诉讼法》中体现得还不够明显的话，那么在《人民检察院刑事诉讼规则（试行）》以及《公安机关办理刑事案件程序规定》中采取章下单独设节的方式对五种强制措施分别予以规定的作法则将这种结构上的独立性体现得更为直观。虽然理论上讲五种强制措施是按照对人身自由干预程度由低到高所作的规定，但实际从形式上看五种强制措施之间是一种平行的、并列的关系。这与很多国家和地区的处理方式有根本区别。以日本为例，日本刑事诉讼法中干预人身自由的强制措施是以羁押为中心，或者说是以羁押为逻辑起点来构建的。其法典中与我国监视居住相类似的"限制被告人居住"是在其法典的第八章"被告人的传唤、拘传及羁押"中以"停止执行羁押"的方式予以规定的。[①]

2. 适用条件的独立性。监视居住适用条件的独立性可以从纵向和横向两个方面比较进行理解。纵向来看，2012年《刑事诉讼法》修改之前，监视居住并没有独立的适用条件，法律规定监视居住适用于符合取保候审条件，但犯罪嫌疑人、被告人既无法交纳保证金也提不出保证人的情况，也就是理论界通常所说的监视居住与取保候审"同质化"。2012年《刑事诉讼法》修改时，对监视居住的修改成为强制措施部分修改的重中之重，增加规定了监视居住的适

---

① 日本刑事诉讼法第八章第98条规定："法院认为适当时，可以裁定将被羁押的被告人委托于他的亲属、保护团体或其他的人，或者限制被告人的住居，而停止执行羁押。"

用条件、执行方式等,从而使得监视居住自成体系,与取保候审的适用区别开来。① 横向来看,本着规范追诉权力、保障被追诉人人权的目的,世界主要国家和地区的刑事诉讼法中对于干预人身自由权利的强制措施均规定了明确的适用条件,这本身也是程序正义的应有之义。但与我国《刑事诉讼法》就每种强制措施均单独规定适用条件的方式不同,更多国家和地区则采用对羁押替代措施这一类的强制措施规定相同的适用条件,同时赋予法官较大的自由裁量权,由法官根据被追诉人的具体情况选择适用某一种或几种羁押替代措施。② 以意大利刑事诉讼法为例,其规定了禁止出国、向司法机关报到、居住禁令、住地逮捕、预防性羁押几种强制措施,且在第 280 条中统一规定了这些强制措施的适用条件,③ 同时为了规范法官在决定适用强制措施时的自由裁量权,在第 275 条中规定了选择防范措施的标准。④

3. 决定程序的独立性。这主要体现在羁押决定程序与监视居住决定程序的衔接方面。根据我国《刑事诉讼法》第 88 条的规定,人民检察院审查批准逮捕只能做出批准逮捕或者不批准逮捕的决定。对于经审查发现不符合逮捕条件,但符合监视居住或者取保候审的条件的,无权直接做出监视居住或者取保候审的决定。也就是说,监视居住的决定程序只能由办案机关单独进行审查并决定,而不能在审查批准逮捕的过程中附带地加以决定。这种局面在修改后的

---

① 有学者指出,由于取保候审和逮捕措施在适用条件、执行处遇上的差别,监视居住真正具有了独立的强制措施的品格,成为一种与取保候审有实质区别的强制措施,能够真正发挥羁押替代措施的作用,丰富了我国刑事强制措施的层次。此外,关于被监视居住人应当遵守的规定及监督管理措施的加强,从具体规则上真正保障了监视居住成为独立的强制措施。参见陈瑞华、黄永、褚福民著:《法律程序改革的突破与限度——2012 年刑事诉讼法修改评述》,中国法制出版社 2012 年版,第 108—109 页。

② "在具体的选择上,是羁押还是选择替代措施,通常需要考虑如下几点:(1)法官应当根据在具体情况中的防范需要、防范措施的性质和强度选择适宜的措施;(2)一切防范措施均应当同行为的严重性以及可能被科处的刑罚相对称。"郎胜主编:《欧盟国家审前羁押与保释制度》,法律出版社 2006 年版,第 32 页。

③ 《意大利刑事诉讼法》第 280 条规定:"除第 39 条规定的情况外,只有当诉讼所针对的是依法应当判处无期徒刑或者三年以上有期徒刑的犯罪时,才能适用本节规定的各项措施。"

④ 《意大利刑事诉讼法》第 275 条规定:"1. 在决定适用防范措施时,法官应当根据在具体情况中需满足的预防需要、防范措施的性质和强度选择适宜的措施。2. 一切防范措施均应当同行为的严重性以及可能被科处的刑罚相对称。3. 只有当其他防范措施均不宜采用时,才能决定实行预防性羁押。4. 当被告人是正在怀孕的妇女、正在哺乳子女的母亲、处于特别严重的健康状况的人或者超过 65 岁的老人时,不能决定适用预防性羁押的强制措施,除非存在非常严重的防范需要。5. 当被告人是正在接受戒瘾治疗的吸毒者或酗酒者并且中断治疗计划有可能影响被告人脱瘾时,不能决定适用预防性羁押的防范措施,除非存在非常严重的防范需要。在作出决定时或者在以后的决定中法官规定必要的检查措施,以便核查吸毒者或酗酒者是否在继续接受治疗计划。"

《高检规则》中已经有所突破，《高检规则》第 145 条赋予检察机关在审查批准逮捕决定的同时做出向侦查机关提出监视居住的建议，从而将监视居住的决定程序与羁押（逮捕）的决定程序联系起来。① 但需要注意的是，这种情况下，检察机关对侦查机关是否适用监视居住也仅有建议权而无决定权。这与国外经审查认为没有羁押必要的，法官可以直接做出保释或其他羁押替代措施的规定显然存在本质的区别。

监视居住的附属性是指监视居住对逮捕的依赖性，其具体体现在：

1. 监视居住的适用必须以符合逮捕条件为前提，否则则不存在适用的正当性

在许多国家的刑事诉讼法语境中，羁押是与我国逮捕相当的一种独立的强制措施。参考国外立法可以发现，羁押往往在一国干预人身自由的强制措施体系中占据着非常重要的地位。正如有的学者所言："在欧盟国家的强制措施体系中，羁押处于核心地位。羁押的条件也是羁押前置措施和羁押替代措施条件设计的参照系，体现了国家保障诉讼顺利进行的目的性要求和无罪推定的法治原则。"② 2012 年《刑事诉讼法》修改后，我国监视居住与逮捕之间也呈现出这种参照与被参照的关系。根据《刑事诉讼法》第 72 条的规定，适用监视居住必须要以符合逮捕条件为前提。不过，需要指出的是，不同语境下羁押的条件或者逮捕的条件内涵是不一样的。在国外，羁押的条件往往是指具有重大的犯罪嫌疑并且可能判处一定刑期以上的刑罚，在具备羁押条件的情况下也不一定会适用羁押，因为还需要考察是否具备羁押的必要性。在我国，理论界通常将逮捕的适用条件分解为证据条件、刑罚条件和社会危险性条件，其中前两个条件也即国外语境中所指的羁押的条件，而社会危险性条件也即羁押必要性或者羁押的正当目的。因此，中国的刑事诉讼法语境下所说的监视居住必须以符合逮捕的条件为前提，是指监视居住同时符合逮捕的证据条件、刑罚条件以及社会危险性条件。

2. 监视居住的适用条件中暗含着没有"逮捕必要性"

逮捕必要性又叫羁押必要性，其主要因素在于羁押是否是保证被告人于听证或正式审判时到庭的唯一有效手段。③ 大陆法系国家在适用羁押时往往将正

---

① 《高检规则》第 145 条规定："对符合刑事诉讼法第七十二条第一款规定的犯罪嫌疑人，人民检察院经审查认为不需要逮捕的，可以在作出不批准逮捕或者不予逮捕决定的同时，向侦查机关提出监视居住的建议。"

② 郎胜主编：《欧盟国家审前羁押与保释制度》，法律出版社 2006 年版，第 2 页。

③ 参见孙长永著：《探索正当程序——比较刑事诉讼法专论》，中国法制出版社 2005 年版，第 87 页。

第 2 章　监视居住制度的基础理论

当性根据分解为有犯罪嫌疑且具有正当目的，英美法系国家由于采取逮捕前置①的做法，逮捕仅仅是对具有犯罪嫌疑的人的临时性控制，如果试图对其进行羁押，那么还要进一步审查羁押的必要性。

羁押的正当目的或者说羁押必要性通常是指以下内容：（1）保障侦查机关就涉嫌的犯罪事实顺利进行侦查，防止犯罪嫌疑人毁灭、伪造罪证或者妨碍证人作证；（2）确保被告人在讯问或者法庭审理时到场，防止犯罪嫌疑人和被告人逃避侦查和审判。此外，大陆法系国家的羁押正当目的中往往还包含保障刑罚执行的内容，而对于为防止再犯为由而进行的预防性羁押，虽然理论上面临着很大的争议，但出于保障公共和社会安全的考虑，许多国家和地区的刑事诉讼法中也将其作为羁押的正当目的或者羁押必要性的理由之一。

由于我国没有实行逮捕和羁押的分离，因此《刑事诉讼法》中也没有专门就逮捕或者羁押必要性的情形予以列举。② 但是，我国《刑事诉讼法》规定的逮捕适用条件中的社会危险性条件即逮捕或羁押的必要性。一般来说，对于逮捕必要性或者羁押必要性的审查需要根据每个案件的不同情况进行个别化的审查，但是"如果犯罪嫌疑人实施了法律规定的某些特殊罪行，即使没有事实可以说明犯罪嫌疑人可能企图逃避诉讼或者对证据行为造成影响，也可以审前羁押。"③ 例如，我国《刑事诉讼法》第 79 条第二款的规定④就将逮捕必要性的因素排除在外，仅在具备一定的证据条件以及较重的刑罚条件的情况下即可对被追诉人予以逮捕。

我国《刑事诉讼法》第 72 条关于监视居住适用条件的规定似乎与逮捕的必要性没有直接联系，但其所列举的可以适用监视居住的有些情形中其实已经暗含了没有逮捕必要性的考虑。⑤ 比如"患有严重疾病、生活不能自理的"，

---

① 所谓逮捕前置，即凡是需要羁押犯罪嫌疑人的案件，必须首先经过逮捕程序，只有同时经过司法官对逮捕合法性的审查和羁押必要性的审查之后，羁押才符合正当程序的要求。参见孙长永著：《探索正当程序——比较刑事诉讼法专论》，中国法制出版社 2005 年版，第 87 页。
② "在各国刑事诉讼法中，一般很少笼统规定'羁押必要'，而是详细列举可以羁押的情形。"郎胜主编：《欧盟国家审前羁押与保释制度》，法律出版社 2006 年版，第 18 页。
③ 郎胜主编：《欧盟国家审前羁押与保释制度》，法律出版社 2006 年版，第 20 页。
④ 《刑事诉讼法》第 79 条第 2 款规定："对有证据证明有犯罪事实，可能判处十年有期徒刑以上刑罚的，或者有证据证明有犯罪事实，可能判处徒刑以上刑罚，曾经故意犯罪或者身份不明的，应当予以逮捕。"
⑤ 实际上，早在 1997 年最高人民检察院《关于检察机关侦查工作贯彻刑诉法若干问题的意见》中就对监视居住与逮捕必要性之间的关系有所提及，意见中指出"在决定监视居住时就应该考虑如果犯罪嫌疑人有可能逃跑、干扰证人、串供、毁灭或伪造证据等危险性，就不要采用监视居住措施。"换句话说，采用监视居住需要以不存在逮捕条件中的各种社会危险性的情形为前提。

其中,"患有严重疾病"是指"病情严重、生命垂危、在羁押场所内容易导致传染、羁押场所的医疗条件无法治疗该种疾病需要外出就医、确需要家属照料生活等情况。"而"生活不能自理"则是指,"因年老、严重残疾等导致丧失行动能力,无法自己照料自己的基本生活,需要他人照料。"在上述情形下,被追诉人的行动能力十分有限,一般认为其实施妨碍证据、妨碍诉讼行为的可能性大为降低,因此也就不具备逮捕的必要了。

3. 逮捕是违反监视居住期间应当遵守的规定的后果之一

2012年刑事诉讼法修改之前,我国刑事诉讼法中没有关于违反监视居住义务的法律后果的规定,而仅仅是在《高检规则》以及《公安程序规定》中有所涉及。2012年《刑事诉讼法》修改后增加规定,"被取保候审、监视居住的犯罪嫌疑人、被告人违反取保候审、监视居住规定,情节严重的,可以予以逮捕。"该规定解决了司法实践中对于违反取保候审和监视居住的规定是否可以批准逮捕的问题上认识和做法不一的问题,而理论上,该规定也使得监视居住的逻辑体系更加完整和严密。

前已述及,很多国家和地区的刑事诉讼法均奉行羁押例外的原则,在羁押替代措施的适用上,法律赋予法官较大的自由裁量权,而法官也倾向于更多的对被追诉人适用保释等羁押替代措施。尽管在这些国家和地区犯罪嫌疑人、被告人受到羁押的可能性较小,但羁押替代措施的适用毕竟要以不存在羁押必要为前提,因此,一旦犯罪嫌疑人、被告人违反了采取羁押替代措施期间应当遵守的规定,法律就直接推定其具有较大的危害性以及羁押的必要,其所面临的惩戒措施也往往较为严厉。这种情况下,犯罪嫌疑人、被告人往往会受到程序和实体两方面的惩处。程序方面,犯罪嫌疑人、被告人违反羁押替代措施期间应当遵守的规定的,可以直接对其加以羁押,而无需受按部就班的审查其先前行为是否达到了羁押的条件;① 在实行逮捕前置原则的国家和地区,上述行为则构成无证逮捕的理由。② 实体方面,上述行为则可能被直接认定为构成新的

---

① 如《法国刑事诉讼法》第142-2规定:"如受审查人故意逃避司法监督义务,预审法官可对其发出逮捕令或拘传票。预审法官也可以按照第137-1条第3款之规定,向负责处理释放与拘押事务的法官提出要求,对受审查人实行先行拘押。不论当处之监禁刑的刑期如何,负责处理释放与拘押事务的法官均可对该人签发押票,对其实行先行拘押,但141-3条之规定保留执行。"

② 如英国1976年《保释法》第7(3)条规定:"在刑事诉讼保释中,被具结释放其负有向法院自动归案义务的人有下列情形之一的,警察可以无证逮捕:(a)警察有合理根据相信被保释人可能不会自动归案的;(b)警察有合理根据相信被保释人可能违反保释条件,或者有合理根据怀疑其已经违反了保释条件;或者(c)如果被保释人有一个或者多个保证人,其中有一个保证人用书面形式通知警察生成被保释人可能不会自动归案,同时表示希望解除其作为保证人义务的。"

犯罪，从而使其面临实体方面的不利裁判。[①]

我国《刑事诉讼法》中规定的违反监视居住义务应当遵守的规定的后果仅仅体现在程序方面的制裁，并且，与国外一旦出现上述行为即可直接签发逮捕令以及认定该行为构成犯罪的做法不同，违反监视居住义务而适用逮捕的，必须要以"情节严重"为前提。

2.1.4 权力本位的制度属性

权力本位是与权利本位相对的概念，所谓权力本位主义，即以国家权力的至上性为先决条件和逻辑起点，强调国家权力的不可限制性，强调国家立法和其他规则一样都是权力运行的手段，并依附于权力而存在的治国理政思维和理念。[②] 在我国，凡属五种强制措施，均是以实现公、检、法的追诉职权而非以保障犯罪嫌疑人、被告人权利为首要目的。

一、监视居住权力本位的表征

（一）强制性

从基本语义出发，"强制"是与"自愿"相对应的一个概念，哈耶克曾对强制这一概念作了如下阐述"在原始意义上，自由意味着始终存在着一个人按其自己的决定和计划行事的可能性，此一状态与一人必须屈从于另一人的一直的状态适成对照。与之相反，当一个人被迫采取行动以服务于另一个人的意志，亦即实现他人的目的而不是自己的目的，便构成强制。"[③] 具体到强制措施的范畴，其强制性就体现在，对犯罪嫌疑人、被告人人身自由的限制或者剥夺完全出于职权行为而不以犯罪嫌疑人、被告人意志为转移。但凡以实现国家刑罚权为目的的诉讼活动中，无不体现着刑事追诉权的强制性，而强制措施则是刑事追诉权的行使与对被追诉人人身自由保障之间冲突最为激烈之处。

（二）适用程序的行政性

适用程序的行政性是我国强制措施制度设计乃至整个刑事审前程序所共有的特点，监视居住也不例外。根据现行《刑事诉讼法》及相关司法解释，在固

[①] 根据英国1976年《保释法》第6（1）、6（2）之规定，如果刑事诉讼保释中的被保释人未自动归案且无正当理由，则构成脱逃罪。如果某人在刑事诉讼中已被保释，有正当理由未自动归案，但未在指定日期之后合理可行的时间内到指定地点自动归案的，也构成脱逃罪。
[②] 参见江国华著：《立法：理想与变革》，山东人民出版社2007年版，第11-12页。
[③] ［英］哈耶克著，邓正来译：《自由秩序原理（上）》，生活·读书·新知三联书店2007年版，第4页。

定住处执行的监视居住仅采用办案单位内部审批的方式即可决定。① 而三类特殊案件适用指定居所监视居住虽然要求必须经办案单位的上一级单位决定，但实质上也是采用的行政审批的方式。在决定适用监视居住的过程中也不必像适用逮捕的程序中需要讯问犯罪嫌疑人、询问证人、听取辩护律师意见，相反，监视居住的适用过程中则没有犯罪嫌疑人、被告人以及辩护律师的参与，而完全是由办案机关或者其上一级机关采用封闭的、不公开的程序予以决定。

（三）辩护权利受到限制

司法实践中犯罪嫌疑人、被告人委托辩护人很多是由其监护人或者近亲属代为委托，代为委托需要以知晓犯罪嫌疑人、被告人的下落为前提，但当前指定居所监视居住的适用过程中通知家属的规定落实情况却不乐观，而这也直接影响了监护人和近亲属代为委托辩护律师的权利的行使。下面通过一则案例予以说明：

【案例3】杨在新涉嫌妨害作证案②

2011年6月14日，广西北海，担任一起杀人案件辩护人的杨在新律师在家中被警方带走。随后以涉嫌妨害作证罪被拘捕。之后，北海市检察机关两次将案件退回补充侦查，并于2012年3月15日在北海市第一看守所向杨在新宣布了羁押期限届满，变更强制措施为监视居住的决定。其后几天，杨的妻子不停奔波于当地公安机关和检察机关之间，却始终无法得知丈夫的下落。律师随后在一栋守卫森严的警方租用的民房里得以会见杨在新。

指定监视居住的地点在距离北海市公安局海城分局三百多米的一栋老式居民楼内，二楼，八十多平，两室一厅，室内有旧家具和电视机。杨在新住主卧，卧室内两张床，其中一张由看守人员使用。3月22日，杨在新获准单独享用卧室。

指定居所监视居住期间，杨在新一日三餐与看守人员一起吃盒饭，但不准

---

① 如根据《公安机关办理刑事案件程序规定》第106条，对犯罪嫌疑人监视居住，应当制作呈请监视居住报告书，说明监视居住的理由、采用监视居住的方式以及应当遵守的规定，经县级以上公安机关负责人批准，制作监视居住决定书。

② 根据以下媒体报道整理：刘长：《北海新"实验"——模拟现场开放旁听"73条"》，载《南方周末》2012年4月1日；王和岩：《"北海律师伪证案"主角杨在新下落不明》，载财新网，http://china.caixin.com/2012-03-21/100371075.html，访问日期2013年10月9日；陈霄：《刑诉法监视居住条款再现争议》，载和讯网，http://news.hexun.com/2013-07-31/156635747.html?fromtool=roll，访问日期2013年10月9日；王和岩：《"北海律师伪证案"主角杨在新取保候审》，载财新网，http://china.caixin.com/2012-09-13/100437495.html，访问日期2013年10月10日。

踏出深蓝色的防盗门外，只能在屋里看电视和睡觉。

看守人员三班倒，每班4人，包括2名武警、1名特警和1名专案组成员。

杨在新被监视居住的第一周，外界未能得知其被监视居住的具体地址。其家属也未能收到任何通知。3月21日，杨在新的妻子黄仲琰从北海新闻网看到消息后，向北海市海城区检察院递交了一份"会见申请书"。3月22日，黄仲琰得知了杨在新的下落，并获准会见半小时。3月24日，黄仲琰带着孩子来看杨在新，看守以未经申请为由，未准许会见。

9月13日，被监视居住满6个月后，杨在新被宣布取保候审，自此重新回到家中。

（四）强调监督，忽视权利救济

监视居住的强制性还体现在，对监视居住适用的制约与防范所采用的仍然是检察监督的方式，也即以权力制约权力的方式，而非赋予被监视居住人以充分的救济权利。根据刑事诉讼法及相关司法解释的规定，被监视居住人及其法定代理人、近亲属或者辩护人有权申请变更或要求解除监视居住。虽然看似赋予了被监视居住人对监视居住表达异议的权利，但过于行政化的审查处理方式也决定了一旦办案机关决定对犯罪嫌疑人、被告人适用监视居住，很难通过申请的方式予以变更或解除。

二、监视居住权力本位的形成原因分析

（一）传统文化、观念的影响

经济基础决定上层建筑，中国古代长达几千年的社会演变过程中过于强调"自给自足""重农抑商"，以致难以孕育出类似西方社会的商品经济。"在古代东方社会，以自给自足的自然经济为基础，物质生产的社会关系以及建立在这种生产基础上的生活领域，都是以人身依附为特征的。这种社会架构，不可能像商品经济社会那样滋润着主体自由、平等、权利等观念的发达，其文化价值取向只能是以确认等级依附关系为核心和目标。所以在其刑事司法中，当事人权利保障的观念所占比重不可能太多。"[1]

虽然古代社会的中国统治者们也经常强调"以人为本"的治国理念，但与西方近代以来所追求的人权保障理念不同，"以人为本"本身并不是目的，而

---

[1] 宋英辉著：《刑事诉讼目的论》，中国公安大学出版社1995年版，第24页。

只是一种治国手段。

实际上，中国社会近现代化的过程中也出现过很多标榜人权保障的法律，具体到强制措施制度，有些法律中甚至将"保护人民之权利"而非追诉犯罪作为适用强制措施的首要目的。[1] 但这些法律多是特殊历史背景下，当权者为迎合所谓的时代潮流而被动做出的应对，而非中国本土法律文化、法律理念指导下的产物。即便当前我国法学研究乃至立法和司法实践中都较为注重对法治先进国家的先进理念、制度的学习，但长达几千年的社会演变过程中积淀下来的权力本位的传统观念和制度惯性并非一朝一夕可以更改。

（二）职权主义侦查程序构造的影响

侦查程序的构造是指侦查人员、检察人员与被告人及其辩护人在侦查程序中的法律地位和相互关系。我国的侦查构造是典型的职权主义构造，其特点就是侦查机关以查明案件事实真相为目的，依职权积极主动追诉犯罪。[2] 虽然我国《刑事诉讼法》规定，公、检、法三机关在各自的刑事诉讼阶段均有适用监视居住的权力，但是从司法实践状况看，监视居住多由侦查机关在侦查程序中予以运用，监视居住的适用对侦查程序具有较大的依赖性。因此，我国职权主义的侦查程序构造决定了侦查权在监视居住适用过程中的强势地位。

职权主义的侦查程序构造对监视居住的影响首先体现在，这种制度设计使得监视居住以及其他强制措施已经偏离了保障被告人接受审判、证据保全等诉讼保障的应有功能，而是表现出强烈的证据发现目的。[3] 显然，职权主义的侦查程序构造中，监视居住已经超出了上述有节制的证据发现目的，甚至存在以监视居住为侦查手段的现象。

其次，职权主义的侦查构造也决定了被告人及其辩护人在监视居住程序中处于较为弱势的地位。司法实践中，监视居住的适用过程中存在这样一种现

---

[1] 如《1911年刑事诉讼律（草案）》第三章第二节"被告人之传唤、拘摄及羁押"的"谨案"中写到：尊重权利、保护人民，乃立宪国必不可少之要件。被告人虽迹近可疑，然未可遽定为犯罪。故本节转以保护被告人及一般人之权利为主。但犯罪乃侵犯国家及社会之公益者……断不得令其幸逃法网。各条中，复以保障公权之威力，用"辟以止辟"之意。质言之，本节宗旨，一则保护人民权利，一则伸张国家公力也。
[2] 参见李心鉴著：《刑事诉讼构造论》，中国政法大学出版社1992年版，第161、179页。
[3] "从一定程度来说，强制措施确实具有发现证据的功能，但其应当从属于诉讼保障功能且只能通过如下两个方式予以实现：一是公安司法机关强制被追诉人到案接受讯问，并在此期间内收集是否应当将其予以羁押的证据；二是公安司法机关使用强制措施保全相关证据，防止被追诉人毁灭、伪造、变造证据以及串供和干扰证人作证。"卞建林：《我国刑事强制措施的功能回归与制度完善》，载《中国法学》2011年第6期。

象，即为了达到"犯罪嫌疑人、被告人在办案机关所在的市、县内没有固定住处"的条件从而对其适用指定居所监视居住，办案单位往往会采取异地指定侦查管辖的做法。这种作为被监视居住人委托辩护律师以及律师进行调查取证、会见等辩护活动人为地制造困难，使得犯罪嫌疑人、被告人辩护权的行使处于极为不利的境地。而对于指定异地侦查管辖，无论是《刑事诉讼法》还是相关司法解释均未规定，这很难说不是权力本位的观念作祟。

（三）立法机制的影响

这里所指的立法机制是广义上的理解，既包括法律的制定和修改机制也包括司法解释及其他规范性法律文件的制定。《刑事诉讼法》及相关司法解释制定和修改的过程中均不同程度地存在着自我授权、扩大授权的现象。以监视居住为例，这些现象的出现与我国现行的立法机制存在直接关系。[①]

以 2012 年《刑事诉讼法》的修改为例，最高人民法院、最高人民检察院均成立了自己的修法、司改小组，就法律修改过程中涉及本部门的问题提出相应的改革方案，随后由法工委根据各部门的方案提出讨论稿，再听取中央各部门及专家学者的意见。[②] 虽然最终的修正案是法工委协调的结果，但初始的改革方案却是由公、检、法各机关自己提供，这种自我授权立法机制难以避免的扩大授权的现象出现。

2.2 监视居住的功能分析

"功能（Function）一词，一般指事物的局部或部分对事物整体的维持和发展所发挥的积极作用以及事物局部或部分对事物整体机制所产生的积极效果，它是从系统的外部描述系统的整体性质。"[③]

[①] "在我国，各级立法机关通常只负责是否通过法律草案，而各种法律草案的实际起草工作更多的是由一些法律执行部门来分担的。在法律起草过程中，这些机关往往会从自身利益和工作便利的角度出发，将一些限定相对人权利、变相扩大本部门权力的规定写入法律。"宋英辉主编：《取保候审适用中的问题与对策研究》，中国人民公安大学出版社 2007 年版，第 32 页。

[②] 根据全国人民代表大会常务委员会副委员长王兆国在第十一届全国人民代表大会第五次会议上《关于〈中华人民共和国刑事诉讼法修正案（草案）〉说明》，全国人大常委会法工委从 2009 年初开始着手刑事诉讼法修改方案的研究起草工作。在多次听取全国人大代表和各方面意见的基础上，经反复与中央政法机关和有关单位共同研究，形成了刑事诉讼法修正案初稿。

[③] 王雨田著：《控制论、信息论、系统科学与哲学》，中国人民大学出版社 1986 年版，第 502 页。转引自陈少林、顾伟著：《刑事诉权原论》，中国法制出版社 2009 年版，第 350 页。

功能分析的方法是研究某种社会现象并准确把握其本质的研究方法，通过功能分析发现社会现象有利的作用和效能。其立足于宏观结构与微观结构要素的综合分析，设法达到对某一研究对象乃至规律的本质性把握。该研究方法旨在根据社会现象与某种系统关系来理解社会现象，通过发现一个现象对它所属的较大的体系具有什么功能来解释该现象的存在。[①]

由于对社会现象的功能分析需要参照该现象所存在的较大的体系，所参照的体系不同，功能分析所得出的结论也不一样。也就是说，对社会现象作功能分析，依赖于如何准确的界定该社会现象所存在的整体或者系统。以监视居住为例，其最为直接的参照体系即强制措施制度，以此为参照对监视居住作功能分析，主要在于把握监视居住与强制措施体系内其他强制措施的关系以及通过对上述关系的解读分析监视居住对于强制措施体系的完善所产生的积极效果。除此以外，我们也不能忽视，监视居住还存在更大的参照体系——刑事诉讼制度。作为整个刑事诉讼程序的一部分，监视居住对于其他诉讼阶段的程序运行所产生的积极效果也应当纳入到对监视居住的功能的讨论中来。宏观层面，我们将监视居住对于整个刑事诉讼程序所产生的积极作用称之为外部功能，监视居住对于其他强制措施以及整个强制措施体系所产生的积极效果称之为内部功能。

在本节中，我们首先对当前理论界有关强制措施功能的理论进行梳理，然后分别就监视居住的内部功能与外部功能展开讨论。

2.2.1 当前关于强制措施的功能分析

当前关于强制措施功能的分析大多采取宏观与微观相结合的方式。

宏观分析一般以刑事诉讼目的作为切入点，认为刑事诉讼目的是强制措施功能的基础，强制措施的功能是刑事诉讼目的的反应。如有学者指出，"在宏观层面，强制措施制度只是刑事诉讼制度的重要组成部分，其功能发挥必然受到刑事诉讼目的的影响，可以说刑事诉讼目的决定了强制措施的设置，强制措施制度又保障了刑事诉讼目的的实现。在微观层面，强制措施体系又发挥着与其他诉讼制度所不同的诉讼功能，其功能的发挥不仅受到强制措施目的观的影响，而且，会受到诉讼制度和法制运行环境等诸多因素的制约。"[②]

[①] 参见陈少林、顾伟著：《刑事诉权原论》，中国法制出版社2009年版，第350页。
[②] 杨雄：《刑事强制措施功能论》，载赵秉志主编：《现代法学问题思考》，北京师范大学出版社2011年版，第647页。

理论界的微观分析则习惯于将强制措施的功能区分为应有功能和实有功能,[①] 也有的学者将其区分为应有功能、法定功能和实有功能。[②]

一、强制措施的宏观功能

强制措施的宏观功能可以概括为保障刑事诉讼目的的实现。现代刑事诉讼具有打击犯罪和保障人权的双重目的,该双重目的应当是平行的,自始至终贯穿在刑事诉讼的整个过程中。因此,在适用强制措施的过程中,适用者也必须考虑到刑事诉讼双重目的的要求。[③]

（一）打击犯罪

强制措施制度隶属于刑事审前制度,根据无罪推定原则,尚未认定犯罪嫌疑人、被告人构成犯罪,对其适用强制措施仅仅是一种程序上的保障举措,而没有任何实体惩罚的意义,仅仅是出于追诉犯罪的无奈之举。强制措施以限制或剥夺犯罪嫌疑人、被告人的人身自由为表现形式,因此其必然对实体权利造成不同程度的削减,也正是从这一点上说,有学者将强制措施称为一种"必要的恶"。即便如此,强制措施打击犯罪的功能并非上述所指"必要的恶",而主要是通过其在诉讼保障方面发挥的效用体现出来的。

"所谓诉讼保障功能,是指刑事强制措施用以保障刑事诉讼活动的顺利进行,或者说用以排除刑事诉讼活动的不当妨碍。"[④] 为保全犯罪人的强制措施,在保证被追诉者接受调查和审判的同时,也在客观上防止了被追诉者实施破坏证据、干扰证人作证、串供等行为。[⑤] 除此以外,从审判程序与执行程序的衔接来看,强制措施客观上还具有保障刑罚执行的功能。

（二）保障人权

虽然现代各国刑事诉讼法普遍的认可强制措施在追诉犯罪方面的必要性,但出于对无罪推定原则以及对人身自由权利的保护的考量,适用强制措施时也

---

① 参见杨雄:《刑事强制措施功能论》,载赵秉志主编:《现代法学问题思考》,北京师范大学出版社2011年版,第651页。
② 参见宋英辉、李忠诚主编:《刑事程序法功能研究》,中国人民公安大学出版社2004年版,第143页;张建良:《刑事强制措施要论》,中国人民公安大学出版社2005年版,第62页;李袁婕:《取保候审制度研究》,中国政法大学2007年博士学位论文,第23页;孙连钟著:《刑事强制措施问题研究》,知识产权出版社2007年版,第45页。
③ 陈卫东主编:《刑事审前程序研究》,中国人民大学出版社2004年版,第133页。
④ 卞建林:《我国刑事强制措施的功能回归与制度完善》,载《中国法学》2011年第6期。
⑤ 杨雄:《刑事强制措施功能论》,载赵秉志主编:《现代法学问题思考》,北京师范大学出版社2011年版,第650页。

普遍地要求必须遵守必要性原则、比例性原则、程序法定原则以及令状原则。① 上述各项原则不但要在刑事诉讼法中得以体现，而且由于在强制措施的适用方面法律一般都赋予适用主体一定的自由裁量权，特别是在羁押替代措施的适用方面这种自由裁量权的范围还较为宽泛，因此还应当特别强调在强制措施的适用过程中对上述原则的贯彻。②

二、强制措施的微观功能

强制措施的微观功能依照层次的不同可以分为应有功能、法定功能和实有功能。应有功能是在一定的价值观念的指导下对强制措施功能的内在的应然状态所做的界定；法定功能则是以应然功能为基础，在刑事诉讼法等法律文本中以法律规范的形式呈现出来的强制措施的功能；而实有功能则是强制措施在刑事诉讼法律实践中所表现出来的功能。

（一）应有功能

刑事强制措施的应有功能是指强制措施之所以在刑事诉讼中确立、在刑事诉讼中适用的内在功能。③ 由于对强制措施应有功能的分析必须借助于一定的价值目标，因此，应有功能表现出来一般较为主观，不同的价值承载下强制措施的应有功能并不相同。比如，在严格恪守无罪推定原则的国家和地区，人们一般认为强制措施不应当具有教育矫治的功能，由于尚未定罪因此也就谈不上教育矫治的问题；相反，在没有无罪推定传统的国家和地区，一般会将教育矫治作为强制措施的应有功能。而这也直接影响到一国或地区强制措施体系的构建。以保释制度为例，英美法系国家普遍确立了保释制度，并以此作为保障犯罪嫌疑人、被告人人身自由权利的重要手段。然而在大陆法系的代表国家意大利，由于人们普遍认为保释制度以金钱为基础，违反了法律面前人人平等的原则，是一项对富人有利而对穷人不利的举措，因此并没有确立保释制度。④ 然而，同样是出于对剥夺公民人身自由权利的慎重考虑，意大利刑事诉讼法中则

---

① 参见陈卫东主编：《刑事审前程序研究》，中国人民大学出版社2004年版，第134页；卞建林：《我国刑事强制措施的功能回归与制度完善》，载《中国法学》2011年第6期。
② 如有学者指出，强制措施的人权保障功能应当至少从两个方面予以体现：一是强制措施的内容设计必须体现对被追诉人人权的充分尊重与保护，除确有必要外不得强制处分公民人身自由且这种处分必须符合国际通行的人权保障基本要求；二是适用强制措施的过程中违反人权保障的行为必须得到制裁，人身自由遭受不当强制处分的被追诉人必须能够得到有效救济。参见卞建林：《我国刑事强制措施的功能回归与制度完善》，载《中国法学》2011年第6期。
③ 宋英辉、李忠诚主编：《刑事程序法功能研究》，中国人民公安大学出版社2004年版，第143页。
④ 郎胜主编：《欧盟国家审前羁押与保释制度》，法律出版社2006年版，第51页。

第 2 章 监视居住制度的基础理论

设置了包括禁止出国、命令在指定时间向司法机关报到、限制居住等在内的众多羁押替代措施。

(二) 法定功能

刑事强制措施的法定功能是指强制措施在法律上的体现,它以法律规定为前提,体现为刑事诉讼法规定的强制措施的规范功能。[1] 各国刑事诉讼法一般均规定了强制措施在保全犯罪嫌疑人、被告人、收集和保全证据的功能,大陆法系国家的刑事诉讼法中还特别强调了强制措施在保障刑罚执行方面的功能。然而,就相同或类似的强制措施的功能,各国刑事诉讼法也不尽一致。比如就"再犯之虞"而为的预防性羁押而言,虽然理论上是否应当将其作为羁押之必要性存在较大的争议,但当前预防性羁押已经为两大法系的主要代表性国家所认可并写入刑事诉讼法中。

(三) 实有功能

强制措施的实有功能是指其法定功能在刑事诉讼实践中所具有的功能。[2] 理想状态下,强制措施的实有功能与法定功能应该是一致的,这也是法律实施所能达到的最佳效果。但是由于执法环境、公安、司法人员对法律的理解等方面存在的客观差异,强制措施的实有功能几乎不可能与其法定功能达成一致,有些情况下甚至可能会偏离法定功能设置。以羁押(逮捕)为例,就实现保全犯罪嫌疑人、被告人、收集和保全证据以及保证判决之执行众多目的而言,羁押(逮捕)无疑是各种强制措施中最为有效的一种。然而司法实践中,羁押(逮捕)往往超出上述目的,表现出其他方面的一些功能,比如直接作为侦查手段、作为提前应报犯罪或安抚被害人之刑事政策措施或者将其用作预支刑罚等。[3]

三、对当前强制措施功能分析的反思

以刑事诉讼目的决定强制措施功能理论为基础所进行的强制措施的宏观功能分析阐释了强制措施是如何实现刑事诉讼打击犯罪与保障人权的双重目的,从理论上解决了干预人身自由的强制措施与无罪推定原则之间的冲突。微观分析则从理念、立法以及司法实践三个层面分别阐释了强制措施的应有功能、法定功能和实有功能,对于全面认识强制措施的功能并检视强制措施的立法和司

---

[1] 宋英辉、李忠诚主编:《刑事程序法功能研究》,中国人民公安大学出版社 2004 年版,第 143 页。
[2] 宋英辉、李忠诚主编:《刑事程序法功能研究》,中国人民公安大学出版社 2004 年版,第 143 页。
[3] 参见林钰雄著《刑事诉讼法(上册)》,中国人民大学出版社 2005 年版,第 265 页。

法实践大有裨益。宏观的功能分析也好微观的功能分析也罢，不过是着眼于不同的视角对强制措施的功能进行的阐释，对强制措施功能的准确把握有赖于两种分析方式的结合。正如有学者所指出："监视居住在刑事诉讼活动中所发挥的功能不仅仅是限于某一方面，有关其功能的各种意见有狭隘之嫌，对于监视居住的功能有必要继续研究。"①

前已述及，对社会现象的功能分析需要将该现象置于其所属的整体或者说系统当中进行考察。普遍联系的世界观以及以此为基础的系统论是我们对社会现象进行功能分析所必须借助的工具。系统论的基本思想，就是把研究和处理的对象当作一个系统整体来看待，这就是说，在注意局部的时候，还要同时注意各部分间的有机联系，把系统内部的各个环节、各个部分和系统外部的环境等因素间的关系，都看成是相互联系、相互影响、相互制约的系统关系。

虽然当前有关强制措施的功能分析中几乎没有借助系统论明确指出功能分析所参照的系统或者整体，但是从当前理论界乃至立法以及司法实践中普遍认可的强制措施所具有的保全犯罪嫌疑人、被告人和保全证据的诉讼保障的基本功能来看，这两项功能具有明显的诉讼保障或者说追诉目的。可见，当前的功能分析是将强制措施置于刑事追诉行为这个系统中来讨论其功能的。也正是基于这一点，在强制措施的功能定位的问题上，"一直以来，强制措施在刑事诉讼中都被认为是保证刑事诉讼顺利进行的一种手段。"② 强制措施的价值承载不应仅限于此，然而当前《刑事诉讼法》中对强制措施的界定却较为片面。③

有一点必须要指出，功能分析不同于客体对主体的有用性分析，即价值分析，不能以对象对主体的有用性分析来替代功能分析。如有学者将取保候审的功能定义为："在刑事诉讼中，取保候审对国家、犯罪嫌疑人、被告人及其他相关成员所发挥的有利的作用和效能。"④ 该作法即典型的以价值分析代替功能分析的做法。

以系统论为指导，对监视居住的功能分析首先应当选定参照体系，即监视居住所属的系统或整体。监视居住是我国法定的五种强制措施之一，首先应当

---

① 宋英辉主编：《刑事诉讼法学研究述评（1978—2008）》，北京师范大学出版社2009年版，第210页。
② 陈卫东主编：《刑事审前程序研究》，中国人民大学出版社2004年版，第133页。
③ "在一定程度上，强制措施是为了刑事诉讼能够完成追诉目的，实现打击犯罪目的的不可缺少的一项制度。但是，根据现有《刑事诉讼法》对强制措施的界定，它却过分地强调了强制措施对保障追诉成功这一方面的功能，而忽视了犯罪嫌疑人、被告人在被适用强制措施过程中应有的权利保护。"参见陈卫东主编：《刑事审前程序研究》，中国人民大学出版社2004年版，第134页。
④ 李袁婕：《取保候审制度研究》，中国政法大学2007年博士学位论文，第23页。

以强制措施为系统分析监视居住对该系统以及系统内部其他组成部分,也即其他强制措施之间的关系,具体来说就是监视居住对整个强制措施体系以及其他强制措施的有用性,笔者将其称之为监视居住的内部功能。同时,监视居住存在于一定的刑事诉讼程序当中,与诉讼程序的运行以及诉讼程序中其他制度的展开也必然会发生千丝万缕的联系并产生相互作用。笔者将监视居住对刑事诉讼程序以及其他诉讼制度的有用性称之为监视居住的外部功能。

2.2.2 监视居住的内部功能

一、完善我国强制措施体系

所谓强制措施体系,是指"对被追诉人的宪法基本权利进行强制干预与处分的各项措施,按照一定的功能要求所构筑的系统"。[①] "目前,根据强制措施是干预与处分被追诉人自由权、财产权和隐私权等权利客体的理论,认为凡是可能限制或剥夺被追诉人宪法基本权利的诉讼行为都应当纳入强制措施的体系中。通说上都是将强制措施体系分为三大类:第一类是限制或剥夺公民人身自由的措施,比如逮捕、羁押;第二类是处分公民私有财产的手段,比如搜查、扣押;第三类是干预公民隐私权的方法,比如监听、强制采样。"[②]

之所以说监视居住完善了我国的强制措施体系主要基于以下两点理由:一是监视居住作为羁押替代性措施使得我国干预人身自由的强制措施体系更具层次性;二是2012年《刑事诉讼法》修改后,监视居住从原来单纯的干预人身自由的强制措施转变为集人身自由的干预与隐私权干预于一身的强制措施,有可能在传统的干预人身自由的强制措施体系中打开缺口,使得干预隐私权的强制措施纳入到我国强制措施体系中,从而拓展当前强制措施体系的内涵和外延。

(一) 使干预人身自由的强制措施体系更具层次性

在国外,限制人身自由的强制措施之间并非并列选择适用的关系,而是具有很强的层次性。以欧盟国家为例,"欧盟国家限制人身自由的刑事强制措施种类各异,但一般可以分成三个层次:羁押、羁押前置措施、羁押替代措

[①] 赖玉忠著:《刑事强制措施体系研究》,中国政法大学出版社2012年版,第20页。
[②] 赖玉忠著:《刑事强制措施体系研究》,中国政法大学出版社2012年版,第24~25页。

施。"① 这种层次性体现在各种强制措施在形式逻辑上所具有的递进关系。② 在英美法系国家,普遍实行"逮捕前置原则",即凡是需要羁押犯罪嫌疑人的案件,必须首先经过逮捕程序,只有同时经过司法官对逮捕合法性的审查和羁押必要性的审查之后,羁押才符合正当程序的要求。③

我国《刑事诉讼法》根据强制措施干预人身自由的严厉程度不同,由轻到重依次将其划分为拘传、取保候审、监视居住、拘留和逮捕。根据采取强制措施后犯罪嫌疑人、被告人人身自由所处的状态,理论上通常将上述五种强制措施划分为羁押性强制措施以及非羁押性强制措施,前者包括拘留和逮捕,后者包括拘传、取保候审和监视居住。然而与国外层次分明并且因此而形成羁押和非羁押措施的递进关系以及选择适用机制不同,我国羁押性强制措施与非羁押性强制措施之间非但没有体现出上述选择适用关系,而且在逻辑关系上也相当混乱。

首先,拘传与拘留同为强制到案措施,但却分属于非羁押性强制措施与羁押性强制措施,二者法律后果存在较大的差别。拘传是强制未被羁押的犯罪嫌疑人到案的措施,而拘留则是适用于强制具有法定紧急情形的犯罪嫌疑人到案的措施。从《刑事诉讼法》所规定的拘留的适用的情形来看,其与国外逮捕的适用情形极为相似,但是,其法律效果与作为临时性措施的逮捕却大相径庭。在国外,逮捕仅仅作为紧急情况下强制犯罪嫌疑人到案的临时性措施,其持续时间一般较短,并且逮捕后必须不迟延地向法院交解以审查是否有进一步羁押的必要。④ 反观我国,拘留最长可以持续37天,这实际上已经达到了羁押的状态,违背了其作为紧急到案措施的法律性质。由此便形成了拘传和拘留本质上同属于强制到案措施,但却分属于非羁押性强制措施和羁押性强制措施的现状。

---

① 郎胜主编:《欧盟国家审前羁押与保释制度》,法律出版社2006年版,第1页。
② 羁押前置措施属于临时程序,一般称为逮捕,用来处置紧急情况,是约束犯罪嫌疑人或现行犯,使其丧失侵害能力,或者强制其到案的措施,其效力止于法官作出羁押决定之时。适用羁押前置措施之后,在确定犯罪嫌疑人采取强制措施时,往往首先考虑适用羁押替代措施,当羁押替代措施不足以防止妨害证据、妨害诉讼、危害公共安全时,才予以采用羁押措施。这种递进关系不断将不宜羁押的犯罪嫌疑人进行过滤,形成一种羁押和非羁押措施的选择机制。参见郎胜主编:《欧盟国家审前羁押与保释制度》,法律出版社2006年版,第1—2页。
③ 孙长永著:《探索正当程序——比较刑事诉讼法专论》,中国法制出版社2005年版,第87页。
④ 如根据《德国刑事诉讼法》第115条的规定,根据逮捕令逮捕被指控人后,应当不迟延地向管辖案件的法官解交。解交后,法官应不迟延地,至迟是在第二天对被指控人就指控事项予以讯问,以决定是将其释放抑或继续羁押。这种作法也为国家公约所认可,如《公民权利和政治权利公约》第9条第3项规定:"任何因刑事指控被逮捕或拘禁的人,应被迅速带见审判官或其他经法律授权刑事司法权力的官员,并有权在合理的时间内受审或被释放。"

其次，监视居住与取保候审同质化严重，监视居住仅作为取保候审的补充性措施，缺乏独立存在的价值。理论上认为监视居住的价值主要体现在两个方面：一是"为经济困难不能以财产取保，也没有适合保证人无法以保证人取保，没有羁押必要或者不宜羁押的被追诉人，寻找一个适用强制措施的可能"；[①] 二是在取保候审这种程度较轻的强制措施与逮捕之间起到缓冲的作用。将监视居住确定为减少羁押的替代措施以后，我国基本上也形成了包括临时到案措施、羁押替代性措施和羁押措施在内的强制措施体系。

（二）拓展强制措施体系的外延

虽然通说指出了强制措施体系应有的外延，也即强制措施通常的三种表现形式，但具体到各国刑事诉讼法中，强制措施体系的外延或大或小，并不尽然。如有的日本学者将本国的强制措施划分为两大类，即对人的处分和对物的处分。[②] 而在德国，由于德国的实体法较为发达，对公民权利的划分也较为细致，因此，相应的，德国强制措施体系中所包括的强制措施种类就较为繁杂。[③]

我国《刑事诉讼法》所规定的强制措施体系与上述通说以及其他国家的做法存在较大差别。根据刑事诉讼法的规定，我国强制措施仅指限制或者剥夺人身自由的强制方法，包括拘传、取保候审、监视居住、拘留和逮捕五种。通说中处分公民私有财产的手段，比如搜查、扣押、查封、冻结等则规定在《刑事诉讼法》第二编第二章"侦查"这一章节中，理论上将其概括为"强制性措施"。至于通说所指的干预公民隐私权的方法，虽然2012年修改前的《刑事诉讼法》中并没有规定，但司法实践中一直在使用。现行《刑事诉讼法》增加规定了"技术侦查"，将这种干预公民隐私的方法作为侦查行为的一种，而非强制措施。

虽然修改后的《刑事诉讼法》仍然维持了原有的强制措施体系，但是，对

[①] 赖玉忠著：《刑事强制措施体系研究》，中国政法大学出版社2012年版，第190页。
[②] 参见［日］土本武司著，董璠舆、宋英辉译：《日本刑事诉讼法要义》，五南图书出版公司1997年版，第134页。
[③] 如有学者将德国的强制措施划分为：（1）对人格自由权的侵犯，如拘提命令、逮捕、羁押、为勘验其心神状态所令入精神病院之处分、人身搜查、照相、暂时性扣押驾照；（2）对生理不得侵犯的权利的违反，譬如抽验血液、脑电波测验；（3）对财产权的侵犯，如扣押；（4）对住宅权的侵犯，对住宅、处所之搜查；（5）对通讯秘密权的侵犯；（6）对职业自由权的侵犯，譬如暂时的职业禁止；（7）对信息自主权的侵犯，譬如设置网络缉捕、栅网缉捕、数据比对、科学仪器之使用、布建秘密侦探。参见［德］克劳思·罗科信著，吴丽琪译：《刑事诉讼法》，法律出版社2003年版，第273页。

其中监视居住所做的修改有可能在原有的干预人身自由的强制措施体系上打开缺口,将对公民隐私权的干预也纳入到强制措施的体系中来。这里主要是指《刑事诉讼法》第 76 条中有关电子监控及通信监控的规定。①

所谓"电子监控",是指"采取在被监视居住人身上或者住所内安装电子定位装置等电子科技手段对其行踪进行的监视"。②而"通信监控"则是指"对被监视居住的人的通信、电话、电子邮件等与外界交流、沟通进行的监控"。③ 虽然具备目的的正当性,但上述技术手段不可避免地会对被监视居住人甚至与其同住家属的隐私权产生干预。④ 可见,在原有的限制犯罪嫌疑人、被告人人身自由的基础上,监视居住对基本权的干预扩展到了隐私权的领域。虽然并非就干预隐私权所单独规定的一种强制措施,但这在某种程度上契合了当前关于强制措施体系完善的主流观点,⑤ 可以看作此次《刑事诉讼法修》改所释放出的一种积极信号,客观上丰富了我国的强制措施体系。

(三) 弥补逮捕制度的固有缺陷

监视居住制度对逮捕制度的功能体现在两个方面:宏观上,监视居住从制度层面论证了逮捕存在的正当性,有学者将其称为监视居住的制度论证功能;⑥ 微观上,监视居住具备在一定程度上抵消逮捕及随之而来的羁押所造成的消极影响的可能性。

"制度论证功能是指监视居住具有从理论上说明法律设定羁押措施符合理

---

① 根据《刑事诉讼法》第 76 条规定,执行机关在监督被监视居住的犯罪嫌疑人、被告人遵守监视居住的有关规定方面,可以采取电子监控的方式;如果案件尚处在侦查阶段,执行机关还可以对被监视居住的犯罪嫌疑人、被告人的通信进行监控。
② 郎胜主编:《中华人民共和国刑事诉讼法修改与适用》,新华出版社 2012 年版,第 168 页。
③ 郎胜主编:《中华人民共和国刑事诉讼法修改与适用》,新华出版社 2012 年版,第 168 页。
④ 有学者指出,"并不仅仅是干预犯罪嫌疑人、被告人基本权利的措施属于强制措施,干预证人、被害人乃至其他诉讼参与人基本权利的措施,例如拘传证人、强制询问证人、强制被害人到庭等事实上也属于强制措施的范畴。"(参见罗海敏著《反恐视野中的刑事强制措施》,中国人民公安大学出版社 2012 年版,第 24 页。) 虽然电子监控、通信监控等技术手段确实有可能对于被监视居住人的同住家属的隐私权产生干预,但就我国刑事诉讼法所规定的强制措施的内涵来看,强制措施所适用的对象只能是犯罪嫌疑人、被告人,因此,对同住家属隐私权的干预不属于强制措施的范畴。
⑤ 将目前较为单一的强制措施体系扩展为包含对隐私权及财产权干预的强制措施体系代表了国内有关强制措施体系完善的主流观点。如陈光中教授指出,完善的强制措施体系应该由三部分组成:一是对人的强制措施,二是对物的强制措施,三是对隐私权的强制措施。樊崇义教授则认为,对强制措施的完善应当增加种类,由目前重点关注限制人身强制措施扩大至对物、隐私权的强制措施和对单位的强制措施为宜。参见陈光中主编:《刑事诉讼法实施问题研究》,中国民主法制出版社 2000 年版,第 79 页;樊崇义主编:《刑事诉讼法修改专题研究报告》,中国人民公安大学出版社 2004 年版,第 311 页。
⑥ 杨正万:《监视居住制度功能分析》,载《贵州民族学院学报(哲学社会科学版)》2008 年第 6 期。

性的属性……剥夺公民自由的羁押制度要具有正当性，就必须在法律上同时存在充分的羁押替代性措施。"[①] 即便羁押在当前各国的刑事诉讼制度中具有存在的正当性，但由于该制度与无罪推定原则之间不可调和的冲突，各国在羁押的使用方面基本上持慎之又慎的态度，往往在制度设计方面花很大的篇幅就羁押的替代措施作出规定，而在选择适用机制方面将羁押替代措施作为首选，以此最大限度地减少羁押造成的消极影响。监视居住作为羁押替代措施当然也具备对逮捕的制度论证功能，而且从当前我国强制措施种类来看，由于取保候审一般适用于罪行较轻或者社会危害性较小的犯罪，而逮捕则是适用于罪行较重、社会危险性较大的犯罪，这两种强制措施之间很难建立起替代与被替代的关系。而现行《刑事诉讼法》则明确规定监视居住的适用要以符合逮捕条件为前提，因此现行的强制措施体系中也只有监视居住能够起到对逮捕的制度论证功能。

上述是从理论层面就监视居住对逮捕的制度论证功能所做的阐释，然而，从世界各国对羁押替代措施的改革过程来看，当羁押达到一定数量导致其负面效应大量显现时，通过羁押替代措施的改革使其充当救火队员的作用，用以消弭过量羁押带来的各种负面效应。虽然我国大部分地区尚未面临羁押场所过度拥挤的状况，适用羁押替代措施的现实紧迫性或许不像许多国家地区那么高，但是要从根本上解决羁押性强制措施适用过多导致的我国强制措施适用结构严重失衡的问题，监视居住能在多大程度上发挥其羁押替代措施的功能却是至关重要的。

2.2.3 监视居住的外部功能

一、辅助侦查功能

所谓辅助侦查功能，是指监视居住在促进侦查机关收集证据以及发现证据线索方面所体现出的有效性。

一定程度上说，强制措施均具有辅助侦查的功能。如拘传，其本身就包含了强制犯罪嫌疑人到案以及强制其接受讯问的意思；而公安机关对于被拘留的人，则要在拘留后的二十四小时内进行讯问。可见，利用犯罪嫌疑人、被告人被采取强制措施以后人身自由受到限制的状态为讯问等侦查行为创造便利条件是通行的做法。

[①] 杨正万：《监视居住制度功能分析》，载《贵州民族学院学报（哲学社会科学版）》2008年第6期。

监视居住的侦查辅助功能主要体现在指定居所监视居住对侦查讯问行为的影响。在现行《刑事诉讼法》对羁押后的侦查讯问行为做出更为严格的限制的情况下，监视居住的侦查辅助功能有可能被进一步挖掘。究其原因，一方面，根据现行《刑事诉讼法》，拘留、逮捕后应当立即将犯罪嫌疑人送看守所羁押，而犯罪嫌疑人一旦被送进看守所，原来为保障讯问效果而进行的长时间、大强度的提外审就再无用武之地，加上侦查阶段辩护律师的提前介入、重大犯罪案件讯问录音或者录像，羁押后的侦查讯问必将受到较大的限制。另一方面，长期以来形成的"无供不录案"的做法以及由供到证的侦查模式使得侦查机关在短时间内无法改变对口供的严重依赖的现状。而当前监视居住的适用中指定居所监视居住占了多数，而在指定居所监视居住中则多是重大贿赂案件，这类案件对口供的依赖程度相较于其他犯罪更为严重。因此，通过扩大指定居所监视居住的适用范围从而达到方便讯问的目的，发掘监视居住在辅助讯问方面的功能可能在将来的司法实践中大行其道。①

此外，监视居住的侦查辅助功能还体现在监视居住执行期间，通过电子监控以及通信监控等监视方法获取的材料可以作为证据使用。虽然我们一再强调作为监视方法的电子监控和通信监控的合目的性，即二者只能出于对被监视居住人进行监督管理的目的加以使用，而不能以侦查犯罪为目的，否则其性质就会发生变化，转变为一种技术侦查手段，但这并不表示作为监视方法的电子监控以及通信监控所获取的材料不具有证据能力。相反，通过电子监控所获取的与案件相关的视频、语音等可以作为视听资料使用，而通过通信监控所获取的电子邮件、网上聊天记录、访问记录等则属于电子证据的范畴。

二、诉讼保障功能

诉讼保障功能也叫程序保障功能，是刑事强制措施共同具有的基本功

---

① 实际上，在2012年《刑事诉讼法》修订前后，各地的公安、检察机关已经在探索指定居所监视居住的适用。从已经出台的一些规定来看，利用指定居所监视居住辅助侦查讯问的目的一目了然，甚至在有些规定中直接将指定居所监视居住的场所规定为讯问场所、办案场所。如据笔者了解，《娄底市检察机关办理直接受理立案侦查的案件适用指定居所监视居住实施细则（试行）》中就明确规定"讯问被指定居所监视居住的犯罪嫌疑人，可以在指定的居所进行，如确有需要，在确保安全的前提下，可以传唤到检察机关办案工作区进行讯问。"这样一来，实际上就将指定的居所变成了办案场所，监视居住辅助侦查的功能就更为明确了。

能。① 监视居住当然具有上述诉讼保障功能,但对监视居住的诉讼保障功能不能泛泛而谈,而是应该借助监视居住与逮捕以及与取保候审之间的关系加以理解。

就与逮捕的关系而言,学术界基本分为两种观点。一种观点认为监视居住的诉讼保障功能体现在当逮捕的条件不具备,但又需要对犯罪嫌疑人、被告人采取强制措施时,发挥监视居住的诉讼保障功能。这也是实务部门在适用监视居住时较为普遍的作法。如有学者指出,实务部门之所以愿意在一些案件中采用费事、费力、费钱的监视居住而弃用羁押性措施,"对达不到逮捕条件的犯罪嫌疑人进行暂时控制"是其中的一个重要原因。② 下面通过一则案例对其进行阐释:

【案例4】 郑小平涉嫌合同诈骗罪③

郑小平,内蒙古商人,因与南海商人孙旭光的矿业生意未成,后者向警方报案,郑被警方以涉嫌合同诈骗罪拘留并逮捕,但随后被取保候审。

取保候审期未满,警方又以涉嫌伪造、变造公司印章罪对郑实施网上追逃,但随后南海区检察院做出不批准逮捕的决定,当天,南海警方对郑小平实施了指定居所监视居住。截至2013年7月31日,郑小平已经在广东佛山南海区的一栋民房里待了两个多月。

在上述案例中,检察机关做出不批准逮捕的决定后,侦查机关随即对犯罪嫌疑人实施了指定居所监视居住。由此便引发了一个问题,即不批准逮捕后能否做出适用监视居住的决定?持肯定观点的认为不具备逮捕条件的情况下,监视居住的诉讼保障功能才能体现出来,因此,不批准逮捕后侦查机关可以做出

---

① "诉讼保障功能是刑事强制措施的原初功能,设置刑事强制措施的主要目的即在于保障侦查、起诉、审判以及执行等诉讼活动能够顺利推进,而这也是刑事强制措施能够获得正当性的基础所在。"参见卞建林:《我国刑事强制措施的功能回归与制度完善》,载《中国法学》2011年第6期。
② 而"'对达不到逮捕条件的犯罪嫌疑人进行暂时控制'主要是对部分危害国家安全的案件,因采取强制措施之时,证据条件达不到逮捕的标准,而案件性质、社会情势又要求对其进行一段时间的控制,监视居住就成为了最佳的工具。"参见程雷:《刑事诉讼法第73条的法解释学分析》,载《政法论坛》2013年7月第31卷第4期。
③ 陈霄:《刑诉法监视居住条款再现争议》,参见 http://news.hexun.com/2013-07-31/156635747.html?fromtool=roll,访问日期2013年11月8日。

监视居住的决定。① 对该问题,《公安机关办理刑事案件程序规定》也持肯定态度。根据该规定第 105 条的规定,对于人民检察院决定不批准逮捕的犯罪嫌疑人,需要继续侦查,并且符合监视居住条件的,可以监视居住。也就是说,即便不具备逮捕条件,也可以适用监视居住。

另一种观点则认为在现行刑事诉讼法将监视居住确界定为逮捕的替代措施之后,对不符合逮捕条件的犯罪嫌疑人、被告人不应监视居住。② 笔者同意这种观点,根据现行《刑事诉讼法》第 72 条,监视居住必须以达到逮捕的条件为适用前提。因此,监视居住诉讼保障功能的发挥并非是在达不到逮捕条件而又需要采取强制措施保障诉讼顺利进行的情况;相反,监视居住诉讼保障功能的发挥必须以符合逮捕条件为前提。

监视居住的诉讼保障功能还体现在其与取保候审的关系方面。根据现行《刑事诉讼法》第 72 条,对符合取保候审条件,但犯罪嫌疑人、被告人不能提出保证人,也不交纳保证金的,可以监视居住。对于这种情况的犯罪嫌疑人、被告人,既无法适用取保候审,而"如果不采取一定的强制措施,对犯罪嫌疑人、被告人有没有任何约束,很难保证其不发生社会危险性。"③ 因此,对于这类犯罪嫌疑人、被告人适用监视居住,其只能是出于诉讼保障的目的。

---

① 持此观点的学者认为:"当被追诉公民具有妨碍诉讼活动进行的现实可能性时,就应该采用措施防止。当然,作为这种措施之中最为严厉的剥夺自由的逮捕或者成为羁押的适用具有很高的条件。当这样的条件不具备,而诉讼活动的和平性受到较大的威胁时,就必须发挥监视居住的作用,抵御各种对刑事诉讼活动形成的现实威胁。可见有了监视居住,及时不能逮捕被追诉公民,也可以保障刑事诉讼活动的顺利进行。"参见杨正万:《监视居住制度功能分析》,载《贵州民族学院学报(哲学社会科学版)》2008 年第 6 期。
② 如中国政法大学洪道德教授认为:"检察院未批捕的情况下公安机关无权直接使用监视居住,但公安机关事实上可以选择是采取监视居住还是逮捕,如果选择后者,一旦不被批捕,则不能再采取监视居住了,理论上逮捕要比监视居住严厉。"持相同观点的还有北京大学陈瑞华教授,其认为:"如果检察院没有批捕,那么根据第 72 条,就根本没有达到可以监视居住的条件。"陈霄:《刑诉法监视居住条款再现争议》,参见 http://news.hexun.com/2013-07-31/156635747.html? fromtool=roll,访问日期 2013 年 11 月 8 日。
③ 郎胜主编:《中华人民共和国刑事诉讼法修改与适用》,新华出版社 2012 年版,第 159 页。

第3章　域外类似监视居住制度及启示

3.1　软禁制度及其启示——以美国为例

3.1.1　软禁制度及其特点

软禁，是指不关进牢狱，但不允许自由行动。[①] 软禁一般会表现出以下特点：被软禁者活动范围被严格限制在一定的范围内，通常是一定的居所之内；被软禁者在被软禁期间任何时候都受到监视，不经批准不得外出；被软禁者未经批准不得与外界取得联系。对软禁的理解起码可以分为两个层面，一是作为政治斗争工具的软禁，[②] 二是作为法律制度层面的软禁。受本文研究范围的限制，对作为政治斗争工具的软禁不展开论述。但需要指出的是，二者并不是完全割裂的，以法律制度层面软禁之名行政治斗争之实的情况也大量存在。[③]

作为法律制度的软禁存在于刑事诉讼程序当中。软禁，又称家庭监禁，它

[①] 张清源，田懋勤等审订：《同义词词典》，四川人民出版社1994年版，第347页。

[②] 软禁作为一种对付政敌的手段应用于政治斗争由来已久。历史上较为有名的软禁的案例如意大利著名科学家伽利略，因公开支持日心说，于1633年被罗马教廷软禁家中，至1642年去世。中国历史上最为位高权重的被软禁者莫过于大清皇帝光绪，1898年被慈禧太后软禁在瀛台，直至1908年去世。再如著名抗日将领张学良，于1936年发动西安事变，后被软禁长达50年之久，直至1988年才重获自由。当代较为知名的被软禁人士如缅甸非暴力提倡民主的政治家、反对派领袖昂山素季（1990年至2010年期间长期被缅甸军政府软禁，2010年底获得自由）。

[③] 如针对下文即将提及的卡恩涉嫌强奸被软禁一案，卡恩的身份除了是IMF的前总裁之外，还是当时法国总统的候选人，并被认为是法国大选最被看好的候选人之一。美国《纽约书评》杂志记者爱德华·爱泼斯坦就曾指出案发过程中存在众多疑点，并据此认为卡恩性侵酒店女服务员一事的背后应该是有人在阴谋指使，目的是将卡恩挤出法国大选。当然，作为卡恩当时竞选对手的法国现任总统萨科齐所在的中右翼执政党人民运动联盟反驳了这一观点，认为爱泼斯坦的调查结果纯属捏造，严重歪曲了事实。参见新华网：《卡恩性侵案疑点重重，美国记者认为背后有人指使》，载 http://news.sohu.com/20111128/n327090932.shtml，访问日期2013年11月9日。

以将被告监禁在其住处为特征,只有在得到明确的、事先的授权的许可后才可以离开软禁的处所。① 美国量刑委员会将其定义为:"通过合适的监督方式将被告持续地或在特定时间内限制在其住处,集监禁与监督于一身的一项举措。"软禁最显著的特点就是对被告离家自由的限制,以该种限制在强制措施体系中是否具备单独存在的形态为依据考察各国有关软禁的规定,其并非一种独立的、自成体系的法律现象,而是作为附加条件被应用于审前释放、缓刑、假释以及量刑程序中。

在美国,根据对被软禁者的人身自由的干预程度,理论上将软禁划分为以下三种,即宵禁(Curfew)、家庭拘禁(Home Detention)和家庭监禁(Home incarceration)。②

宵禁,要求被告人在特定的时间内待在自己的住处,通常是限制在晚上或者周末。一般来说,宵禁期间普遍存在较密集的监视。大多数软禁项目中要求监视者与被监视者大量接触,监视者会要求被监视者参与治疗、培训或药物检测、缴纳费用、罚款或赔偿金,或者从事社区服务。③

家庭拘禁对被告人人身自由的限制相较于宵禁则更为严格一些,它要求被告人除了允许的活动时间外其他时间都必须待在住处,这些活动一般包括教育、工作、医疗以及购买食物。法院最大限度的限制被告的自由,但同时也给他(她)时间来挣钱养家。与宵禁相比,家庭拘禁对被告人人身自由的限制更加严格。④

家庭监禁则是三种软禁类型中最为严厉的一种。在家庭监禁中被告人的住处几乎充当了监狱的职能,被告人必须持续的待在家中,且其宗教活动、医疗救治都受到非常严格的限制。处于家庭监禁状态的被告人往往不能购物、工作以及会客,有些甚至都不能走进自己的院子而只能待在屋里。⑤

---

① See Jeffrey N. Hurwitz, House Arrest: A Critical Analysis of An Intermediate – level Penal Sanction, University of Pennsylvania Law Review, March, 1987.
② See Mark E. Burns, Electronic Home Detention: New Sentencing Alternative Demands Uniform Standards, Journal of Contemporary Law, 1992.
③ See Dorothy K. Kagehiro, Psycholegal Isuues of Home Confinement, Saint Louis University Law Jounal, Spring, 1993.
④ See Mark E. Burns, Electronic Home Detention: New Sentencing Alternative Demands Uniform Standards, Journal of Contemporary Law, 1992.
⑤ Mark E. Burns, Electronic Home Detention: New Sentencing Alternative Demands Uniform Standards, Journal of Contemporary Law, 1992.

第3章　域外类似监视居住制度及启示

　　软禁的理论渊源可以追溯至圣经时代。[1] 其在当代刑事诉讼程序中的兴起得益于保护公民人身自由理念的滥觞以及无罪推定理念在刑事诉讼法中的发展。英国是人身自由权保护的先行者，其最早在宪法层面提出了人身自由保护的理念，由此也奠定了英美法系国家刑事诉讼程序中尊重和保护公民人身自由的传统。随着英国在世界范围内的殖民扩张，其人身自由保护的传统在随之在世界范围内逐渐确立起来。[2] 无罪推定原则在刑事诉讼程序中的确立则对以羁押为代表的限制和剥夺公民人身自由的强制措施的适用提出了挑战。即便羁押等强制措施因具有诉讼保障的功能而存在合理性和正当性，但这些强制措施始终无法逾越这一道德鸿沟，即对尚未判定有罪的人进行带有严重惩罚色彩的人身自由的控制。为了将强制措施的这种负面影响降到最低，各国刑事诉讼法在制度设计上均规定了大量的羁押替代措施，且在强制措施的适用方面均强调合目的性、必要性和适度性。"可以说适用羁押替代措施是无罪推定原则的必然要求，也可以说只有充分适用羁押替代性措施，才能体现无罪推定原则在维护公民人身自由方面的根本意义。"[3]

　　当前，审前软禁制度在美国正经历着史无前例的适用高潮，以电子监视为典型的审前软禁制度在附条件保释中正在发挥越来越重要的作用。而在这一现象背后则反映了美国保释制度发展过程中的不断修正及其近期发展过程中所带来的监狱过度拥挤的问题。根据是否附加条件及附加何种条件，保释可以分为具结保释、保释金保释和附条件保释。1966年以前，联邦法院基本上依靠现金保释作为保证被告人按时出席法庭接受审判的手段。然而，由于这种做法使得许多被告人仅仅因为交不起保释金而被拘押，因而备受质疑。[4] 1966年保释改革法案出台前十年，法庭在设定保释金数量时很少考虑被告人的经济状况，

---

[1] See Mark E. Burns, Electronic Home Detention: New Sentencing Alternative Demands Uniform Standards, Journal of Contemporary Law, 1992.

[2] 1215年《自由大宪章》第39条规定："任何自由人，如未经其同级贵族之依法裁判，或经国法判决，皆不得被逮捕、监禁，没收财产，剥夺法律保护权，流放，或者加以任何其他损害。"1628年英国国会通过《权利请愿书》重申了《自由大宪章》中有关保护公民自由和权利的内容，规定非经同级贵族的依法审判，任何人不得被逮捕、监禁、流放和剥夺财产及受到其他损害；规定海陆军队不得驻扎居民住宅，不得根据戒严令任意逮捕自由人等等。1679年《人身保护法》对拘留、羁押等干预人身自由权利的措施作了明确的规定。资产阶级革命胜利以后，英国议会对《权利请愿书》重新解释，并将其作为英国宪法的渊源之一。在英国之后，美国、德国、意大利、日本等国家和地区在其宪法典、宪法性文件以及刑事诉讼法及相关法中对人身自由权的保护作出了明确规定。

[3] 王贞会著：《羁押替代性措施改革与完善》，中国人民公安大学出版社2012年版，第87页。

[4] See Bruce D. Pringle, Bail And Detention In Federal Criminal Proceedings, Colorado Lawyer, May, 1993.

许多被告因无法提供保释金而在审前被羁押。[1] 这一时期，美国维拉研究所开展了一项名为曼哈顿保释计划的项目。该项目基于这样的理念，即无论被告交纳保释金与否，他们中的大多数都会按时出庭受审。[2] 在曼哈顿保释计划中，拒绝保释的唯一理由是被告人可能逃跑。该计划最终的结果显示，个人具结保释后最终没有出席法庭的被告人的数量比原来减少了一半。[3] 曼哈顿保保释计划的成功推动了1966年保释改革法案的出台，而正是在该法案中建立起了附加非金钱的审前保释条件以保证被告人按时出席法庭。[4] 就此改变了长期以来过度依赖保释金保释的局面。[5]

1966年保释改革法案以保证被告人出庭受审为唯一目的，虽然较之以前保释金保释的做法是一大进步，然而1966年保释改革法案也存在诸多缺陷。首先，个人具结释放对社区安全造成威胁。这是个人具结保释最严重的缺陷，由于在做出保释决定时没有将被告人的社会危险性作为考量因素，而且个人具结保释的，被告人常常仅被附加最小限度的条件以保证其出庭受审，这样一来便对社区安全造成极大的威胁。其次，个人具结释放对被告人保释期间再犯控制不利。研究表明，大量被具结释放的被告人因再次犯罪被重新逮捕。[6] 时任美国总统的里根曾对当时美国的保释制度做出这样的评价："太多我们的朋友和我们所珍爱的人生活在对犯罪的恐惧之中……多年来，刑事司法的天平一直倾向于保护罪犯的权利……但对犯罪的仁慈并未奏效。再也无法想象会有比现在更糟糕的司法系统了。除非是涉嫌死刑的案件，联邦法院从不考虑被告人在

---

[1] See Clara Kalhous & John Meringolo, Bail Pending Trail: Changing Interpretations Of The Bail Reform Act And The Importance Of Bail From Defense Attorneys' Perspectives, Pace Law Review, Summer 2012.

[2] See Esmond Harmsworth, Bail And Detention: An Assessment And Critique Of The Fedetal And Massachusetts Systems, New England Jounal On Criminal And Cinil Confinement, Spring 1996.

[3] See Clara Kalhous & John Meringolo, Bail Pending Trail: Changing Interpretations Of The Bail Reform Act And The Importance Of Bail From Defense Attorneys' Perspectives, Pace Law Review, Summer 2012.

[4] See Bruce D. Pringle, Bail And Detention In Federal Criminal Proceedings, Colorado Lawyer, May, 1993.

[5] 根据1966年保释改革法案，除可能面临罚金刑的被告人以外的其他所有被告人都有权利要求个人具结释放，除非法庭认为个人具结释放不能保证被告人按时出席法庭。而如果法院认为个人具结不足以保证被告人按时出席法庭，法庭还可以在个人具结释放中附加诸如出行禁止、居住禁止、要求在特定的时间内返回拘留所、入住中途之家、电子监控下的家庭监禁等十三个条件，但所附加的条件均与金钱以及被告人的贫富无关。长期以来，保释金保释所带来的各种不利影响也被降到最低。

[6] See Bruce D. Pringle, Bail And Detention In Federal Criminal Proceedings, Colorado Lawyer, May, 1993.

第 3 章　域外类似监视居住制度及启示

审前释放中可能对他人带来的危险。法官仅仅考虑准予保释后被告能否出庭受审。最近,一个涉嫌持枪抢劫并被怀疑有其他四项罪行的被告在交纳了少量保证金后被迅速释放了。四天后,他与同伙抢劫了一家银行。在这一过程中,一名警察中枪。这样的暴行一次又一次的发生,我们必须予以制止。因此,我们授权法官拒绝保释,羁押那些对社区安全有严重威胁的被告。"[1]

针对上述问题,1984 年保释改革法案对保释制度做出以下调整:首先,其要求法官在设定审前释放的条件时将安全风险考虑进来;其次,法官被授权对那些设定任何条件都无法避免其在审前释放中逃跑或者无法消除安全风险的情况下对被告人予以羁押;再次,该法案扩充了可附加于保释的条件;最后,该法案创设了一个临时性拘留程序用以逮捕附条件保释的被告人以及非法移民。[2] 上述调整集中地体现在该法案所规定的预防性羁押当中。

1984 年保释改革法案对于社区安全以及被告人保释期间再犯的预防或许起到了一定的作用,但以再犯之虞而为的预防性羁押在提交国会通过时即引发了激烈的争议,[3] 虽然最后该法案被通过,却也饱受批评。由于预防性羁押建立在法官对再犯可能性的判断之上,而法官在就此行使自由裁量权时较倾向于扩大解释,因此,1984 年保释改革法案通过实施后被拒绝保释的被告人的数量急剧上升。这就不可避免地加剧了本就很严重的监狱过度拥挤的问题。为了解决该问题,软禁等监禁替代措施也逐渐发展起来。而在论及软禁的作用时,人们普遍认为减轻了监狱过度拥挤的状况是其首要作用。

---

[1] See Clara Kalhous & John Meringolo, Bail Pending Trail: Changing Interpretations Of The Bail Reform Act And The Importance Of Bail From Defense Attorneys' Perspectives, Pace Law Review, Summer 2012.

[2] See Bruce D. Pringle, Bail And Detention In Federal Criminal Proceedings, Colorado Lawyer, May, 1993.

[3] 出于 1966 年保释改革法实施以来的经验以及公众对犯罪不断增长的判断,国会压倒性地认为应当在 1984 年保释改革法案中增加法官对"可能对社区带来可预知的危险"的自由裁量权。但当法案提交众议院进行讨论时,却提出很多不同的意见。如众议员 Kasternmeier 就反对预防性羁押条款,其认为:"虽然对犯罪的恐惧以及公众对审前释放中再犯罪的关心促成了这一条款,但其并没有正当理由,并且还涉嫌违宪。该条款可能违反第八修正案所规定的保释的权利,并且还可能违反第五修正案的正当程序条款。"众议员 Conyers 则指出:"我们以不符合宪法的方式授权联邦法院预防性羁押的权力,允许其在尚未定罪的前提下仅仅基于法官对被告人未来行为的怀疑就对其予以羁押,我认为这与宪法是不相符的。" See Clara Kalhous & John Meringolo, Bail Pending Trail: Changing Interpretations Of The Bail Reform Act And The Importance Of Bail From Defense Attorneys' Perspectives, Pace Law Review, Summer 2012.

3.1.2 审前软禁的程序规则

前已述及，软禁可以作为附加的条件适用于刑事程序的各个阶段，而在审前程序中所适用的软禁于我国监视居住制度所承载的价值及所发挥的作用最为相似。需要说明的是，由于美国的庭审程序严格区分为定罪程序与量刑程序，因此此处所指的审前软禁即包括定罪阶段适用的软禁，也包括定罪程序结束后等待做出量刑裁决前这段时间所适用的软禁。为了更直观地了解审前软禁的程序，笔者将结合国际货币基金组织前总裁卡恩涉嫌性侵被软禁一案对审前软禁的程序进行剖析。

【案例5】卡恩涉嫌性侵被软禁案

2011年5月16日16时40分，国际货币基金组织（IMF）前总裁，法国人多米尼克·斯特劳斯·卡恩在美国肯尼迪机场即将飞往巴黎的法航航班头等舱里被纽约警方逮捕。卡恩被捕后，为防止他逃离出境，纽约地区法院拒绝了卡恩的保释申请，决定继续羁押卡恩。随后，以卡恩涉嫌强奸酒店女服务员未遂的罪名对他正式起诉。

为了获取保释，卡恩的妻子辛克莱为其缴纳了100万美元的保释金以及500万美元保证金。随后，其获得附条件的保释，被软禁在据华尔街不远的一栋高层公寓内。但由于每天有大量记者聚集在公寓周围，附近居民不堪其扰从而拒绝卡恩继续留在这里。5月25日晚上，卡恩搬到曼哈顿最高端的住宅翠贝卡，租下一栋别墅，每月租金3万美金。

软禁期间，卡恩每晚10点至次日早晨6点不得离开居所半步，也不能使用公寓内的健身房、台球厅等消遣娱乐设施。他的脚踝上带着电子监控，一旦离开住所范围，他的监控器就会报警。其他时间，他只能因出庭、见律师、看医生和每周例行宗教仪式时离开，且必须提前6小时向检察官报备。卡恩的妻子和女儿可以到公寓内探视，但居所全天任何时候单次非家庭成员访客人数不得超过4人。

在随后的案件审理过程中，检察官调查发现受害的酒店女服务员多次撒谎，疑点重重，前后的供述也存在许多矛盾之处。7月1日，美国曼哈顿地方法院法官迈克尔·奥布斯宣布："这一案件相关情况出现根本性改变，我判定卡恩免保释放。"并归还卡恩此前缴纳的100万美元保释金和500万美元保证金。至此，卡恩的软禁生活就此结束。

第3章 域外类似监视居住制度及启示

一、审前软禁地点的选择

在美国现行刑事司法体系下,释放候审的地点包括以下几种情形:(1)软禁。即在被告人的住宅内释放候审。(2)第三方拘禁。即被告人被指定处于第三方的监禁之下,并由该第三方负责对其进行监视并向法庭报告被告人违反规定的情况。(3)入住中途之家。被告人被指定于中途之家候审,中途之家是以社区为基础的供被告居住的设置,在中途之家候审过程中,被告人在事先被批准的情况下可以以工作、接受教育、医疗或者宗教事务为由离开中途之家。(4)吸毒治疗。被告人被要求参与毒品或者酒精治疗项目或者被要求在一段时间以内接受毒品测试。(5)精神病治疗。即被告人必须按要求在指定的地点进行心理的以及精神疾病方面的治疗以降低其不按时出庭的风险以及因精神或情绪问题可能给社区造成危险的风险。[1]

就软禁而言,不管是宵禁、家庭拘禁或者家庭监禁,其通常都是在被告人的住宅内进行。软禁中住宅的概念非常宽泛,其既可以是被告人自己或者被告人家属享有所有权的可永久居住的住宅,也可以是通过租赁等方式取得使用权的临时性的住宅。

虽然在美国有联邦刑事司法系统和各州的刑事司法系统之分,法律实践中也存在异地犯罪的问题,但其特别强调法律适用的统一性。无论是联邦刑事程序规则抑或是1984年保释改革法案当中均强调对本辖区内逮捕的被告人和辖区外逮捕的被告人的无区别对待。在决定对上述两类被告人羁押与否时,法院必须适用相同的诉讼程序以及同样的证明标准。[2] 因此,被告人在法院的辖区内是否有住宅并非法院考虑对其羁押与否的参考因素,因为即便是被告人在法院所在的管辖范围内没有住宅,其也可以在法院做出保释并软禁的决定后自行租赁供其释放候审的住处。如在卡恩涉嫌性侵被软禁一案中,在法院准许其附条件保释之后,卡恩的妻子即在曼哈顿租赁临时的住处作为卡恩执行软禁的场所。

软禁地点的选择主要取决于被告人的选择以及法官的命令,但是在有些情况下,软禁地点所在社区民众的意见对软禁地点的选择也会产生直接影响。如在卡恩涉嫌性侵被软禁一案中,起初所在社区的民众不堪其扰而拒绝卡恩继续

---

[1] See Marie VanMostrand (ph. D) & Gena Keebler, Pretrial Risk Assessment In The Federal Court, Federal Probation, September 2009.

[2] See Bruce D. Pringle, Bail And Detention In Federal Criminal Proceedings, Colorado Lawyer, May, 1993.

在此软禁,而这也迫使卡恩另外选择软禁的地点。

二、审前软禁的适用条件

审前软禁的适用范围非常广泛,这也被视为审前软禁的一个好处。首先,审前软禁适用的案件范围非常广泛,甚至在严重的暴力犯罪中也有适用审前软禁的可能性。比如,在加利福尼亚州康特拉科斯塔县的成年人家庭拘禁程序中,涉嫌用致命的武器攻击他人的被告人也可能被适用软禁,且在软禁期间或许还可享有工作的权利。[1] 审前软禁能够成功地控制诸如酒驾或者因酗酒而在公共场合犯罪等有暴力倾向或者在特殊条件下所产生的犯罪行为。有特殊需要的被告人,如年幼或者年老的、有传染病的、患有严重疾病的、怀孕的、身体或精神受损的被告人也可以适用软禁。[2] 其次,审前软禁可以作为附加条件适用于所有的保释类型中,包括个人具结保释、保释金保释以及附条件保释。

审前软禁是作为保释的条件出现的,只要被告人不被羁押,那么就有适用审前软禁的极大可能性。羁押的动议一般由检察官在被告人初次到庭时提出,虽然1984年保释改革法案也授权法院基于自己的动议而羁押被告人,但司法实践中几乎没有法院会行使这项权力。一旦在初次到庭时检察官没有提出羁押的动议,被告人通常即被保释。[3]

在检察官提出羁押要求的案件中,法官要负责召集羁押听证,这时审前软禁适用与否关键取决于法官对审前释放的风险评估。20世纪60年代以前,风险评估主要是对不能按时出庭受审风险的评估。1966年保释改革法案实际上强调了以保证被告人按时出庭受审为目的的这种风险评估,其通过加强个人具结保释来确保被告人按时出庭的立法目的一目了然。1984年保释改革法案之后,出于对公共安全的考虑,风险评估中开始加入保释过程中再犯风险的评估。[4]

根据1984年保释改革法案,检察官仅可以基于以下理由提出羁押申请:(1)被指控暴力犯罪的案件;(2)法定最高刑为终身监禁或者死刑的案件;

---

[1] See Jeffrey N. Hurwitz, House Arrest: A Critical Analysis of An Intermediate – level Penal Sanction, University of Pennsylvania Law Review, March, 1987.
[2] See Dorothy K. Kagehiro, Psycholegal Isuues of Home Confinement, Saint Louis University Law Jounal, Spring, 1993.
[3] See Bruce D. Pringle, Bail And Detention In Federal Criminal Proceedings, Colorado Lawyer, May, 1993.
[4] See Marie VanMostrand (ph. D) & Gena Keebler, Pretrial Risk Assessment In The Federal Court, Federal Probation, September 2009.

第3章 域外类似监视居住制度及启示

(3) 法定最高刑为十年以上（包括十年）有期徒刑的案件；(4) 犯上述一至三项罪行被定罪后又面临任何重罪指控的；(5) 被告人有严重的逃跑风险的；以及 (6) 被告人有妨碍或者意图妨碍司法、威胁或者意图威胁、伤害或者恐吓证人或者陪审团成员的。① 法官在进行羁押与否的风险评估时应当考虑以下因素：(1) 指控犯罪的性质和情节；(2) 证据的效力；(3) 被告人的收入情况；(4) 被告人的性格、身体及精神状态；(5) 家庭关系；(6) 就业状况；(7) 社区关系及在该社区居住的时间；(8) 到庭记录；(9) 前科；(10) 当前涉嫌的犯罪中是否被置于刑事司法监督之下，以及 (11) 释放是否会对被告人所在的社区及他人造成严重的危险。②

三、审前软禁期间应当遵守的规定

在美国，所有适用软禁的案件中都普遍采用住宅监禁以及高强度的监视方法。限制被告人的离家自由是通行的做法，而这种限制则主要体现在对离家目的的特殊规定方面。以佛罗里达为例，该州法律将离开监禁地点的目的分为三类：一是必要的行程，包括工作、宗教事务、职业或教育培训、公共服务以及与监视官员约定的事务；二是可接受的行程，即旨在满足基本需要的事务，例如购物、存钱、商务、医疗以及家庭突发事件；三是前两者的混搭。除了突发情况之外，所有上述离开软禁地点的行为均必须经过事先的授权。而因突发情况没有事先取得授权的，在突发情况出现后最迟第二天即应当向监视官员报告。③

除了出行自由被严格限制以外，软禁期间被告人与他人会见、通信等与外界联系的权利也受到严格限制。但是，当前有关监狱内电子监视的法院裁决表明，法院已经注意加强对被监禁者与外界交流权利的保护，而且也越来越多的在以下问题上达成一致，即到访、电话联络和信件联系对被监禁者有积极意义。有的法院甚至认为，被监禁者与家人和朋友联系的权利是受到宪法第一修正案的保护的。有学者据此推测，既然法院对被监禁者与外界联系的权利都如

---

① See Bruce D. Pringle, Bail And Detention In Federal Criminal Proceedings, Colorado Lawyer, May, 1993.
② See Marie VanMostrand (ph. D) & Gena Keebler, Pretrial Risk Assessment In The Federal Court, Federal Probation, September 2009.
③ See Jeffrey N. Hurwitz, House Arrest: A Critical Analysis of An Intermediate – level Penal Sanction, University of Pennsylvania Law Review, March, 1987.

此强调，那么被软禁者至少能够获得同样的保护。①

适用审前软禁的每个被告人在软禁期间应当遵守的规定都是不一样的，美国刑事诉讼程序中通过两条途径实现了软禁的个别化。首先，在制度设计层面，法律根据软禁对被告人人身自由的干预程度将其划分为不同的层次，由低到高依次为宵禁、家庭拘禁以及家庭监禁。其次，在司法层面，1984年保释改革法案之后，法官在羁押与否以及审前释放中被告人应当遵守的规定的判断方面拥有越来越多的自由裁量权，法官在决定软禁所附加的条件时会根据被告人的特点量体裁衣。

四、审前软禁期间与刑期的折抵

审前软禁期间与刑期的折抵问题在美国刑事司法体系中由来已久，对该问题至今还存在较大的争议，但是，随着人们对羁押这一概念的理解逐渐宽泛，已经有越来越多的州对审前软禁期间与刑期的折抵持肯定态度。

一开始，美国联邦法院系统及州法院系统对该问题倾向于否定的态度。主要的原因在于，法院认为审前软禁不构成所谓的羁押，而只有羁押才会产生刑期折抵的问题。如在 United States v. Michael E. Wickman② 一案中，被告人迈克尔涉嫌通信诈骗被内布拉斯加州地区法院判定有罪，而在被定罪前，法院对其适用了审前软禁。定罪后，迈克尔请求法院将其审前软禁的期间与刑期予以折抵，但遭到州地区法院的拒绝。迈克尔就此上诉至联邦地区法院，该法院维持了内布拉斯加州地区法院的裁决，并认为，审前软禁并不构成"官方羁押（Official Detention）"，因此对审前软禁的期间不予折抵。

虽然联邦地区法院维持了州地区法院的裁决，但是，联邦地区法院的首席法官雷（Lay）却表达了不同的意见。他认为，虽然绝大多数有名望的法官和学者均认为审前软禁不构成"官方羁押"，而这也符合官方的解释，因为根据监狱局的解释，只有当被告人被拘押于监狱式的机构或者被置于检察长的拘留之下时才允许刑期折抵，但是"官方羁押"并不一定意味着被告人必须被置于由州政府或联邦政府运营的监狱，或者被告必须被置于检察长的拘留之下。当法官运用替代羁押措施并已经形成某种形式的监禁时，就已经构成了官方行为，而违反法官的命令的行为则会招致新的犯罪指控和制裁。因此，将被告人

---

① See Dorothy K. Kagehiro, Psycholegal Isuues of Home Confinement, Saint Louis University Law Jounal, Spring, 1993.
② 955 F. 2d 592；1992 U. S. App. LEXIS 1144.

第3章 域外类似监视居住制度及启示

限制在家的方式毫无疑问也构成羁押。与羁押相对的概念是自由,即便有人辩称限制在家与羁押在监狱后果完全不同,但是被限制在家显然也是对自由的实质性的剥夺。因此,他认为迈克尔审前软禁的期间应当折抵刑期。

在 Dedo v. State(德多诉马里兰州)一案中,上诉法院的裁决则与上述案件中首席法官 Lay 的意见如出一辙,其裁决认为,法院应当将被告人审前软禁或者等待判决前的软禁期间折抵刑期。1993 年 8 月 15 日德多被逮捕,并因涉嫌散播危险物质罪而被指控。威科米科县巡回法院很快认定其有罪。庭审后,德多要求法院推迟一年判决,并保证遵守法院为促使其重回法庭所采取的任何条件。随后法院裁定对其适用软禁,将其置于自己家中并予以电子监视。软禁过程中,德多必须接受随机的视频监控以及威科米科县惩教部的不定期检查,必须戒除含酒精的饮料,接受不定期的毒品及酒精测试,并且要为延迟或者未与威科米科县惩教部取得联系而受到惩罚。1994 年 9 月 2 日,巡回法院判处德多两年监禁,德多则要求法院将其软禁期间折抵刑期,但法院拒绝了其请求,并认为软禁与审前释放相当,不应折抵刑期。起初,特别上诉法院维持了巡回法院的判决。但是,上诉法院墨菲法官认为德多案中法院的裁定不应成为审判法院行使他们自由裁量权判断审前软禁期间能否折抵刑期问题的阻碍。因此,上诉法院签发了复审令,特别提出解决以下问题,即马里兰州法律是否允许被告人就定罪后至量刑前软禁的期间折抵刑期?

复审中,上诉法院认为被告人若想就其软禁的期间折抵刑期就必须证明其同时符合以下两个条件:一是必须被扣押;二是要在监狱、矫正机构、医院、精神病院或者其他机构中。就第一个条件来说,法院认为,当任何软禁包含了以下条件,即要求对被告人离开监禁场所的行为予以惩罚时,被告人就应该被认为已经被扣押。在德多案中,其被置于威科米科县拘留中心的扣押之下,软禁期间所附加的条件,特别是威科米科县拘留中心可就逃跑行为予以惩罚的条件表明,德多人身自由受限制的程度已经等同于在监狱监禁。

就第二个条件而言,法院需要判断软禁地点是否构成"其他机构"。最终马里兰州司法部长的两个建议使得法院认为德多的软禁符合第二个条件中所指的"其他机构"。其中第一条建议是,"犯人的住宅可以看作是拘留中心的延伸",另一条建议是,"依照法院命令而处于矫正部门监视下的审前软禁中的被告人以及违反软禁条件的被告人可能会被送到监狱"。基于此,法院认为德多的软禁符合第二个条件。最终,上诉法院裁决将德多审前软禁的期间折抵刑期。

对于在达到什么条件的情况下才构成对被告人人身自由的实质性限制,实际上早在 1983 年 Nygren v. Alaska State 一案中，阿拉斯加最高法院就试图对此做出解答。该法院认为，在审前软禁构成对被告人行动及行为的实质性限制的情况下，应该将审前软禁的期间折抵刑期。虽然无法穷尽所有因素，但阿拉斯加最高法院还是列举了一些标准用以判断是否构成对自由的实质性限制。这些标准包括：因法院的命令而居住在此、设施符合居住要求、居住足够严厉以致包含了监禁的因素、被允许离开住处的时间被严格限制、居住期间有持续的遵守规定并服从命令的义务否则将会受到制裁等。[1]

随着审前软禁可以折抵刑期的观点为越来越多的人所接受，90 年代拟修订联邦量刑指南时，曾拟定家庭拘禁（home detention）两天可折抵刑期一天，且最多可折抵 24 个月；家庭监禁（home incarceration）一天可折抵刑期一天半，且最多可以折抵 12 个月。[2]

五、违反审前软禁规定的制裁[3]

法律未就违反审前软禁单独规定制裁措施，但是由于审前软禁是作为审前释放的附加条件出现的，因此，对违反审前释放规定的制裁也适用于对违反审前软禁的行为的制裁。根据 1984 保释改革法案，违反审前释放规定的行为可以分为三类：一是未按时出席法庭行为；二是在审前释放中再次犯罪行为；三是违反审前释放条件的行为。

就未按时出席法庭的行为而言，国会已经通过立法将其明确规定为犯罪行为。但是如果被告人因不可抗力而未能出席法庭则可以构成该行为的积极抗辩，但被告人必须证明其没有积极地促成不可抗力的形成并且在不可抗力消除后其尽可能快地出席法庭或投案。1984 年保释改革法案还授权法院对未按时到庭的被告人的保释金予以没收。

对于在审前释放中再次涉嫌犯罪的，被告人将会受到较平时更为严厉的惩罚。如果其所犯罪行是重罪，那么他将可能面临至多十年的监禁刑；而如果是轻罪，他则可能面临至多一年的监禁刑。虽然 1984 年保释改革法案没有明示，但是普遍认为上述罪行必须是违反了联邦法规，而非州或该地区的法律。

---

[1] See Natasha Alladina, The Use Of Electronic Monitoring In The Alaska Criminal Justice System: A Practical Yet Incomplete Alternative To Incarceration, Alaska Law Review, June, 2011.
[2] See Dorothy K. Kagehiro, Psycholegal Isuues of Home Confinement, Saint Louis University Law Jounal, Spring, 1993.
[3] See Bruce D. Pringle, Bail And Detention In Federal Criminal Proceedings, Colorado Lawyer, May, 1993.

对于违反审前释放所附加的条件的，则可能面临两种制裁：一是撤销保释决定并予以羁押；二是被判处蔑视法庭罪。

3.1.3 电子监视——科技手段在软禁中的运用

作为保释制度的重要组成部分，审前软禁在美国刑事司法制度中的运用由来已久，但其大范围的应用则是得益于电子监视引入刑事司法。前已述及，电子监视引入美国刑事司法程序有其现实基础，即治理监狱过度拥挤问题。而当电子监视在佛罗里达等州被证明行之有效时，软禁在美国得以迅速发展。[①] 由于当前监狱过度拥挤的问题一直没有解决，美国刑事司法系统对电子监视下的软禁的依赖也越来越多。[②]

电子监视技术最早应用于刑事司法领域是在20世纪60年代，当时在马萨诸塞州，一个电子监视模型被试用于假释犯、精神病人以及研究领域的志愿者。1968年，科学家们研制出了一个装置，该装置运用多个接收器完成了对一个人通过一栋建筑物的过程的追踪。20世纪60年代到1984年，电子监视被试验性地运用于刑事司法实践中。虽然拥有许多好处，但较高的设备成本成为阻碍其大量应用的绊脚石。然而，这种情况在20世纪70年代以后发生了很大的改观，监狱过度拥挤的状况引发了对监禁替代措施史无前例的需求。[③]

调查表明，电子监视下的软禁成功实现了预期目标，而电子监视也因此获得了显著的公众支持。通常认为，电子监视技术应用于软禁相比较于在监狱监禁更省钱，同时使得官方拥有了更强的控制力，从而能够更好地保护公众。而且电子监视下的软禁通常使得被告人保住了其正常工作，将对家庭的影响降到

[①] 1984年，首个电子监视试点项目在佛罗里达州棕榈滩郡开展。第一年，87个罪犯参与了该项目。其中只有三个人出现问题，其中一个逃跑，另外两个则在软禁期间重新犯罪。当地政府对该项目的成果予以肯定，随后一系列类似的电子监视项目在全美开展起来。See Natasha Alladina, The Use Of Electronic Monitoring In The Alaska Criminal Justice System: A Practical Yet Incomplete Alternative To Incarceration, Alaska Law Review, June, 2011.

[②] See Brian K. Payne & R. Gainey, The Influence Of Demographic Factors On The Experience Of House Arrest, Fedetal Probation, December, 2002.

[③] See Mark E. Burns, Electronic Home Detention: New Sentencing Alternative Demands Uniform Standards, Journal of Contemporary Law, 1992.

最低。[1] 有学者从制度、社区、个人三个层面阐述了电子监视的优势。[2]

但同时，电子监视又是一项颇受争议的技术。首先，从被监视人的角度，电子监视可能带来以下消极后果：（1）对被监视人及其家人或其他同住人，特别是后两者的隐私权造成较大的干预。不定期的电话检查、设备检查等会对被监视人的家人或其他同住人的隐私带来影响。而且随着科技手段的进步，将来有可能在被软禁者身体内植入监视装置以实现监视目的，这将给被软禁者的隐私带来更大的干预。[3]（2）可能造成对某些群体的歧视。电子监视项目大多要求被监视者家中装有电话，因此对于那些希望参与电子监视项目而没有住宅或者家中没有电话的人来说可能造成歧视。另外，由于电子监视的费用要由被监视者来承担，因此对于那些无力承担这部分费用的人来说也是一种歧视。[4] 其次，对国家而言，虽然电子监视的费用基本由被软禁者承担，但是电子监视设备本身的投入就是一笔很大的开销。而对被软禁者所在的社区而言，较之于监禁，电子监视下的软禁还是无法有效地防止被软禁者再犯，这对社区来说是一种潜在的威胁。

需要注意的是，虽然有了电子监视手段，但司法实践中也并没有完全废止对被软禁者的"面对面"的传统监视。这种监视往往通过两种途径来实现：一是由警察或者矫正机构进行不定期检查；二是由被软禁者根据法院的命令自行

---

[1] See Mark E. Burns, Electronic Home Detention：New Sentencing Alternative Demands Uniform Standards, Journal of Contemporary Law, 1992.

[2] 该学者认为，电子监视下的软禁，其制度层面的优势体现在：1）省钱、减轻了刑事司法系统的负担；2）减少了拥挤的监狱内可能发生的危险；3）减轻了规模较小的刑事监禁所内的拥挤状况，但对规模较大的影响或许较小；4）缓和了监狱医疗系统的压力；5）杜绝罪轻的罪犯与重刑犯的接触；6）有特殊需求的被告和罪犯不需要再依赖本就已经负担过重的监狱内设施；7）为更危险的人腾出监狱空间；8）更低的再犯率。电子监视下的软禁对社区的好处体现在：1）在高风险的晚间以及周末让被软禁者工作，降低对社区的风险；2）减轻对初犯以及青少年犯的影响；3）让被告人和罪犯继续工作，使其有能力支付税款、赔偿被害人损失、维系家庭开支等；4）使罪犯有充足时间参与教育项目；5）与缓刑相结合能够加强公共安全系数。而对于个人而言，其好处体现在：1）与监禁相比更少的干预隐私；2）避免了在监狱监禁对被告人及罪犯名誉的影响；3）有更好的医疗条件；4）帮助其融入社区；5）降低了在监狱内感染艾滋病的几率；6）更有利于其回归社会；7）通过对家人和朋友的依赖增进其与家人和朋友的关系；8）给予患有残疾和智力障碍的人更多接受专业治疗的机会。See Mark E. Burns, Electronic Home Detention：New Sentencing Alternative Demands Uniform Standards, Journal of Contemporary Law, 1992.

[3] See Mark E. Burns, Electronic Home Detention：New Sentencing Alternative Demands Uniform Standards, Journal of Contemporary Law, 1992.

[4] See Natasha Alladina, The Use Of Electronic Monitoring In The Alaska Criminal Justice System：A Practical Yet Incomplete Alternative To Incarceration, Alaska Law Review, June, 2011；Mark E. Burns, Electronic Home Detention：New Sentencing Alternative Demands Uniform Standards, Journal of Contemporary Law, 1992.

雇佣保安人员对其进行监视，并将监视结果及时反馈给警察或者矫正机构。在卡恩涉嫌性侵被软禁一案中，即体现了电子监视与传统的监视方法的并用。那么，如何解释通过电子监视实现对被软禁者的远程监视后还要继续采用传统的监视方法呢？笔者认为，一方面，传统监视方法具有电子监视所不具备的优势；另一方面，电子监视本身存在一定的缺陷，需要传统监视方法加以弥补。

3.2 延期执行逮捕令及停止执行羁押

一般认为，延期执行逮捕令和停止执行羁押是大陆法系国家和地区的代表性羁押替代措施。在大陆法系国家和地区，羁押一般需要同时满足三项条件，即有重大犯罪嫌疑、有正当的理由和根据以及有羁押的必要。如果仅有重大犯罪嫌疑以及正当根据，但法官审查认为没有羁押的必要，那么就可以决定延期执行逮捕令或者停止执行羁押。

3.2.1 延期执行逮捕令

一、延期执行逮捕令的适用条件

延期执行逮捕令是德国刑事诉讼法中所规定的羁押执行制度的内容之一。延期执行逮捕令的条件可以用一句话概括，即有羁押的正当根据但无羁押的必要。如果构成逮捕理由，对具有重大行为嫌疑的被指控人允许命令待审羁押，决定待审羁押时由法官签发书面逮捕令。由于采取逮捕和羁押相分离的做法，依逮捕令将被指控人逮捕归案后并不意味着其必然会被羁押。根据逮捕令逮捕被指控人后，应当不迟延地向管辖案件的法官或者向最近的地方法院法官解交，法官应在解交后不迟延地，至迟在第二天对被指控人就指控事项予以讯问。讯问后，要么维持逮捕，将被指控人予以羁押，要么延期执行逮捕令。

在德国，羁押的正当理由包括逃亡之虞、调查真相困难之虞以及再犯之虞，如果对被指控人不予羁押也能实现防止逃亡之虞、调查真相困难之虞以及再犯之虞的目的，那么法官可以决定延期执行逮捕令。被指控人存在以下情形时往往会被认为有逃亡之虞：没有固定住处或者侨居、因可能会被判处较为严厉的刑罚而有强烈地逃避审判的倾向。① 而调查真相困难之虞则是指被指控人存在以下行为的重大嫌疑：毁灭、变造、隐匿、压制或者伪造证据；以不正当方式向共同被指控人、证人或者鉴定人施加影响；让他人实施上述行为。

二、延期执行逮捕令期间被指控人的义务

针对以上述三种羁押理由签发的逮捕令，法律分别规定了延期执行逮捕令时应当遵守的命令。如果该逮捕令是根据逃亡之虞所签发，那么在决定延期执行的同时，法官可以责令被指控人遵守包括到指定的地点报到在内的多项命令。② 如果是根据调查真相困难之虞签发的逮捕令，则可以考虑命令被指控人不得与共同被指控人、证人或者鉴定人建立联系。根据再犯之虞签发的逮捕令，在足以预计被指控人将遵守特定命令，羁押目的可因此而达到时，法官也可以决定延期执行该逮捕令，同时可以责令被指控人接受药物治疗或住院治疗。③ 从被指控人应当遵守的命令的内容来看，延期执行逮捕令可以划分为以下几种：定期报到的延期执行逮捕令、限制居住的延期执行逮捕令、具保的延期执行逮捕令、限制与外界联系的延期执行逮捕令以及责令接受医疗的延期执行逮捕令。

三、延期逮捕令的适用程序

延期执行逮捕令的决定既可以在初次讯问后作出，也可以在羁押复查时作出。④ 延期执行逮捕令的动议一般由被追诉人提起，法院在依职权进行羁押复查时也可以依职权提起，这是提起延期执行逮捕令动议的两种最常见的方式。但需要注意的是，检察官对羁押的决定有抗告的权力，通过行使该项权力也可

---

① Ed Cape & Jacqueline Hodgson & Ties Prakken & Taru Spronken, Suspects in Europe, Procedural Rights at the Investigative Stage of the Criminal Process in the European Union, Intersentia Antwerpen—Oxfod, 2007, 82~83.
② 这些命令包括：(1) 责令定期在法官、刑事追诉机关或者由他们所指定的部门地点报到；(2) 责令未经法官、刑事追诉机关许可，不得离开住所或者居所或者一定区域；(3) 责令只能在特定人员监督下才可离开住宅；(4) 责令被指控人或者其他人员提供适当的担保。
③ German Federal Government Reply to Green Paper, Strengthening mutual trust in the European judicial area-A Green Paper on the application of EU criminal justice legislation in the field of detention, Ref. Ares (2012) 65960—20/01/2012.
④ 根据《德国刑事诉讼法》第 117 条的规定，在待审羁押期间，被指控人可以随时申请法院复查是否应当撤销逮捕令，或者依照第一百一十六条延期执行逮捕令。如果待审羁押已经执行了三个月，被指控人在这期间既未申请羁押复查也未对羁押提起抗告，并且被指控人没有辩护人，那么法院应当依职权进行羁押复查。

以启动对羁押决定的审查。德国刑事诉讼程序中，检察机关并不被视为被告人的对手，而是作为中立的国家代表。其不仅有责任查明有罪的事实，同时也要查明能够证明被告无罪的事实。德国刑事司法系统将检察官视为"法律的守护者"或者"世界上最为客观的公务人员"。[①] 根据《德国刑事诉讼法》第304条，对法院在第一审或者上告审程序中作出的所有裁定、裁判，对审判长、法官在侦查程序中作出的决定、命令，以及对受命、受委托法官作出的决定、命令，不服时准许被控告人提起抗告。虽然法律就联邦最高法院及州高级法院的裁定、裁判、决定和命令的抗告作了"不准许抗告"的限制性规定，但是上述裁定、裁判、决定和命令涉及逮捕的情况下也准许抗告。除检察机关以外，被控告人也享有抗告的法律救济权。因此，在待审羁押期间，被指控人既可以通过申请羁押复查的方式也可以通过提起抗告的方式申请延期执行逮捕令，但在已经申请羁押复查的情况下则不能同时提起抗告。

延期执行逮捕令的决定由法院作出。德国法院分为州法院和联邦法院两个体系，根据德国《法院组织法》，德国的法院由宪法法院、普通法院、行政法院以及其他专门法院组成，其中普通法院审理民事、刑事案件。按照级别由低到高，普通法院共分为四级，分别是地方法院、州中级法院、州高级法院以及联邦最高法院。被指控人经由逮捕令逮捕后或者向管辖案件的法官解交，或者在逮捕后第二天不能向管辖案件的法官解交的情况下向最近的地方法院解交。可见，除了不能及时向管辖案件法官解交的情况外，各个级别的普通法院均有权在其管辖范围内决定首次讯问后继续维持逮捕或者作出延期执行逮捕令的决定。待审羁押期间申请延期执行逮捕令的一般是向管辖案件的法院提出，但是，当待审羁押超过六个月而法院认为有必要或者检察院要求继续待审羁押的时候，管辖案件的法院应通过检察院将案卷移送州高级法院作决定。在作出判处自由刑、剥夺自由的矫正及保安处分之前，对待审羁押的进一步复查均由州高级法院负责，也可以将羁押复查权移交按照通常规定对案件有权管辖的法院，州高级法院可以依照第116条的规定决定延期执行逮捕令。

在德国，决定是否继续逮捕时特别强调被指控人的程序参与。不管是初次讯问或是羁押复查，作出延期执行逮捕令之前都会举行一个听证程序，由法官

[①] See Kuk Cho, "Procedural Weakness" of German Criminal Justice and Its Unique Exclusionary Rules Based on The Right of Personality, Temple International and Comparative Law Journal, Spring, 2001.

通过言词审理的方式判断继续羁押或者予以释放。①

四、延期执行逮捕令的法律效力

延期执行逮捕令具有特定的法律效力。延期执行逮捕令仅仅是对逮捕令执行行为的免除,"而并非对羁押命令本身的公布或维持加以免除"②。法律规定当出现法定事由时,法官应当决定"执行逮捕令"。③ 在这一点上,延期执行逮捕令与逮捕令的撤销有着本质区别,后者则是意味着逮捕令归于无效。

五、延期执行逮捕令的实践效果

对于被逮捕的被指控人来说,经过初次讯问后要么被继续羁押,要么延期执行逮捕令而予以释放,因此,从未决羁押的人数占被判刑人数的比重的变化,就能大致推断出延期执行逮捕令在司法实践中的适用情况。

2000—2009 年德国未决羁押人数:

(表 2)

年份	被判刑人数	未决羁押人数	未决羁押人数占被判刑总人数的比重
2000	923760	36683	3.97%
2001	904588	35672	3.94%
2002	908439	34510	3.80%
2003	926758	34414	3.71%
2004	975296	31854	3.27%
2005	980936	27252	2.78%
2006	947837	24352	2.57%

---

① 如被指控人到案并向法官解交后的讯问程序中,法官应当向被指控人告知对他不利的情况,告诉他有权对指控做出陈述或者对案件保持缄默。法官要给予被指控人消除嫌疑、逮捕理由以及提出对自己有利的事实的机会。在维持逮捕时,要对被指控人告知他有权抗告和其他法律救济。而在羁押复查时,依被指控人申请或者根据法院依职权的裁量,可以经言词审理而裁判。决定言词审理的,法院要通知检察院、被指控人及其辩护人进行言词审理的地点和时间。除非被指控人舍弃审理时在场的权利,或者因路途遥远、被指控人患病或者因其他不可排除的障碍与此相抵触,应当将其带往法院审理。未带往法院审理时,审理中必须由辩护人为其伸张权利。如果被指控人尚无辩护人则应为其指定一名言词审理辩护人。言词审理时要听取在场人的意见。

② [德] 克劳思·罗科信著,吴丽琪译:《刑事诉讼法》,法律出版社 2003 年版,第 295 页。

③ 这些法定事由包括:被指控人严重违反赋予他的义务、限制;被指控人准备逃跑,依法传唤无正当理由不到,或者以其他方式表明对他不值得信赖;出现的新情况应该逮捕。

续表

年份	被判刑人数	未决羁押人数	未决羁押人数占被判刑总人数的比重
2007	1129790	26793	2.37%
2008	1105719	29532	2.67%
2009	1074909	28309	2.63%

虽然并不像英美法系国家实行严格的"逮捕前置主义",未决羁押的被指控人未必先经由法官所签发的逮捕令而被逮捕,因此,通过未决羁押人数的变化判断延期执行逮捕令的适用状况并非十分严格。但是,其仍能够在较大程度上反映延期执行逮捕令在减少羁押方面的作用。况且德国官方也认为,未决羁押严格的适用条件、宽泛的适用延期执行逮捕令的可能性以及法院对上述规定的认真遵守共同促成了羁押人数逐年降低的局面。[1]

3.2.2 停止执行羁押

停止执行羁押是日本刑事诉讼法中所规定的羁押替代性措施。根据《日本刑事诉讼法》第95条的规定,法院认为适当时,可以裁定将被羁押的被告人委托于他的亲属、保护团体或其他的人,或者限制被告人的住居,而停止执行羁押。我国台湾地区"刑事诉讼法"中停止羁押的概念与之相类似,系指"羁押原因仍在,但无羁押之必要,而以具保、责付或者限制住居为替代手段,暂时停止羁押之执行而使被告免受拘禁自由者"[2]。根据停止羁押作出的时间及程序阶段不同,停止羁押有狭义和广义之分,狭义的停止羁押决定出现于法院裁定羁押之后,也即在羁押的执行过程中;而广义的羁押还包括法院裁定之前或者之时由检察官或者法官所作的停止羁押决定。[3] 因此,狭义上的停止羁押与日本的停止执行羁押的概念相类似,均指法院作出羁押裁定之后,在待审羁押过程中作出的停止继续执行羁押的决定。

停止执行羁押与停止羁押在具体的制度设计方面存在许多细微的差别,但是从二者在各自的强制措施体系中所起到的作用及与羁押的关系看则是小异大同。下面以台湾地区"刑事诉讼法"中的停止羁押为例,结合曾经轰动一时的

---

[1] German Federal Government Reply to Green Paper, Strengthening mutual trust in the European judicial area-A Green Paper on the application of EU criminal justice legislation in the field of detention, Ref. Ares (2012) 65960−20/01/2012.
[2] 林钰雄著:《刑事诉讼法》(上册),中国人民大学出版社2005年版,第292页。
[3] 林钰雄著:《刑事诉讼法》(上册),中国人民大学出版社2005年版,第292页。

陈水扁延押案对其予以说明。

【案例6】 陈水扁延押案[①]

2006年11月3日,陈水扁妻子吴淑珍因涉公务机要费案而被提起公诉,检察官认定陈水扁涉嫌贪污和伪造文书罪,需等其卸任或遭罢免后侦办。2008年5月12日,陈水扁卸任后,台湾检方特侦组立即分案侦办机要费案,将陈水扁列为被告。2008年11月11日,检察官以其涉嫌重罪为由,向法院声请羁押陈水扁,次日台北法院裁定予以羁押。

12月12日,检方将陈水扁家族弊案起诉后移审法院,检方认为陈水扁涉嫌最轻本刑5年以上重罪,且掌握其他证人相关不法证据,可能影响其他证人日后证言,也可能影响日后事实调查;且陈水扁所犯的犯罪所得金额庞大、恶性重大,符合串供、重罪等羁押事由,因此声请对其予以羁押。然而,法院却认为,检方所指裁判上一罪的事实为何及此部分相关证人为何人,均未显现于起诉书及相关卷证上,检方在法院审理时也未具体说明,因此无法表明其有串供之虞。检方所陈述的羁押理由中也看不出被告有逃亡之虞,而依陈水扁以往于侦查中均遵守日期到场等情况,且为卸任"元首"身份,因此,并无逃亡之虞。审判长以羁押理由不存在为由将其当庭无保释放,但要求限制住居。限制住居期间,其不能随意迁移户口,不能搬离户口地,也不能出境、出海。但随后特侦组两次抗告均成功,台北地方法院裁定再次羁押陈水扁。

被羁押后,陈水扁数次以绝食的方式抗议并声请停止羁押。12月12日被再次羁押后,羁押期间即将于2009年5月25日到期,台北地方法院因此于5月7日开庭审理是否继续延长羁押。但当日陈水扁声称身体不适,被还押于看守所后再次绝食。期间,律师以其"严重心绞痛及心肌梗死"等为由声请停止羁押。但合议庭认为,虽然7日出庭时陈水扁表示身体极度不适,但回到台北看守所之后的血压、脉搏、体温都没有异状,只有呼吸稍微急促,陈水扁回到看守所后还看信、听广播、看报、睡觉、洗衣、会面、写材料等,只是开始故意不进食、不饮水。其身体状况难以认定为符合"刑事诉讼法"第114条"现

[①] 根据以下媒体报道整理:中国台湾网:《详讯:羁押原因未变,法院裁定陈水扁延长羁押2月》,参见http://www.taiwan.cn/xwzx/bwkx/200905/t20090511_892572.htm,访问日期:2013年10月21日;法制网:《陈水扁机关算尽如意算盘仍落空》,参见http://www.legaldaily.com.cn/bm/content/2009-05/15/content_1091598.htm?node=195,访问日期:2013年10月21日;台海网:《陈水扁哽咽向支持者致谢,释放后限制住居》,参见http://news.qq.com/a/20081213/000290.htm,访问日期:2013年10月21日;华商网:《台北地方法院裁定当庭释放陈水扁但限制住居》,参见http://news.hsw.cn/2008-12/13/content_10466312.htm,访问日期:2013年10月21日。

罹疾病，非保外治疗显难痊愈者"的规定，因此提出请求停止羁押并没有理由。5月11日，台北地方法院合议庭做出裁定，确定延押陈水扁两个月。

之后，陈水扁开始第三次绝食。检方称其这次绝食的原因恐怕是想向法院施压，争取在下次延押庭中争取停止羁押。但就诉讼实务来说，被告采取绝食、自杀等激烈手段后，很少可因此不再被羁押，因为如果任一被告抗争后都能达到交保目的，将后患无穷。

一、停止羁押的权限归属

停止羁押的权限归属随台湾地区检察制度的改革前后变化较大。台湾地区"刑事诉讼法"于1967年开始施行，根据当时的规定，检察官与法官同为"司法官"①。在强制措施的处分权方面检察官几乎与法官享有相同的权力。但是这种状况随着1995年12月22日大法官释字第392号解释而终止。根据该解释，检察官再不享有羁押权，而1997年修改"刑事诉讼法"时，通过法律的形式将这一制度变革确定下来。②

根据我国台湾地区现行"刑事诉讼法"，法官和检察官都能行使强制措施处分权，③但就羁押所关涉之事项，检察机关仅有声请羁押的权利，而是否准予羁押、停止羁押以及撤销羁押的权力则由法官所享有。④

二、停止羁押的方式及其关系

根据台湾地区现行"刑事诉讼法"第111条、115条和116条的规定，犯罪嫌疑人得因具保、责付以及限制住居而停止羁押。所谓具保停止羁押，是指以命提出保证书并命缴纳相当之保证金额为代替手段而释放被告；责付停止羁

---

① 不但法律作了同质化的规定，检察官内心也具有同为司法官的心理认同。"台湾地区的检察官与法官有着相同的背景与资格，他们都是通过相同的司法官考试，并在同一训练机构受训，只是结训时志愿或成绩不同而分派担任检察官或法官，因为'系出同门'，所以大部分检察官都认为与法官相同，同属司法官，而且也以司法官自我期许。"参见林邦梁：《台湾地区刑事诉讼中之强制处分》，载陈光中、柯恩主编：《比较与借鉴：从各国经验看中国刑事诉讼法改革路径——比较刑事诉讼国际研讨会论文集》，中国政法大学出版社2007年版，第356页。

② 参见王兆鹏：《台湾地区"刑事诉讼法"的重大变革》，载陈光中、柯恩主编：《比较与借鉴：从各国经验看中国刑事诉讼法改革路径——比较刑事诉讼国际研讨会论文集》，中国政法大学出版社2007年版，第103页。

③ 参见林邦梁：《台湾地区刑事诉讼中之强制处分》，载陈光中、柯恩主编：《比较与借鉴：从各国经验看中国刑事诉讼法改革路径——比较刑事诉讼国际研讨会论文集》，中国政法大学出版社2007年版，第350页。

④ 参见林钰雄著：《刑事诉讼法》（上册），中国人民大学出版社2005年版，第266页。

押,是指被告得不命具保而责付于得为其辅佐人之人或该管辖区域内其他适当之人而停止羁押;限制住居停止羁押,是指限制被告居住、活动于一定之处所,而停止羁押被告。其中,限制住居通常应适用于具有身份或地位的人或者身体衰弱不能移动的被告人且显无逃亡隐匿的嫌疑的。限制住居,除告知被告外,并通知管区的警察机关及户政机关,前者随时注意查察被告有无离开其住所或居所或指定的处所,后者不予受理其迁移的登记。①

三种停止羁押的方式中,具保停止羁押具有普遍性和基础性,责付及限制居住可以作为具保的替代手段单独适用,对被告人具保停止羁押的,也可以同时对其限制住居。②

三、停止羁押的程序规则

停止羁押的程序既可由被告人声请而提起,也可以依检察官的职权提起。根据台湾地区现行"刑事诉讼法"第110条,被告及得为其辅佐人之人或辩护人,得随时具保,向法院声请停止羁押。检察官于侦查中得声请法院命被告具保停止羁押。

声请具保停止羁押的要求提出之后,法院应当对其进行审查。对于该声请,法院应当听取被告、辩护人或得为被告辅佐人之人陈述意见。侦查中法院为具保停止羁押的决定时,除了"不得驳回停止执行羁押"的情形以及由检察官提起的停止羁押的声请外,法院应当征询检察官的意见。

根据法官是否必须做出停止羁押的裁定,停止羁押可以分为"任意停止"和"必要停止"。③ 所谓任意停止,即是否做出停止羁押的裁定由法官自由裁量;而必要停止则是指在具备法定情形时,法官必须做出停止羁押的裁定。根据台湾地区"刑事诉讼法"第114条的规定,在具备以下情形时,经声请具保停止羁押的,法官不得予以驳回:(1)所犯最重本刑为三年以下有期徒刑、拘役或专科罚金之罪者。但累犯、常业犯、有犯罪之习惯、假释中更犯罪以及根据第101-1条因犯特定类型犯罪而被预防性羁押的除外。(2)怀胎五月以上

---

① 参见林贻影著:《两岸检察制度比较研究》,中国检察出版社1998年版,第124页。
② "限制住居,依法虽得作为具保之替代手段,但应注意,尤其是对于有雄厚资力的经济犯罪而言,可能干脆弃保逃逸而安居外国,因此,若认为羁押手段过当而须辅以代替方法时,往往于具保之外,必须'同时'限制被告出境,始能有效保全程序。"林钰雄著:《刑事诉讼法》(上册),中国人民大学出版社2005年版,第295页。
③ 参见陈朴生著:《刑事诉讼实务(增订本)》,海天印刷厂有限公司1967年版,第185页。

或生产后二月未满者。(3) 现罹疾病,非保外治疗显难痊愈者。①

四、停止羁押的法律效力

停止羁押者,羁押之"原因"仍在,原羁押之裁定及其效力亦仍在,只是并无继续执行羁押之"必要"而暂时停止执行,故仍得再执行羁押。②

由于仅仅是没有羁押的必要,但诸如逃亡之虞、串供之虞等羁押理由仍存在,所以停止羁押期间对被告的行为应当为一定的限制。台湾地区2000年2月修订"刑事诉讼法"时增加了关于"停止羁押应遵守事项"③的规定,并一直延续至今。被裁定停止羁押的犯罪嫌疑人、被告人在停止羁押期间应当遵守这些规定,否则则构成"再执行羁押"之事由。

五、延期执行逮捕令、停止(执行)羁押与保释的关系

德国虽然不承认个人保释权,但却实实在在地存在保释制度,只不过保释与否完全属于法官自由裁量的事项。④ 在德国,保释并非与延期执行逮捕令相并列的一种羁押替代措施,而仅仅是延期执行逮捕令的一种类型而已。由于保释与否完全属于法官裁量事项,实践中法官通常不进行这种选择。⑤ 有研究表明,在所有延期执行逮捕令的案件中仅有12%的被告人被适用了保释。⑥

与《德国刑事诉讼法》中将保释作为延期执行羁押期间需要遵守的众多规定之一不同,在日本,停止执行羁押仅包括责付停止执行羁押以及限制住居停

---

① 虽然有"必要停止"的规定,但是并非只要被告人及其律师以上述事由声请停止羁押法官就必须做出停止羁押的裁定。就必要停止的事由来看,前两项较为明确而第三项是否达到了"非保外治疗显难痊愈"的标准进而裁定停止羁押则更多依赖法官的裁量。例如在陈水扁延押案中,虽然律师以其身体原因为由声请停止羁押,但法官则认为没有达到上述标准,因而裁定对陈水扁延期羁押。

② 参见林钰雄著:《刑事诉讼法》(上册),中国人民大学出版社2005年版,第292页。

③ 根据现行"刑事诉讼法"第116条之三,法院许可停止羁押时,得命被告应遵守以下事项:(1)定期向法院或检察官报道;(2)不得对被害人、证人、鉴定人、办理本案侦查、审判之公务员或其配偶、直系血亲、三亲等内之旁系血亲、二亲等内之姻亲、家长、亲属之身体或财产实施危害或恐吓之行为;(3)因第114条第3款之情形停止羁押者,除维持日常生活及职业所必需者外,未经法院或检察官许可,不得从事与治疗目的显然无关之活动。

④ [德]托马斯·魏根特著,岳礼玲等译:《德国刑事诉讼程序》,中国政法大学出版社2004年版,第100页。

⑤ [德]托马斯·魏根特著,岳礼玲等译:《德国刑事诉讼程序》,中国政法大学出版社2004年版,第100页。

⑥ Richard S. Frase, Thomas Weigend, German Criminal Justice As A Guide to American Law Reform: Similar Promblems, Better Solutions? Boston College International and Comparative Law Review, Summer, 1995.

止执行羁押两种,保释与停止执行羁押是一种并列关系。从法律效力来看,二者均会达到保留羁押的效力但暂时停止羁押状态的效果。另外,从外在表现形式来看,日本的保释与停止执行羁押也存在交叉与重合,比如二者均可以责令限制被告人的住居。

第 4 章　被监视居住人的权利体系

强制措施是犯罪嫌疑人、被告人权利与国家追诉权交锋最为激烈之处,刑事诉讼法所强调的"尊重和保障人权"条款及其所传达的立法精神能否真正地贯彻到刑事诉讼的各个程序阶段,各项强制措施适用中犯罪嫌疑人、被告人的权利保障状况是最为可靠的判断依据。

被监视居住人的权利体系是一个被我国刑事诉讼法学界长期忽略的问题。从当前有关监视居住的研究来看,少有学者涉足该问题,已有的研究成果系统性也较弱。相比较而言,对适用拘留或者逮捕的在押人员的权利受到关注较多,成果也较为丰富。

然而,明确被监视居住人的权利体系在我国刑事司法实践中具有现实紧迫性,当前刑事司法实践中对被监视居住人的权利保护可以说是对被追诉人权利保护的一个灰色地带。我国刑事司法实践中,监视居住异化为变相羁押的问题由来已久,该现象背后所反应的就是监视居住执行机关对被监视居住人应当享有哪些权利以及监视行为对被监视居住人的权利干预应当控制在什么限度之内的问题的认识不清。前者是范围的问题,后者是程度的问题。明确被监视居住人的权利体系是执行机关对被监视居住人权利予以适度限制的先决条件,是避免监视居住异化为变相羁押的前提。

4.1　干预人身自由强制措施下被追诉人的权利体系概观

4.1.1　看守所在押人员的权利体系

与被监视居住人的权利体系问题长期受到忽视的状况不同,当前对于看守所在押人员的权利保护被提到了前所未有的高度。被监视居住人与被拘留或者逮捕而羁押于看守所中的犯罪嫌疑人、被告人均为刑事被追诉人,其在权利体系方面存在一定的重叠。立法上看,监视居住与拘留、逮捕等羁押性强制措施在对人身自由的干预程度上存在差别,但指定居所监视居住的特殊性又使其具有羁押的某些属性。此外,监视居住与拘留、逮捕本质上说都是干预人身自由的强制措施,只不过拘留、逮捕对人身自由的干预达到了剥夺人身自由的强度,相比较而言,监视居住的强度则较低,那么举重以明轻,被监视居住人的权利受干预的程度理应低于看守所在押人员。综上所述,看守所在押人员的权利体系对被监视居住人的权利体系具有一定的参考价值。

世界范围内,在押人员的权利体系广受关注并已经对此取得了广泛的共识。《公民权利与政治权利国际公约》《保护遭受任何形式拘禁或监禁的人的原则》《囚犯待遇基本原则》《禁止酷刑和其他残忍、不人道或有辱人格的待遇或处罚公约》等国际公约和指导性文件中对在押人员的权利体系均做了规定。在押人员权利体系的规定是建立在一系列基本原则的基础上的,根据上述国际公约和指导性文件,在押人员的权利保护至少应当遵循以下原则:(1)接近正常生活原则。"尽管有些人同已决犯一起关押在监狱中,但他们并非在服刑。他们有的在候审,还有的在等待其他的裁定,如政治避难或移民身份。这些人受到监禁既非作为惩罚也非出于惩罚目的,而是为了起到防范作用。对于他们来说,监狱里的生活也应当尽可能和正常生活接近。"① (2) 公开原则。"一旦剥夺人身自由便会涉及侵犯人权。除非通过正当的法律程序,人身自由这一基本的人权不能被无端剥夺。在实践中,时有非法剥夺人身自由案件的发生——不经适当的法律程序和保护措施任意实行监禁。因此,公开应当成为保护被拘禁人员人权的基本原则,即监狱和其他拘留场所应当对外公开并接受独立的监督,并且被拘禁人员应当有接触外界的机会。"② (3) 禁止酷刑和其他残忍、不人道或有辱人格的待遇或处罚原则,亦称为禁止酷刑原则。《世界人权宣言》第5条规定:"任何人不得加以酷刑,或施以残忍的、不人道的或侮辱性的待遇或刑罚。"诸如《公民权利和政治权利公约》《保护所有人免受酷刑和其他残忍、不人道或侮辱性的待遇或刑罚宣言》以及《禁止酷刑和其他残忍、不人道或有辱人格的待遇或处罚公约》等国际公约和指导性法律文件中均就该原则做出了明确规定。(4) 无罪推定原则。无罪推定原则是刑事诉讼程序的基本原则,同时也是保护在押人员权利的基本准则。虽然为了达到追诉犯罪、实现国

---

① 国际刑罚改革协会编著,张青译:《让标准发挥作用》,法律出版社2009年版,序言第6页。
② 国际刑罚改革协会编著,张青译:《让标准发挥作用》,法律出版社2009年版,序言第6~7页。

家刑罚权的目的，国家可以在判决以前对犯罪嫌疑人、被告人予以羁押，但受到无罪推定原则的规制，却不能使犯罪嫌疑人、被告人遭受羁押之外的其他更为不利的局面。（5）正当程序原则。正当程序原则是美国在押人员权利保护的基本准则。"1979 年'Bell v. Wolfish'案中，美国联邦最高法院首次审查了涉及犯权利保障的宪法条款。最高法院指出，美国宪法第五修正案中的正当程序条款禁止将审前剥夺嫌疑人自由的行为等同于刑罚。"[①]

根据上述国际公约和指导性文件，在押人员的权利体系至少包括两个部分：一是每个社会公民普遍享有的人权，在押人员虽然处于人身自由被剥夺的状态，但仍享有这些普遍的人权，包括：生命权和身体完整权、不受折磨和其他虐待的权利、健康权、人格尊严受到尊重的权利、获得正当法律程序保护的权利、免受任何形式的歧视的权利、免受奴役的权利、思想和良心自由权、宗教信仰自由权、家庭生活获得尊重的权利、自我发展权。[②] 二是因为拘留或关押而必然会受到限制和克减的权利，包括：一定程度的人身自由权、隐私权、行动自由权、言论自由权、自由集会和选举权。[③]

当前，我国学术界也不乏对看守所在押人员权利体系的研究。如有的学者将羁押场所在押人员的权利体系划分为诉讼权利和非诉讼权利，并认为未决犯的诉讼权利应当包括信息知悉权、法律帮助权、及时获释权、申诉控告权，而非诉讼权利则包括人身权利、生活尊严、医疗权利、与外界接触的权利、政治经济文化权利以及救济权利。[④] 而在学者起草的看守所法专家建议稿中则进行了更为细致的划分和解释，其特别指出了在押人员在以下几个方面的权利与待遇：人身权利（包括人身安全、人格尊严、转移中的权利[⑤]、申请解除超期羁押的权利、名誉权、隐私权）、生活待遇（包括居住空间、洗浴、个人卫生、衣被供给、衣着尊严、饮食、自费购买饮食、吸烟、户外活动、新闻、书籍、娱乐活动、休息权、宗教信仰自由）、医疗权利（包括看守所内的医疗机构的设置、医疗资源的配置、自费医疗等内容）、与外界联系的权利（主要是与家属会见、通信、近亲属病重或死亡通知或探视的权利）、法律帮助权（主要包

---

① 参见孙皓：《看守所规范化研究》，中国人民大学 2013 年博士学位论文，第 49 页。
② 国际刑罚改革协会编著，张青译：《让标准发挥作用》，法律出版社 2009 年版，第 5 页。
③ 国际刑罚改革协会编著，张青译：《让标准发挥作用》，法律出版社 2009 年版，第 6 页。
④ 参见孙皓：《看守所规范化研究》，中国人民大学 2013 年博士学位论文，第 50～53 页。
⑤ 即看守所在押人员在被移送或者转出看守所时对其权利进行的特殊保护，包括尽量避免公众关注、使用通风、采光等条件良好的交通工具并使其避免不必要的肉体痛苦以及就转移事项告知亲属的权利。参见陈卫东、Taru Spronken 主编：《遏制酷刑的三重路径：程序制裁、羁押场所的预防与警察讯问技能的提升》，中国法制出版社 2012 年版，第 260 页。

括律师会见和法律援助的权利)、政治经济文化权利(包括选举权、被选举权、言论、出版自由、劳动权、劳动报酬及保护、创作活动、教育权)。[①]

从刑事司法实践的角度来看,2009年以后,以"躲猫猫"案件为分水岭,我国看守所在押人员的权利保护问题越来越受重视,较之以前有了很大的改观。时至今日,甚至可以将看守所内未决在押人员的权利保护状况作为中国法治发展水平和人权保障水平的模范窗口。从当前我国有关未决在押人员权利保护问题的法律渊源[②]来看,我国未决在押人员的权利体系包括程序性权利和实体性权利两大部分。其中,程序性权利包括:(1)信息知悉权。根据《看守所条例实施办法》第7条的规定,看守所在收押犯罪嫌疑人、被告人时应当履行告知义务,告知其依法享有的包括辩护、申诉、检举、控告在内的权利。(2)获取法律帮助的权利。2012年刑事诉讼法修改了一个重要的内容就是"进一步完善辩护制度,保障律师执业权利,强化法律援助"[③]。修改后,犯罪嫌疑人、被告人在侦查阶段即可委托律师作为辩护人,并且,律师的各项权利均得到了不同程度的加强。(3)申请解除羁押或变更强制措施的权利。根据现行《刑事诉讼法》第95、97条的规定,犯罪嫌疑人、被告人及其法定代理人、近亲属或者辩护人有权申请变更强制措施;对于办案机关采取强制措施法定期限届满的,有权要求解除强制措施。(4)申诉、控告权。根据现行《刑事诉讼法》第115条的规定,对于采取强制措施法定期限届满,不予以释放、解除或者变更的,当事人和辩护人、诉讼代理人、利害关系人有权向该机关申诉或者控告。

在押人员的实体性权利包括:(1)人身安全权。看守所在押人员的人身安全问题在当前的公安监管工作中备受重视,为保证在押人员的人身安全,"每个监室都安装了监视设备,以便民警时刻了解在押人员的动态,一旦发生自杀、斗殴等紧急状况,可以在最短的时间内加以处置。"[④] 并且,为了防止牢头狱霸现象,看守所中以在押人员管理在押人员的现象也已不多见。(2)与外

[①] 参见陈卫东、Taru Spronken 主编:《遏制酷刑的三重路径:程序制裁、羁押场所的预防与警察讯问技能的提升》,中国法制出版社2012年版,第258~311页。

[②] 当前有关看守所在押人员权利保护的法律渊源主要包括:刑事诉讼法、看守所条例、看守所条例实施办法以及公安部单独或与最高人民检察院联合签发的规范性法律文件。

[③] 参见郎胜:《关于〈中华人民共和国刑事诉讼法修正案(草案)〉的说明》,中国人大网 http://www.npc.gov.cn/huiyi/lfzt/xsssfxg/2011-08/30/content_1668529.htm,访问日期:2013年11月17日。

[④] 参见陈卫东、Taru Spronken 主编:《遏制酷刑的三重路径:程序制裁、羁押场所的预防与警察讯问技能的提升》,中国法制出版社2012年版,第264页。

第 4 章　被监视居住人的权利体系

界联系的权利,包括与家属联系的权利和与法律服务提供者联系的权利。就前者而言,当前我国大多数看守所中均不允许未决在押人员与家属会见[①];就后者而言,2012年刑事诉讼法修改后,羁押场所律师会见权的保障有了大幅提升,会见难的问题已不多见。(3) 政治、经济、社会文化权利。当前,在押人员的政治权利主要涉及选举权与被选举权,根据看守所条例及有关规范性法律文件[②]的规定,对于因实施危害国家安全犯罪以及其他严重危害社会秩序的犯罪而被人民检察院或者人民法院决定停止行使选举权利的在押人员,羁押期间不享有选举的权利。在押人员的经济权利主要是指在押人员在看守所内劳动并获取报酬的权利,根据现行规定,在押人员通过所内劳动所创造的收入由看守所统一支配,在押人员对其没有支配权。在押人员的社会文化权利则主要包括劳动权和受教育的权利,就前者而言,目前我国大部分看守所尚未组织未决犯进行劳动,就后者而言,对在押人员的教育是看守所监管活动的重要内容,看守所内普遍开展了法制教育、道德教育、技能教育等教育活动。(4) 生活待遇。看守所条例及实施办法对在押人员的居住空间、个人卫生、医疗等问题均做了规定,从司法实践的状况看,近年来看守所在押人员的生活待遇已经有了明显改善,而且横向而言,在押人员生活待遇与其他权利的保障力度相比较也是进步最为明显的地方。

可见与学者的建议相比较,现行法律制度中对看守所在押人员的权利保护力度还有不小的上升空间。一方面,当前有关在押人员的权利保护多集中于在押人员的人身安全、生活待遇方面,对其隐私权、人格尊严等有关人格权的保护明显不够,这也是我国刑事诉讼司法实践中普遍存在的问题。另一方面,在强调较好的生活待遇等方面也还有待改进。

而且,从现有的有关看守所在押人员权利保护的法律规范的存在形式来看,当前在押人员权利保护的法治化程度还不高,更多的是依赖公安监管机关的内部文件。这种方式灵活性较强,对看守所监管工作中的个别问题的反应速度也很快,但是由于看守所监管工作关涉刑事诉讼程序的方方面面,而内部规定更多的是解决看守所内部问题,对于看守所与办案机关的工作衔接中有关在押人员权利保护的问题则办法不多,还有待于效力层级更高的诸如立法等形式

---

① 实际上,根据《看守所条例实施办法》第34条的规定,在押人员要求与居住在境内的近亲属会见的,经县级以上公安机关或者国家安全机关的主管局、处长批准是可以会见的。但是,该规定在司法实践中却难以实现。

② 主要是指1984年全国人大法工委、最高人民法院、最高人民检察院、公安部、司法部以及民政部联合下发的《关于正在服刑的罪犯和被羁押的人的选举权问题的联合通知》。

对相关问题予以规定。同时，通过近年来的不断探索和实践，看守所在在押人员权利保护方面也取得了许多有益的经验，这些较为成熟的经验也应当通过立法的形式尽快确定下来，使其规范化、法治化。尽管 2012 年修改《刑事诉讼法》时，有关看守所的法律规定大幅增加，但是《刑事诉讼法》中有关看守所的规定毕竟较为宏观和原则性，对于指导看守所在押人员权利保护的作用也很有限。可喜的是，当前看守所立法问题已经受到学术界和实务界共同的高度重视，看守所法也已经被纳入到十二届全国人大常委会的立法规划之中。①

4.1.2　被监视居住人权利保护状况

被监视居住人的权利保护状况可以从法律规范以及司法实践两个层面加以考察。

一、法律规范层面

现行《刑事诉讼法》、两高司法解释以及《公安机关办理刑事案件程序规定》是当前被监视居住人权利保护的最主要的法律渊源。2012 年《刑事诉讼法》及相关司法解释修改以前，被监视居住人的权利保护在上述法律规定中体现的较少，然而修改之后，被监视居住人的权利保护被提到了前所未有的高度。从现行有关规定来看，主要强调了被监视居住人在以下几个方面的权利：

（一）优先在住处执行监视居住的权利

根据现行《刑事诉讼法》第 73 条，监视居住以在固定住处执行为原则、在指定的居所执行为例外。从被监视居住人的角度而言，该规定确保了被监视居住人优先在住处执行监视居住的权利。对此，可以从两个方面进行理解：首先，对于涉嫌危害国家安全犯罪、恐怖活动犯罪以及特别重大贿赂犯罪三类特殊犯罪而言，办案机关决定对犯罪嫌疑人、被告人实行监视居住并且犯罪嫌疑人、被告人在办案机关所在的市、县内有固定住处的，除非在固定住处执行监视居住有碍侦查，否则也应当优先在住处执行监视居住。其次，对于三类特殊犯罪以外的普通刑事犯罪，只要犯罪嫌疑人、被告人符合在办案机关所在市、县内有固定住处的条件，即应当在固定的住处执行监视居住，办案机关不能以

---

① 十二届全国人大常委会立法规划中将所有立法项目划分为三类，分别是"条件比较成熟、任期内拟提请审议的法律草案（47 件）"、"需抓紧工作、条件成熟时提请审议的法律草案（21 件）"以及"立法条件尚不完全具备、需要继续研究论证的立法项目"，其中由国务院提请审议的看守所法被列入第二类项目中。参见新华网：http://news.xinhuanet.com/politics/2013-10/30/c_117939129.htm，访问日期：2013 年 11 月 16 日。

在固定住处执行监视居住有碍侦查为由适用指定居所监视居住。

由于《刑事诉讼法》使用了"固定住处""有碍侦查""特别重大贿赂犯罪"等较为抽象的概念,因此对被监视居住人优先在住处执行监视居住权利的保障很大程度上取决于办案机关的自由裁量权。为了规范该自由裁量权的行使,保障被监视居住人优先在住处执行监视居住的权利,司法解释及《公安机关办理刑事案件程序规定》中均对上述概念进行了进一步的细化。①

(二)指定居所监视居住后及时通知家属的权利

指定居所监视居住下被监视居住人人身自由受限制的程度非常接近于羁押的状态,羁押状态下获得家属的探望和与家属取得通信是犯罪嫌疑人、被告人应当享有的一项基本的权利,②而上述权利的行使则必须以其家属知悉犯罪嫌疑人、被告人行踪为前提。现行《刑事诉讼法》第73条第2款规定了被监视居住人在被指定居所监视居住后及时通知家属的权利。根据该条规定,指定居所监视居住,除无法通知的以外,应当在执行监视居住后二十四小时以内通知被监视居住人的家属。

对指定居所监视居住后及时通知家属的权利的理解需要注意以下几点:(1)通知家属的具体内容。现行《刑事诉讼法》中没有规定通知家属的具体内容。2012年《刑事诉讼法》修改的过程中,应当就哪些事项通知被指定居所监视居住人家属的问题争议较多。根据当时修正案的一、二审稿,通知的内容为"被监视居住的原因"和"执行的住所",然而,在提交大会讨论的三审稿中,则删去了有关通知内容的规定,由此引发了监视居住将会造成"秘密失踪"问题的大讨论。但在立法机关所做的说明当中,删去具体通知内容目的并非不通知,而是考虑到个案的复杂性可能导致每个案件中需要通知的事项各不相同,因此,将通知的具体事项交由办案机关裁量决定。③ 然而,从司法解释就该问题的规定来看,司法机关在制定相关规定时却有违背立法目的之嫌。如《高检规则》第114条就将指定居所监视居住后通知家属的事项仅限于"指定

---

① 如《高检规则》第110条第2款规定:"固定住处是指犯罪嫌疑人在办案机关所在地的市、县内工作、生活的合法居所。"《高检规则》第110条第4款规定:"有下列情形之一的,属于有碍侦查(一)可能毁灭、伪造证据,干扰证人作证或者串供的;(二)可能自杀或者逃跑的;(三)可能导致同案犯逃避侦查的;(四)在住处执行监视居住可能导致犯罪嫌疑人面临人身危险的;(五)犯罪嫌疑人的家属或者其所在单位的人与犯罪有牵连的;(六)可能对举报人、控告人、证人及其他人员等实施打击报复的。"
② 参见陈卫东主编:《模范刑事诉讼法典(第二版)》,中国人民大学出版社2011年版,第154页。
③ 参见陈卫东主编:《2012年刑事诉讼法修改条文理解与适用》,中国法制出版社2012年版,第184页。

居所监视居住的原因"。(2) 通知家属的时间起算点。根据现行《刑事诉讼法》第 73 条第 2 款，指定居所监视居住通知家属的，要在"执行监视居住后二十四小时内"完成。二十四小时以内通知的时间限制说明立法者要求办案机关及时完成通知家属的行为，然而虽然有具体的时间限制，但由于时间起算点不明确，所以可能会造成司法实践中落实及时通知家属规定的情况参差不齐。

(三) 委托辩护人的权利

现行《刑事诉讼法》第 73 条第 3 款增加了被监视居住的犯罪嫌疑人、被告人委托辩护人的规定。虽然从条文表述来看，该款是就所有类型的被监视居住人委托辩护人作出的规定，但是众所周知，在固定住处执行监视居住的犯罪嫌疑人、被告人委托辩护人直接适用《刑事诉讼法》第一编第四章中有关委托辩护人的规定即可。因此，从立法机关的本意来看，该款规定所强调的是指定居所监视居住状态下犯罪嫌疑人委托辩护人的有关事项。①

被指定居所监视居住的犯罪嫌疑人、被告人有权委托辩护人，其监护人、近亲属也可以代为委托辩护人。为了保障被监视居住人委托辩护人权利的实现，办案机关既要履行告知犯罪嫌疑人、被告人有权委托辩护人的权利以及及时通知家属的职责，同时也要及时转达犯罪嫌疑人、被告人委托辩护人的要求。

(四) 指定居所监视居住期间折抵刑期的权利

根据现行《刑事诉讼法》第 74 条的规定，犯罪嫌疑人、被告人享有指定居所监视居住期间折抵刑期的权利，被判处管制的，监视居住一日折抵刑期一日，被判处拘役、有期徒刑的，监视居住二日折抵刑期一日。

被监视居住期间与刑期的折抵问题在我国经历了一个由否定到肯定的过程。起初，根据最高人民法院的有关批复，只有在判决执行以前或者在判决以前先行羁押的，才予折抵刑期，而被依法执行监视居住的期间不予折抵刑期。② 然而，2012 年《刑事诉讼法》修改以后，却打破了只有羁押期间才可折抵刑期的规定，对指定居所监视居住期间也予以折抵。立法机关给出的理由是："考虑到指定居所监视居住虽然不属于羁押措施，但对公民人身自由的限制和剥夺的程度比一般的监视居住和取保候审更强，为了更好地保护当事人的合法权益，明确规定指定居所监视居住的期限折抵刑期。"③

---

① 参见郎胜主编：《中华人民共和国刑事诉讼法修改与适用》，新华出版社 2012 年版，第 162 页。
② 参见 1984 年 12 月 18 日最高人民法院：《关于依法监视居住期间可否折抵刑期问题的批复》。
③ 郎胜主编：《中华人民共和国刑事诉讼法修改与适用》，新华出版社 2012 年版，第 163 页。

（五）经执行机关批准得离开执行监视居住处所的权利

监视居住是对被监视居住人在固定住处或者指定居所的活动自由予以限制，并非对其人身自由的剥夺，否则就会异化为羁押。根据现行《刑事诉讼法》第75条的规定，未经执行机关批准被监视居住的犯罪嫌疑人、被告人不得离开执行监视居住的处所。换句话说，被监视居住人在征得执行机关批准之后是可以离开执行监视居住的处所的。

公安机关决定适用监视居住的案件中，被监视居住人有正当理由要求离开监视居住处所的，在经过负责执行的派出所或者办案部门负责人批准后，可以离开。检察机关、人民法院决定适用监视居住的案件中，被监视居住人要求离开执行监视居住的处所的，执行机关在批准之前应当先征得决定机关的同意。

被监视居住人离开执行监视居住的处所必须要有正当理由，但对于何为正当理由，《刑事诉讼法》及相关司法解释中则未予以明确规定，而是完全交由监视居住执行机关自由裁量。

（六）经批准得与他人会见和通信的权利

根据现行《刑事诉讼法》第75条的规定，被监视居住的犯罪嫌疑人、被告人在征得执行机关的批准后，可以与他人会见和通信。这里的"他人"，是指"与自己居住在一起的家庭成员和所聘请的辩护律师、辩护人以外的其他人"[①]。也就是说，对与除同住家庭成员以及辩护律师、辩护人以外的其他人的会见和通信必须要经过执行机关的批准，没有例外。

指定居所监视居住中一般不存在被监视居住人与家属同住的情况，对于这类情形，被监视居住人与家属会见或者通信必须要经过执行机关批准。而对于被监视居住人与聘请的律师、辩护人的会见与通信则要视情况而定。就被监视居住人与辩护律师的会见和通信而言，根据现行《刑事诉讼法》第37条的规定，涉嫌危害国家安全犯罪、恐怖活动犯罪和特别重大贿赂犯罪的案件，侦查期间辩护律师会见犯罪嫌疑人、被告人必须要经过侦查机关的许可。非三类特殊案件的辩护律师以及虽属三类特殊案件但不在侦查期间的，则可以不经批准在任何程序阶段与被监视居住的犯罪嫌疑人、被告人会见或者通信。辩护律师以外的其他辩护人与被监视居住的犯罪嫌疑人、被告人会见或者通信的，则必须要经过人民法院、人民检察院的许可。

为了最大限度保障被监视居住人与他人的通信权利，对于"通信"应尽量

---

① 参见郎胜主编：《中华人民共和国刑事诉讼法修改与适用》，新华出版社2012年版，第165页。

作扩大理解。根据立法机关的解释,"'通信'除了一般的信件往来外,也包括通过新的通讯方式,比如通过电话、传真、电子邮件、手机短信等进行的沟通与交流"①。

(七) 要求及时解除监视居住的权利

及时解除监视居住既是诉讼及时原则在强制措施制度中的体现,也是强制措施变更性原则的要求。根据现行《刑事诉讼法》第77、97条第2款的规定,在监视居住期限届满的情况下,办案机关应当及时解除监视居住;犯罪嫌疑人、被告人及其法定代理人、近亲属或者辩护人有权要求解除监视居住。

对"期限届满"的理解关涉被监视居住人要求及时解除监视居住权利的实现。一是可以将其理解为监视居住的法定期限届满,即监视居住累计时间已经达到法定最长的六个月的期限。在这种情况下,犯罪嫌疑人、被告人及其法定代理人、近亲属或者辩护人当然享有要求及时解除监视居住的权利。二是将其理解为办案机关根据案情确定的具体的监视居住期限届满。虽然《刑事诉讼法》规定了监视居住的法定最长期限,但是并不是要求每个适用监视居住的案件都用完法定最长期限。"在侦查、审查起诉、审判过程中,公安机关、人民检察院、人民法院决定强制措施,既要考虑保障办案的实际需要,也要根据合比例原则,根据犯罪嫌疑人、被告人涉嫌犯罪的社会危害以及其本人的社会危险性等因素,确定合适的具体期限,在尽量短的时间内完成诉讼活动。"② 因此,即便没有累计达到法定最长期限,只要办案机关确定的具体期限届满的,犯罪嫌疑人、被告人及其法定代理人、近亲属或者辩护人也享有要求及时解除监视居住的权利。

(八) 申请变更强制措施的权利

根据现行《刑事诉讼法》第95条的规定,犯罪嫌疑人、被告人及其法定代理人、近亲属或者辩护人有权申请变更强制措施。就被监视居住人而言,既可以是强制措施种类的变更,如申请将监视居住变更为取保候审,也可以是执行方式的变更,如申请将在指定的住处执行的监视居住变更为在固定住处执行的监视居住。在此基础上,《高检规则》还就特别重大贿赂犯罪案件中犯罪嫌疑人及其法定代理人、近亲属或者辩护人申请变更指定居所监视居住的情形作

---

① 郎胜主编:《中华人民共和国刑事诉讼法修改与适用》,新华出版社2012年版,第165页。
② 郎胜主编:《中华人民共和国刑事诉讼法修改与适用》,新华出版社2012年版,第170页。

了明确规定。①

（九）申诉、控告的权利

《刑事诉讼法》赋予犯罪嫌疑人、被告人及其法定代理人、近亲属、辩护人申请变更强制措施以及要求及时解除强制措施等一系列权利，同时规定了办案机关应当承担的职责，一旦办案机关违反有关规定，那么《刑事诉讼法》还赋予了寻求救济的权利，即申诉、控告权。《刑事诉讼法》及相关司法解释通过办案机关内部监督和检察机关外部监督相结合的方式保障被监视居住的犯罪嫌疑人、被告人的申诉、控告的权利。但是从权利保障的范围和力度来看，两种方式存在显著差别。

就向办案机关提出的申诉和控告而言，首先，可申诉、控告的范围非常有限。根据现行《刑事诉讼法》第115条第1款以及《高检规则》第128条的规定，办案机关采取监视居住法定期限届满，不予解除或者变更的，当事人和辩护人、诉讼代理人、利害关系人有权向该机关申诉或者控告。其次，就申诉、控告的程序而言，被监视居住的犯罪嫌疑人、被告人及相关人员既可以直接向检察机关提出申诉，也可以先向办案机关提出申诉、控告后对其处理不满而向检察机关提出申诉。②

除对监视居住期限届满而不予解除或者变更的监督以外，检察院还可以就指定居所监视居住的决定和执行进行监督。根据《高检规则》第118—120的规定，被指定居所监视居住的犯罪嫌疑人、被告人及其法定代理人、近亲属或者辩护人认为办案机关指定居所监视居住的决定存在违法情形的，可以向人民检察院提出控告或者举报。人民检察院经审查发现存在以下三种违法行为的，应当通知办案机关予以纠正：（1）不符合指定居所监视居住的适用条件的；（2）未按法定程序履行审批手续的；（3）在决定过程中有其他违反刑事诉讼法

---

① 根据《高检规则》第115条第2款的规定，在检察机关办理的特别重大贿赂犯罪案件中，犯罪嫌疑人及其法定代理人、近亲属或者辩护人认为不再具备指定居所监视居住条件的，有权向人民检察院申请变更强制措施。人民检察院应当在三日以内作出决定，经审查认为不需要继续指定居所监视居住的，应当解除指定居所监视居住或者变更强制措施；认为需要继续指定居所监视居住的，应当答复申请人并说明理由。

② 《刑事诉讼法》第115条第2款规定："受理申诉或者控告的机关应当及时处理。对处理不服的，可以向同级人民检察院申诉；人民检察院直接受理的案件，可以向上一级人民检察院申诉。人民检察院对申诉应当及时进行审查，情况属实，通知有关机关予以纠正"

规定的行为的。对指定居所监视居住执行活动的监督范围则较为广泛,包括五种。①

控告和举报由检察院控告检察部门予以受理并转送相应的部门予以处理。对公安机关指定居所监视居住决定是否合法的监督由做出决定的同级人民检察院侦查监督部门负责;对下一级人民检察院指定居所监视居住的决定是否合法的监督由上一级人民检察院侦查监督部门负责;对人民法院指定居所监视居住的决定是否合法的监督由同级人民检察院的公诉部门负责。对指定居所监视居住执行活动的监督则由人民检察院监所检察部门负责。

二、司法实践层面

司法实践中被监视居住人的权利保护状况不容乐观,被监视居住人根据《刑事诉讼法》所应当享有的各项权利大多难以落实到位。监视居住适用过程中的下列问题成为被监视居住人权利保护的障碍:

(一)地区间适用率大相径庭

2012年《刑事诉讼法》修改之前,监视居住在司法实践中基本上处于备而不用的状态,适用率极低一度成为学者乃至实务界主张废除监视居住的主要原因之一。然而这种情况在2012年刑事诉讼法修改之后出现了较大的变化,使得当前司法实践中对监视居住存在两种截然不同的态度:一是继续将其束之高阁;二是扩大适用指定居所监视居住,并使指定居所监视居住原则化、固定住处监视居住例外化。

据笔者了解,之所以很多地方仍将监视居住束之高阁,主要是办案机关出于安全因素的考虑,不愿承担适用监视居住可能会面临的风险。② 而扩大适用指定居所监视居住则主要是出于办案方便的考虑,特别是应对新刑事诉讼法对侦查讯问的新规定的需要,除此以外,办案单位距离看守所较远给送押、提押

---

① 《高检规则》第120条第1款规定:"人民检察院监所检察部门依法对指定居所监视居住的执行活动是否合法实行监督。发现下列违法情形的,应当及时提出纠正意见:(一)在执行指定居所监视居住后二十四小时以内没有通知被监视居住人的家属的;(二)在羁押场所、专门的办案场所执行监视居住的;(三)为被监视居住人通风报信、私自传递信件、物品的;(四)对被监视居住人刑讯逼供、体罚、虐待或者变相体罚虐待的;(五)有其他侵犯被监视居住人合法权益或者其他违法行为的。"

② 笔者曾于2013年9月份就监视居住的适用律问题向山东省中部地区某地级市检察院检察官了解情况,据其反应,自新刑事诉讼法实施以来,该市两级检察院受理的自侦案件中尚无一例适用监视居住,主要原因就是担心适用监视居住可能带来较大的风险。

以及看守所内讯问造成诸多不便甚至也成为指定居所监视居住适用扩大化的原因。①

扩大适用指定居所监视居住主要表现为以下几种情况：一是扩大解释"无固定住处"而适用指定居所监视居住。非三类特殊案件的普通刑事案件中，在符合监视居住适用条件的前提下，是否适用指定居所监视居住基本上取决于办案机关对"无固定住处"的理解。当前司法实践中对这个概念的理解存在严重扩大化的趋势，办案机关通常会将流动人口与"无固定住处"画等号，即只要是非本市常住人口犯罪在适用监视居住时就倾向于指定居所监视居住。二是通过指定形成异地管辖而适用指定居所监视居住。这在上面论述中已有提及，即为了适用指定居所监视居住而人为地制造犯罪嫌疑人、被告人在办案机关所在的市、县内没有固定住处的条件。

其实无论是将监视居住束之高阁还是将指定居所监视居住扩大化、原则化，两种做法对于相关犯罪嫌疑人、被告人的权利保护均会造成不利的影响。对符合条件的犯罪嫌疑人、被告人适用监视居住是贯彻人道主义的立法精神、发挥监视居住减少羁押的替代措施重要作用的要求，仅仅因为规避风险而将监视居住束之高阁无异于因噎废食。而扩大适用指定居所监视居住的做法既有违比例原则与必要性原则，同时也给犯罪嫌疑人、被告人在委托辩护人、律师会见等方面造成过多的影响，不利于对被监视居住人的权利保护。

（二）执行效果的两极分化

在有限的适用监视居住的案件当中，两种类型的监视居住的适用又走向了两个极端，不论是从法律规定还是从可以合理推测的未来的执行效果来看，固定住处执行的监视居住与指定居所监视居住之间存在较大的鸿沟，使得监视居住呈现出两极分化的趋势。一方面，固定住处执行的监视居住由于缺乏有效的监视措施而极易流于形式化、虚无化；另一方面，指定居所监视居住又很容易产生羁押化的问题。

就固定住处执行的监视居住而言，一方面，司法实践中出于警力不足等原因，往往出现对被监视居住人放任不管的现象。从对被监视居住人权利保护的角度，上述作法无疑最大限度地为被监视居住人权利的实现创造了条件。但《刑事诉讼法》通过限制并监视被监视居住人的行动自由从而达到保障诉讼顺

---

① 据了解，山东省青岛市在2013年新刑事诉讼法实施以来适用指定居所监视居住较多，其中一个重要的原因就是，青岛市三所市属看守所均位于离市区较远的即墨市普东镇，给办案机关送看守所羁押以及后期的提押、讯问等均造成诸多不便。

利进行的目的却极有可能因此而落空,这有违监视居住立法的本旨。另一方面,在电子监视有待进一步探索,而主要采用传统的人盯人的方式对被监视居住人进行监视的情况下,与被监视居住人同住人员的权利经常处于被忽略的状态。①

指定居所监视居住则往往走向另一个极端,即超出对被监视居住人法定的权利限制范围而过多地干涉被监视居住人的权利。某种程度上说,指定居所监视居住状态下被监视居住人的权利保护水平甚至不及看守所在押人员。比如,出于对看守所在押人员的权利保护以及安全因素的考虑,当前看守所监管中基本上已不采用单独监禁的方式作为对在押人员违反看守所管理规定的处罚措施,单独监禁在国际上也被要求尽量减少使用。②然而,当前我国刑事司法实践中指定居所监视居住的执行方式却与单独监禁极其相似,且监视居住期限在侦查、审查起诉以及审判各个环节均可累计达到六个月,这对于被监视居住人的权利保护极为不利。

(三) 程序性权利保护有待更加全面、深入

当前司法实践中对被监视居住人程序性权利的保护尚停留在较为浅显的层面。从程序性权利保护的全面性来看,诸如执行指定居所监视居住后及时通知家属的权利、与律师会见的权利等,虽然《刑事诉讼法》有明确规定,但是司法实践中对上述权利的保护却往往被忽略。如在上面提到的杨在新涉嫌妨害作证被指定居所监视居住一案中,从其 2012 年 3 月 15 日被宣布指定居所监视居住后,一周以内其家属未收到任何有关杨在新被监视居住的通知,其妻子在 3 月 21 日,即杨在新被监视居住一周后才从网上看到相关消息。

(四) 实体性权利保护严重偏科

与被监视居住人的程序性权利相比,执行机关更加关注其实体性权利,而在被监视居住人的诸多实体性权利当中,又以其人身安全、生命权、健康权等关涉办案安全的权利为重,对于人格权、政治权利和自由、经济权利、社会文化权利的保护与前者相差甚远。

之所以会出现实体性权利保护严重偏科的现象,根本原因在于办案人员权

---

① 郭立新主编:《检察机关侦查实务(第四卷)》,中国检察官出版社 2005 年版,第 303 页。
② 如 1992 年 4 月 3 日,联合国人权委员会第 20(44)号决议中就提到"延长紧闭"有可能违反禁止酷刑原则。而《联合国囚犯待遇基本原则》原则 7 则要求:应努力废除或限制使用单独监禁作为惩罚手段,并鼓励为此而做出的努力。参见国际刑罚改革委员会编著:《让标准发挥作用》,法律出版社 2009 年版,第 35~36 页。

利保障理念不到位，而直接原因在于不合理的工作机制的设置。在《刑事诉讼法》及相关司法解释之外，当前很多办案机关也在积极起草本机关内部有关办理适用监视居住的案件，特别是指定居所监视居住案件的内部规定或者实施细则，以明确办案部门和相关人员的工作机制、责任承担等。据笔者了解，当前各地的内部规定和实施细则中，重中之重的内容是强调办案安全，并将被监视居住人的办案安全与办案人员、执行人员的责任挂钩。这种做法看似将被监视居住人的人身安全、生命权、健康权等摆在非常重要的地位，但也不可避免地带来一些负面影响，导致办案人员将有限的精力全部倾注于对不利于被监视居住人人身安全因素的防范，相应的也就忽视了其他的实体性权利。

4.2 被监视居住人的实体性权利

在展开论述前必须指出，将被监视居住人的权利体系划分为实体性权利和程序性权利仅仅是一种技术性划分，且这种划分也不能将上述两种权利完全区分开来。以被监视居住人与外界接触的权利为例，一般认为与外界接触的权利也包括聘请律师并获取法律咨询的权利，实际上该权利与程序性权利中的辩护权就息息相关。

法理上，对于公民权利来说，法不禁止皆自由。我国强制措施本质上皆是对犯罪嫌疑人、被告人人身自由权利的干预，也就是说，除了对人身自由的限制或者剥夺之外，强制措施的适用不应产生妨碍犯罪嫌疑人、被告人其他权利的法律后果。但这只是一种理想状态，因为人身自由权利是公民享有和行使其他权利的基础，从实际后果看，人身自由被限制或者剥夺也就意味着其他权利被克减。"拘留或关押使一些权利受到限制。这些权利包括：一定程度的人身自由权、隐私权、行动自由权、言论自由权、自由集会和选举权。问题在于，任何进一步限制人权的做法及其程度是否是剥夺人身自由必要和合理的结果。"[①] 虽然不可避免，但出于对犯罪嫌疑人、被告人权利保障的目的，理应将采取强制措施时对其他权利的克减降到最低的程度。

现代法治是宪法之治，各国宪法普遍规定了公民的基本权利体系。犯罪嫌疑人、被告人虽然已涉嫌犯罪行为，却不影响其作为一国公民的事实状态。作为一国公民，只要有权的国家机关尚未依据法定程序在法定权限范围内限制或

[①] 国际刑罚改革协会编著，张青译：《让标准发挥作用》，法律出版社2009年版，第6页。

剥夺其基本权利，那么该犯罪嫌疑人、被告人就仍享有宪法赋予的基本权利。但同时，犯罪嫌疑人、被告人因涉嫌犯罪又必须忍受国家追诉权的干预。因此，要厘清被监视居住人的权利体系，既要站在宪法的高度加以审视，对于宪法赋予每个公民的基本权利而又不在监视居住应当干预的权利范畴之内的则应当予以保护，并将适用监视居住可能造成的影响降到最低。同时，也要明确监视居住必然会干预到犯罪嫌疑人的权利以及干预的程度。

公民基本权利体系的划分是宪法学上的一个基本问题，学术界对该问题存在很多不同的观点。[①] 本章论述中所采纳的基本是八大类法，当然也并非完全按照该分类方法。比如对于一些对被监视居住人来说特别重要，但长期以来又极少受到关注的权利，笔者会打破八大类分法的局限，单独对其加以强调。但总的来说，八大类法具有很强的学理性质，同时也将我国宪法中有关公民基本权利的规定涵盖进来，为分析被监视居住人的权利体系提供了较好的研究范式。

4.2.1 平等权

"人作为具体的人，必然在种族、性别、门第、天资、能力等方面存在着事实的差别，但作为抽象的人或曰一般意义上的人，即作为独立、自由的人格主体，则应该在法律上是一律平等的，各人格主体之间具有立场的可互换性。"[②] 我国现行《宪法》第 33 条第 2 款规定："中华人民共和国公民在法律面前一律平等。"

[①] 我国宪法学界长期以来比较注重对公民基本权利的划分理论，按照出现的先后顺序，有以下几种较有代表性的学说：(1) 十大分类法。出现于上世纪 80 年代，由宁夏大学吴家麟教授提出，即将我国公民基本权利分为平等权；政治权利和自由；宗教信仰自由；人身自由；批评、建议、申诉、控告、检举权和取得赔偿权；社会经济权利；文化教育权利和自由；妇女的权利和自由；有关婚姻、家庭、老人、妇女和儿童的权利；华侨、归侨和侨眷的权利。(2) 四大分类法。出现于 20 世纪 90 年代，由北京大学魏定仁教授提出，将基本权利划分为参政权；人身自由和信仰自由；经济和教育文化权以及特定人的权利。(3) 五大分类法。稍晚于四大分类法，由中国人民大学许崇德教授提出，将基本权利划分为平等权；政治权利和自由；人身自由和信仰自由；社会经济文化权利；特定人的权利。(4) 六大类法。也是由许崇德教授提出，与五大类法相比较，既"重视吸收学历分类方法的优点和长处"又"尽量照顾我国现行宪法有关公民基本权利规定的体系"，将基本权利划分为平等权、政治权利、精神自由权、人身自由与人格尊严、社会经济权利、获得权利救济的权利。(5) 八大类法。由浙江大学林来梵教授提出，其"更重视学理分类，将基本权利划分为人格权、平等权、精神自由权、经济自由、人身自由、政治权利、社会权利、获得权利救济的权利。参见韩大元、林来梵、郑贤君著：《宪法学专题研究（第二版）》，中国人民大学出版社 2004 年版，第 303～304 页。

[②] 韩大元、林来梵、郑贤君著：《宪法学专题研究（第二版）》，中国人民大学出版社 2004 年版，第 325 页。

第4章 被监视居住人的权利体系

宪法中的平等权条款贯彻到民事诉讼法中表现为诉讼两造，即原被告之间相同的或对等的权利义务。但由于刑事诉讼构造的特殊性，作为享有刑事追诉权的国家机关与犯罪嫌疑人、被告人之间存在着天然的不对等，因此刑事诉讼法中对平等权的贯彻多体现在对原被告双方这种天然不平等的矫正，其所强调的平等多是控辩之间的平等，由此也衍生出了平等武装、平等对抗等原则。

当然，由平等权的基本内涵我们也能推知，法律规定以及法律适用在不同案件的犯罪嫌疑人、被告人之间也应当达到基本的平等。平等分为法律内容的平等和法律适用的平等，也有学者将其称之为实质平等与适用平等。[①] 从上述两个层面考察，我国监视居住在法律规定的内容以及法律适用层面均存在不同程度的与平等权的价值追求相违背的地方。

在法律规定层面，除三类特殊案件以外的普通刑事案件中，完全以犯罪嫌疑人、被告人有无固定住处为唯一根据作为是否适用指定居所监视居住的判断根据，而不考虑其他诸如犯罪嫌疑人、被告人有无犯罪前科、人身危险性等因素。这对于那些不存在逃跑、妨害证据等风险，仅因为没有固定住处而被适用指定居所监视居住的犯罪嫌疑人、被告人来说就产生了不平等，也就是通常所谓的歧视。当然，按照《刑事诉讼法》的规定，监视居住的适用以符合逮捕条件为前提，也就是说办案机关在决定是否适用监视居住时已经就逮捕条件中的"社会危险性"条件做过评估。但从这种评估最终的影响来看，其仅仅是作为是否适用监视居住的依据，而没有用以判断是在被监视居住人的住处还是在指定的居所执行监视居住。也就是说，在均符合逮捕条件并满足监视居住的适用情形的情况下，有无固定住处成为决定执行地点的决定性因素，而不考虑其他影响被监视居住人逃跑、妨害证据等的可能性。相比较而言，美国的审前程序中，以犯罪嫌疑人、被告人的候审地点为标准，其基本上就是在家候审或者在监狱候审两种方式，除此之外，仅对于一些特殊群体才会在上述两种地点之外的地方诸如疗养院等地方候审。在释放风险评估方面均适用统一的标准，而没有将诸如是不是本地人或者是否在当地有固定住处作为判断依据。

在法律适用层面，前已述及，我国司法实践中存在将"无固定住处"与"流动人口"[②]画等号，指定居所监视居住扩大适用的现象，从而在法律适用

[①] 参见张千帆：《宪法学讲义》，北京大学出版社2011年版，第453页。
[②] 所谓流动人口是指离开户籍所在的市、市辖区或县而在非户籍地生活、工作的人员，流动人口与户籍人口的划分是我国城乡二元户籍制度下形成的一种社会现象。流动人口是一个数量庞大的群体，根据卫生计生委最新发布的《中国流动人口发展报告2013》，2012年我国流动人口数量达2.36亿人，占全国总人口的17%，相当于每6个人中就有一个是流动人口。

层面人为地造成对流动人口的不平等。这种做法是对流动人口与户籍人口在适用法律问题上的差别对待。实际上，宪法学领域所主张的平等权也承认"合理的差别"，因为"从人们存在很大差异这一事实出发，我们便可以认为，如果我们给予他们以平等的待遇，其结果就一定是他们在实际地位上的不平等，而且，将他们置于平等地位的唯一方式也只能是给他们以差别待遇"①。但是合理的差别必须以存在合理的根据为前提，比如刑事诉讼法上因生理差别对女性犯罪嫌疑人、被告人以特殊照顾。而以户籍人口或者是流动人口而在适用指定居所监视居住方面给予差别对待能否构成合理的根据值得怀疑。从所造成的影响来看，在人口流动规模较小的社会条件下，上述法律适用方面的不平等或许不会造成太大的负面影响。但是，当前我国流动人口已经达到了非常大的规模，如果任由上述情形继续发展，那么势必将造成更大范围的不平等，损害公平正义的社会根基。

因此，如何适应不断发展变化的社会条件，在法律规定以及法律适用层面探索对被监视居住人平等权的保护应当成为接下来一个重要的课题。

4.2.2 人身权利

一、人身自由权

当今宪法学领域中根据权利的实现是否需要国家权力的作为或不作为将公民基本权利划分为积极权利和消极权利。其中，消极权利是指个人权利的实现要求国家权力作出相应不作为的权利。② 人身自由权即属于典型的消极权利，即公民人身自由权利的实现以国家权力不作为为前提。当然，人身自由权利不是绝对的，在有法律事先授权的前提下，国家权力可以对人身自由权利进行限制甚至剥夺。作为所有公民基本权利中基础性、本源性的权利，人身自由权利是实现其他各项权利的前提，因此对人身自由的限制也就特别强调程序上的正当性以及限制范围的合理性，并以此规制国家权力对公民人身自由权利过度的干预。以美国审前软禁制度为例，其对犯罪嫌疑人、被告人人身自由的限制也体现在对其离家自由的限制，但是出于对这种限制的必要的规制，其法律也规定了"可以离家的合理情形"，而这些合理情形大多是以实现被软禁者其他基

---

① [英]哈耶克：《自由秩序原理》（上），104~105 页，转引自韩大元、林来梵、郑贤君著：《宪法学专题研究（第二版）》，中国人民大学出版社 2004 年版，第 339~340 页。
② 参见韩大元、林来梵、郑贤君著：《宪法学专题研究（第二版）》，中国人民大学出版社 2004 年版，第 301 页。

本权利为目的,[①] 这也体现了人身自由权利的基础性。

就监视居住而言,其对人身自由的限制就体现在对犯罪嫌疑人、被告人活动自由的限制以及监视。这种限制和监视不但要具有程序上的正当性,同时还要具有实体上的可确定性。对于监视居住的程序规则问题将在下一章中详细展开论述,此处不予赘述。而要达到对被监视居住人人身自由权利的限制的实体确定性,就必须要解决"被监视居住人可以因何种理由而被批准离开监视居住的执行地点"的问题,这是实现合理限制和确定性限制的应有之义。

前已述及,被监视居住人享有"经批准离开监视居住执行地点的权利",该权利的实现必须以确定可以离开执行地点的合理理由为前提。"合理理由"的确定首先应当以满足被监视居住人的基本生活需求为基本条件,而在离开监视居住执行地点后,被监视居住人所为行为必须与其被批准离开的合理理由相一致,不能超出合理理由为其他行为,同时也必须遵守执行机关为其设置的时间限制,否则应当被视为违反监视居住规定的行为并承担相应的法律后果。然而,仅有合理理由也不足以促成执行机关的批准,被监视居住人离开执行地点所为的行为还应当有亲力亲为的必要性。比如因符合生活不能自理人的唯一扶养人为由而被适用监视居住的,一般应当认定为其有为满足自己与被扶养人的基本生活需要而亲为购买生活必需品、必须的劳动而离开执行地点的必要。而对于在固定住处执行监视居住,且有同住家属共同生活的,一般则可认定为其没有亲为购买生活必需品而离家的必要。

二、生命权和健康权

生命权是指自然人的生命不被他人非法剥夺,国家有保障其生命及其安全不被侵犯、剥夺的义务。[②] 生命权是自然人与生俱来的权利,仅在保留死刑的国家还存在合法剥夺自然人生命权的现象,除此以外,自然人生命权受到绝对的保护。即便因涉嫌犯罪而进入刑事诉讼程序当中,犯罪嫌疑人、被告人仍享有绝对的生命权,被监视居住人当然也不例外。

被监视居住人的生命权和健康权的保护理论上可以分为两个层次:第一层次的保护体现为《刑事诉讼法》中所规定的犯罪嫌疑人、被告人"不被强迫自证其罪"以及由此引申出来的"禁止刑讯逼供"条款,是对犯罪嫌疑人、被告

[①] 常见的理由如关涉信仰自由的"宗教事务"、关涉生命权和健康权的"紧急救治"以及关涉劳动权的"工作为由"等等。See Jeffrey N. Hurwitz, House Arrest: A Critical Analysis of An Intermediate-level Penal Sanction, University of Pennsylvania Law Review, March, 1987.

[②] 周伟著:《宪法基本权利:原理·规范·应用》,法律出版社2006年版,第21页。

人生命权和健康权最低层次的保护；第二层次的保护则对办案单位和执行机关提出了更高的要求，其必须积极地采取措施对被监视居住人的生命权和健康权予以保护。就办案单位和执行机关在其中所起到的作用及其发挥作用的形式来看，可将其所承担的职责或者义务分为"作为"义务和"不作为"义务两种。

第一层次的义务是对所有犯罪嫌疑人、被告人的权利保护要求，主要表现为办案单位负有一定的"不作为"义务。但是对于被监视居住人，特别是对指定居所监视居住状态下的被监视居住人来说也具有一定的特殊性，且主要表现为"作为"义务。为了避免"酷刑，或施以残忍的、不人道的或侮辱性的待遇或刑罚"，首先要求办案单位不得将指定的地点作为办案地点，特别是要严格禁止在指定的地点进行侦查讯问。其次，还要求指定的地点本身的居住条件不构成"酷刑，或残忍的、不人道的或侮辱性的待遇或惩罚"。①

就第二层次的保护而言，其主要表现为"作为"义务，且会因为执行地点的不同而表现出较大的差异。

指定居所监视居住状态下被监视居住人的生命权和健康权的保护主要表现为指定居所监视居住过程中，办案单位和执行机关对被监视居住人的生命和健康所承担的"作为"的职责和义务。指定居所监视居住状态下，被监视居住人的人身自由受到极其严格的限制，甚至近乎羁押的状态。这种状态下，被监视居住人生命权和健康权的实现必须要以办案单位和执行机关一定的"作为"义务为前提。这也是拘禁场所中被拘禁者权利保护方面国际通行的准则，如《联合国囚犯待遇最低限度标准规则》中就对拘禁场所保护被拘禁者生命权和健康权的"作为"义务作了明确的规定。②"监狱中的卫生保健和药物治疗水平至少应和外部社会相当。这是政府的义务使然，犯人被剥夺了自由，从而一切只能依靠政府当局。"③前已述及，基于对安全因素的考量，指定居所监视居住中被监视居住人的生命权及健康权的保护备受重视。当前司法实践中的做法通

---

① 《保护所有遭受任何形式的拘留或监禁的人的原则》中指出："应该对残忍、不人道或有辱人格的待遇或处罚的表达加以适当解释，以助于提供最大程度的保护，防止肉体或精神上的虐待，其中包括使被拘留人或被监禁人暂时或永久地被剥夺视觉或听觉等任何自然感官的使用，或使其丧失对地点或时间的知觉的拘禁条件。"

② 《联合国囚犯待遇最低限度标准规则》第57条规则指出："规则声明，剥夺自由就意味着剥夺了自决权。当自决权不仅从原则上丧失，而且在日常实践中受到监狱管理制度的限制的时候，犯人很难对保护自身健康的必要和事宜的措施作出选择。因此，政府显然有责任确保犯人的生命权和监狱中良好的健康标准，保障提供健康的工作生活条件，安排合适的活动和待遇，以免对犯人的健康造成伤害，确保有效和充足的医护用品和手段。"

③ 国际刑罚改革委员会编著：《让标准发挥作用》，法律出版社2009年版，第58页。

常是，至少在指定居所监视居住的地点设有专门的医疗小组负责被监视居住人的医疗事务。医疗小组通常配备较为常规的医疗检测仪器和治疗常见疾病的药物，但医疗小组的组成则没有固定的模式，有的甚至由执行人员负责日常的医疗事务。实践中，有些地方的办案单位和执行机关也在探索就被监视居住人的医疗问题与定点医院进行协作的办法。① 由办案单位和执行机关所提供的医疗设施和医疗服务应当是指定居所监视居住状态下，保护被监视居住人生命、健康的常规方法。但对于一些患有特殊疾病或者需要某些特殊药物的被监视居住人，通过常规方法无法保证其生命、健康的，应当及时变更强制措施或者允许其亲属提供相关的药物。

在固定住处执行的监视居住，被监视居住人的生命权和健康权的保护则主要体现在因危及本人或者被扶养人生命或者健康的紧急状态下，经批准的离家就医的规则设置。在这方面，美国的审前软禁制度有可供借鉴的成熟经验。笔者认为，固定住处执行监视居住的，一般情况下的就医行为应当经过执行机关的批准，但在出现严重威胁生命、健康的突发事件或紧急情况时，被监视居住人也可以不经批准离开固定住处就医，但应当在事后第一时间向执行机关或者办案机关汇报。

4.2.3 人格权利

人格权是民法学中常用的概念，宪法学中对人格权的探讨多被置于人身权利当中，比如人格尊严就被划归于人身权当中。近代以来，《刑事诉讼法》中才引入人格权的概念，随着犯罪嫌疑人、被告人逐渐摆脱诉讼客体的诉讼地位、程序主体资格被确立，禁止残忍、不人道或有辱人格的待遇成为各国共识，犯罪嫌疑人、被告人的人格尊严、隐私权等人格权利在《刑事诉讼法》中受到越来越多的重视。

人格尊严是我国宪法中的概念。我国《宪法》第38条规定："中华人民共和国公民的人格尊严不受侵犯。禁止用任何方法对公民进行侮辱、诽谤和诬告陷害。"对人格尊严的理解有赖于对人格权概念的界定，学术界习惯将人格权

---

① 据笔者了解，在湖南省娄底市检察机关出台的就直接受理立案侦查的案件适用指定居所监视居住实施细则中，对办案机关与定点医院协作的细节问题作出了相关规定。根据该实施细则，办案机关应当与地点协作医院签订医疗协作协议，建立"办案安全医疗绿色通道"，完善犯罪嫌疑人交付指定居所监视居住之前的体检、监视居住期间定期身体检查、突发疾病急救等相关事项的保障机制。指定居所监视居住期间，应当每月定期对犯罪嫌疑人的身体健康状况进行检查。无病或者病情较轻的，可委托医生到监视居住的地点进行检查；病情较重的，应当将犯罪嫌疑人押解至医院进行全面检查。

区分为广义和狭义两个层面,广义的人格权,被视为广泛地包括了生命、身体、贞操、名誉、信用、姓名、荣誉、肖像以及生活等有关利益的整体;狭义的人格权一般指的是主要包括了姓名权、名誉权、荣誉权、肖像权以及隐私权、自我决定权等与人格价值具有密切关系之利益的权利。其中狭义的人格权即我国《宪法》中所采用的人格尊严的概念。① 我国《刑事诉讼法》中尚未使用人格尊严这一概念,但随着"尊重和保障人权""技术侦查""电子监控""通信监控"等条款被写入《刑事诉讼法》,对犯罪嫌疑人、被告人隐私权保护的问题逐渐浮出水面。

监视居住中所涉及的人格权利主要是指被监视居住人及其同住人的隐私权。对监视居住中所涉及的隐私权问题展开讨论至少应该就以下问题做出回答:(1)隐私权的范围;(2)办案机关及执行机关的哪些行为涉及隐私权干预;(3)隐私权干预的范围和界限。

我国现行《宪法》及法律法规中并没有"隐私权"的概念,理论界及实务界中隐私权的概念是由宪法中"人格尊严"的概念引申而来。当前对于隐私权的范围并无统一的界定,但有学者指出,我国理论界及实务界所指的隐私权的范围基本包括四个领域,即自然人的身体信息、自然人的交流信息、自然人的生活信息以及自然人的社会信息。②

《刑事诉讼法》中对犯罪嫌疑人、被告人及相关人员的隐私权的干预主要体现在办案单位对其上述个人信息的获取和使用行为当中。从当前我国刑事诉讼司法实践来看,办案机关对犯罪嫌疑人、被告人个人信息的收集主要集中在审前程序特别是侦查程序当中,而对上述信息的使用则贯穿整个刑事诉讼过程。办案单位在审前程序中对犯罪嫌疑人、被告人个人信息的获取和使用主要通过以下职权行为来实现:(1)犯罪嫌疑人到案前,为查获犯罪嫌疑人而收集和使用其个人信息。当前,情报主导警务已是大势所趋,各地公安大情报系统在刑事侦查活动中发挥着越来越重要的作用。在查获犯罪嫌疑人的过程中,往往通过公安系统内部的数据库以及各种社会信息数据库收集犯罪嫌疑人相关信

---

① 参见韩大元、林来梵、郑贤君著:《宪法学专题研究(第二版)》,中国人民大学出版社2004年版,第363页。
② 其中,自然人的身体信息包括身体特征、组织器官、生殖器官和性感器官、健康状况、疾病与生理缺陷、体重、特征等;自然人的交流信息即私人活动信息,包括居住地址、活动场所、通讯地址、电子号码、电子邮件地址等;自然人的生活信息即自然人的生活方式,包括生活习惯、性生活、性格爱好、私人信件、邮件、包袋、物品等;自然人的社会信息,即自然人交流沟通的信息,包括社会关系、生活经历、婚姻经历、家庭状况、宗教信仰、财产状况等。参见周伟著:《宪法基本权利:原理·规范·应用》,法律出版社2006年版,第137页。

息以确定侦查的方向和范围。[1] 利用各种信息数据库收集到犯罪嫌疑人的信息后,则通过发布通缉令或者网上追逃[2]等方式对其加以运用。在犯罪嫌疑人在逃的情况下,侦查机关通常还采用监控手机等通信工具的运动轨迹、秘密监听、截获电子邮件等技术手段获取犯罪嫌疑人的相关信息。(2)犯罪嫌疑人到案后,办案单位的信息采集。犯罪嫌疑人到案后,办案单位首先要采集犯罪嫌疑人的身高、体重、指纹等基本信息。[3] (3)犯罪嫌疑人到案后,后续侦查过程中犯罪嫌疑人个人的信息的收集和使用。犯罪嫌疑人到案后,侦查机关及检察院自侦部门在进行讯问、勘验和检查等侦查行为时均涉及对犯罪嫌疑人个人信息的采集和使用。[4] (4)犯罪嫌疑人到案后,候审过程中,办案单位为保证其到庭受审而采取的措施中获取的犯罪嫌疑人的个人信息。比如监视居住执行过程中,执行机关通过电子监控所了解到的犯罪嫌疑人及其同住人员的个人信息。

就监视居住而言,在被监视居住人到案前后办案机关通过上述一至三项职权行为获取其个人信息与其他犯罪嫌疑人并无二致,对被监视居住人隐私权的干预的特殊性主要体现在第四项,即监视居住执行过程中办案机关及执行机关的下列可能对被监视居住人及其同住人的隐私权产生干预的监视行为当中,即通过不定期检查、电子监控、通信监控以及要求被监视居住人将其出入境证件、身份证件、驾驶证件交执行机关保存等方式所了解到的被监视居住人的个人信息。特别是对于在固定住处执行的监视居住来说,由于往往有同住的家属或者其他同住人员,上述监视行为可能同时构成对这部分人的隐私权干预。此外,由于被监视居住人可能是孕妇或者患有严重疾病生活不能自理的人,办案

---

[1] 公安系统内部的信息数据库如 DNA 数据库、指纹数据库等等;社会信息数据来源则涵盖了各行各业,典型的如旅店业信息、餐饮业信息、银行业信息、社保信息、电信业信息等等。参见中国人民大学诉讼制度与司法改革研究中心:《侦查权平衡规范课题芜湖调研报告》(未刊印)。

[2] 根据《公安机关执法细则》第 16-02 的规定,对公安机关立案侦查的在逃人员,由各立案单位负责填写《在逃人员登记/撤销表》一式两份(立案单位备存一份),写明在逃人员的姓名、别名、曾用名、绰号、性别、年龄、民族、籍贯、出生地、户籍所在地、居住地、职业、体貌特征、身份证号码、简要案情、法律手续等资料,并附在逃人员近期照片,经县级以上公安机关侦查部门负责人审批,送同级公安刑侦部门录入上网发布。在侦查中又发现新信息的,要立即修改原有信息,保证网上信息的及时、准确。

[3] 如根据《公安机关执法细则》第 16-01 的规定,犯罪嫌疑人到案的,应当在到案时采集其基本情况、指掌纹、声像(静态、动态)、DNA、足迹等有关信息,分别录入有关的信息数据库;犯罪嫌疑人在逃的,同时录入在逃人员信息数据库。

[4] 如根据《高检规则》第 197 条规定,讯问犯罪嫌疑人时,应当查明犯罪嫌疑人的基本情况,包括姓名、出生日期、机关、身份证号码、民族、职业、文化程度、工作单位及职务、住所、家庭情况、社会经历、是否属于人大代表、政协委员等。而根据该规则第 213 条,为了确定被害人、犯罪嫌疑人的某些特征、伤害情况或者生理状态,人民检察院可以对人身进行检查,可以提取指纹信息,采集血液、尿样等生物样本。

机关往往还能够了解和收集到的这部分特殊群体的健康医疗信息。

世界范围内,在公民个人信息收集和使用方面,民事法律和经济法领域内的研究较多,成果也较为丰富,且已经形成了对公民个人信息收集和使用的一系列的原则性规定。如1981年经济合作与发展组织(OECD)制定的《隐私指南》中为了明确隐私保护的底线,规定了经济活动中隐私保护的八项原则。[①] 虽然是为了规范经济活动所制定,但其中诸如收集限制原则、目的既定原则、使用限制原则以及安全防范原则等对于刑事诉讼活动中对犯罪嫌疑人、被告人隐私权的保护同样具有借鉴意义。如根据收集限制原则,个人数据的收集应该受到限制,任何此类数据的获得都应该通过合法和公正的方法。对于刑事诉讼程序中办案机关对犯罪嫌疑人、被告人的个人信息的获取而言,其必须遵循法定的程序和方法。而根据目的既定原则,决定个人数据收集目的时间不得晚于数据开始收集的时间,数据的后续使用仅限于预定目的或与预定目的不冲突的其他地方。根据该原则,审前程序中收集和使用犯罪嫌疑人、被告人的个人信息必须以追诉犯罪为目的,在确定收集个人信息的方式、方法时必须严格限制在有助于实现追诉犯罪的目的的范围之内;而对于收集到的与追诉犯罪无关的犯罪嫌疑人、被告人或者相关人员的个人信息,比如犯罪嫌疑人的宗教信仰、家庭成员的财产状况等则应严格限制其使用。

当前我国刑事诉讼立法及司法实践中已经注意到对犯罪嫌疑人、被告人个人信息的保护。如根据《高检规则》第214条第2款的规定,侦查部门在进行人身检查的过程中所知悉的被检查人的个人隐私,检察人员应当保密。而对于未成年人刑事案件,我国《刑事诉讼法》还规定了犯罪记录封存制度。但是,整体来看当前对于犯罪嫌疑人、被告人个人隐私的保护还没有形成一个逻辑自足的体系,对于如何保护、采用何种保护方法、保护不力的责任归属等问题尚有待法律的明确规定。

4.2.4 政治权利及自由

政治权利即公民参与国家政治生活的一切权利和自由的统称。我国宪法学一般认为,政治权利主要包括选举权、被选举权以及政治表达的自由,此外还

---

① 这八项原则分别是:收集限制原则(collection limitation principle)、数据质量原则(data quality principle)、目的既定原则(purpose specification principle)、使用限制原则(use limitation principle)、安全防范原则(security safeguards principle)、公开原则(openness principle)、当事人参与原则(individual participation principle)以及尽责原则(accountability principle)。参见周汉华主编:《个人信息保护前沿问题研究》,法律出版社2006年版,第15~17页。

包括其他各种政治参与的权利。[①] 政治权利及自由的行使有一定的限制，一般来说，只要未被法院判决剥夺政治权利的公民都有权行使政治权利及自由，[②]但在行使上述权利时要遵守法律法规所设定的界限，接受国家的管理和特定的审批程序。

因涉嫌犯罪而进入刑事诉讼程序的公民，法律对其政治权利及自由的限制主要体现为对其选举权和被选举权的限制。根据1983年全国人大常委会《关于县级以下人民代表大会代表直接选举的若干规定》，被羁押，正在接受侦查、起诉、审判，人民检察院或者人民法院没有决定停止行使选举权利的，以及正在取保候审或者被监视居住的犯罪嫌疑人、被告人仍享有选举权和被选举权。为保障上述人员切实行使其选举权利，该规定还对上述人员参加选举的程序、方式予以明确规定。

可见，被监视居住人仍然享有选举和被选举的权利。那么，监视居住期间该项权利应当如何行使呢？根据《关于县级以下人民代表大会直接选举的若干规定》，被监视居住人参加选举的，应当由选举委员会与监视居住执行机关共同决定，采用在流动票箱投票或者在委托有选举权的亲属或者其他选民代为投票的方式。由于不像羁押场所实行集中关押的方式，无论是在固定住处执行监视居住还是在指定的地点执行监视居住，被监视居住人离开监视居住地点前往流动票箱投票既烦琐也不安全，因此，采取委托投票的方式最为妥当。委托投票的，被监视居住人应当出具由其签名或捺印的授权委托书，在指定的地点执行监视居住的，执行机关应当及时向受委托人送达授权委托书。

除了选举权和被选举权以外，公民的政治权利和自由还包括政治表达自由以及监督权。政治表达自由，即通过言论、出版、结社、集会、游行、示威表达其政治观念和主张的权利和自由。政治表达自由属于表达自由的一部分，而表达自由则是公民精神自由权的重要组成。对被监视居住人表达自由将在后续精神自由权部分展开讨论。监督权则是包括了批评权、建议权、申诉权、控告权、检举权以及国家赔偿请求权在内的权利的统称。由于监督权具有较强的程

[①] 参见韩大元、林来梵、郑贤君著：《宪法学专题研究（第二版）》，中国人民大学出版社2004年版，第453页。

[②] 我国现行《宪法》第34条规定："中华人民共和国年满十八周岁的公民，不分民族、种族、性别、职业、家庭出身、宗教信仰、教育程度、财产状况、居住期限，都有选举权和被选举权；但是依照法律被剥夺政治权利的人除外。"根据该条规定，依法被剥夺政治权利的人不享有选举权和被选举权。但这只是剥夺政治权利的法律后果之一，根据我国现行《刑法》第54条的规定，剥夺政治权利不仅剥夺了选举权和被选举权，言论、出版、集会、结社、游行和示威的自由、担任国家机关职务的权利以及担任国有公司企业、事业单位和人民团体领导职务的权利也一并被剥夺。

序性质，因此将在下一节被监视居住人程序性权利部分展开讨论。

4.2.5 社会经济权利

"'社会经济权利'乃是我国宪法解释学上的一个复合术语。糅合了国外宪法学中的经济自由与社会权这两个概念，指的是宪法所保障的有关经济活动或经济利益的自由权利。"[1] 从我国宪法的规定来看，经济权利主要是指合法财产权以及继承权，而社会权利则是包括了生存权、劳动权、休息权以及受教育的权利等在内的权利综合体。

我国现行《刑事诉讼法》是按照对犯罪嫌疑人、被告人的人身自由的限制程度来构建的强制措施体系，以取保候审和监视居住为例，二者最为主要的区别就在于对犯罪嫌疑人、被告人活动范围的限制不同。但由于对犯罪嫌疑人、被告人的其他基本权利语焉不详，造成被取保候审人和被监视居住人在实际境遇方面有极大的差别，其中一个非常重要的表现就在于二者社会经济权利方面的不同。比如就劳动权的实现而言，被取保候审人往往还可以保有其正常的工作，而被监视居住人不管是在固定住处执行还是在指定的居所执行的，一旦被监视居住就意味着同时失业。那么，对被监视居住人社会经济权利的限制是监视居住的应有之义吗？

一、被监视居住人的财产权利

（一）涉案财物的处理

《刑事诉讼法》中关涉犯罪嫌疑人、被告人社会经济权利的规定集中体现在涉案财物、文件的查封、扣押、涉案财产的冻结以及犯罪嫌疑人、被告人逃匿、死亡案件违法所得的没收程序当中，主要是对其财产权的干预。就对被监视居住人的财产权的干预而言，主要是指的查封、扣押、冻结这三类侦查行为对其财产权益的限制。当然，这种限制有法定的界限，如对财物、文件的查封、扣押必须以该文件或财物"可以用以证明犯罪嫌疑人有罪或者无罪"为前提，而对犯罪嫌疑人财产的冻结必须是出于"侦查犯罪的需要"，即所冻结的财产必须与犯罪嫌疑人及犯罪有关，通过冻结财产可以防止赃款转移、挽回和减少损失或者发现新的犯罪线索，扩大侦查战果。[2] 而对于查封、扣押的文

---

[1] 参见韩大元、林来梵、郑贤君著：《宪法学专题研究（第二版）》，中国人民大学出版社2004年版，第396页。

[2] 参见郎胜主编：《中华人民共和国刑事诉讼法修改与适用》，新华出版社2012年版，第268页。

件、财物以及冻结的财产,经查明与案件无关的,必须予以退还。

当前,指定居所监视居住司法实践中存在对被监视居住人财物扣押范围扩大化的现象,即在扣押被监视居住人随身携带的物品时,不考虑该物品与犯罪的相关性而不加区分的加以扣押。① 当然,根据现行《刑事诉讼法》的规定,被监视居住人无一例外的应当将护照等出入境证件、身份证件、驾驶证件交执行机关保存,但需要交存的也仅限于上述证件。被监视居住人涉案财物及财产权益的保障与看守所在押人员相比,无论是在法律的规定还是在司法实践中都还有一定的差距,后者已经通过内部文件、执法细则等方式形成了从涉案财物的接收、保管、使用到返还的一套较为成熟的做法。对于被监视居住人,特别是被指定居所监视居住的犯罪嫌疑人、被告人涉案财物的处理也应该尽快制定相关的规则。当然,在规则出台之前,可以先行借鉴看守所在押人员涉案财物的管理办法。

(二) 非涉案财物及财产权益的保护

虽然被监视居住人的人身自由被严格限制,但这并不等于说剥夺了其处分财产的权利。而且从实际效果看,允许被监视居住人行使支配、处分其财产的权利可能带来其财产的积累、收入的增加效果,无论对于被监视居住人及其家庭关系的维系还是对于赔偿因犯罪行为所造成的被害人的损失而言,都会产生积极的效果。然而,现行《刑事诉讼法》仅规定了对与犯罪有关的财物的处理,那么,对于与犯罪无关的被监视居住人财产权的实现应做何规定呢?

要回答该问题,首先必须明确财产权的范围。财产权以所有权为核心,但并不仅仅限于所有权。"它不仅包括所有权以及其他物权、债券,也包括知识产权、继承权等私法上所拟制的各种权利,同时还包括具有财产权性质的公物使用权(如国有土地使用权、水利权),甚至许多国外学者认为,它还包括契约自由。"② 也就是说,财产权不但包括上述所列各种权利,而且还包括财产权人自由地支配、处分上述权利的自由。对于被监视居住人来说,只要属于上述财产权范围内的权利和利益且与犯罪无关的,被监视居住人就应当保有上述权利。

确定了财产权的范围,接下来就应当就财产权的实现方式加以明确。由于

---

① 如据笔者了解,根据湖南省娄底市《检察机关直接受理立案侦查的案件适用指定居所监视居住实施细则》的有关规定,在监视居住期间,对犯罪嫌疑人随身携带的身份证、驾驶证、银行卡、现金、手机、钥匙等物品应当扣押或者代为保管。

② 参见韩大元、林来梵、郑贤君著:《宪法学专题研究(第二版)》,中国人民大学出版社2004年版,第402—403页。

被监视居住人的人身自由受到一定程度的限制,其财产权的实现与在自由状态下相比肯定有所不同。由于大部分财产权的实现都要以契约即合同的形式完成,那么,这就涉及被监视居住人与他人的接触、会见或者通信。而根据现行《刑事诉讼法》的规定,被监视居住人的上述行为均须经过执行机关的批准。从最大限度保护被监视居住人财产权益的目的,执行机关应当尽可能地满足被监视居住人为实现其财产权益而会见或者通信的需要。当然,并不是说可以任由被监视居住人处分其财产权益,执行机关经审查认为被监视居住人处分其财产的行为可能会产生为逃避可能面临的刑事责任而转移财产结果的或者处分行为可能会有碍侦查的,也可以对其处分行为做出适当的限制。

二、被监视居住人的社会权利

(一)被监视居住人的劳动权

"劳动权是社会权利的核心,是公民得以保障其生存条件和行使其他各项基本权利的重要手段。"[1] 当前我国刑事司法实践中,一旦犯罪嫌疑人、被告人被执行监视居住,基本也就意味着其劳动权的丧失。毫无疑问,这种做法可以最大限度地避免发生妨害证据、逃避侦查、起诉、审判、妨害诉讼顺利进行等情况,然而它却要以牺牲被监视居住人的劳动权为代价。

笔者认为,这种"一刀切"的做法既无必要,也不符合国际通行的规则。作为一种强制措施,监视居住的功能在于保障诉讼程序顺利进行,然而,允许被监视居住人继续工作并不必然削弱监视居住的上述功能。关键在于如何准确评估以及控制因外出工作可能造成的各种风险。从世界主要国家和地区的刑事诉讼法类似监视居住制度的有关规定来看,虽然在外出工作的条件和适用范围方面有所差别,但允许被采取类似措施的犯罪嫌疑人、被告人继续工作是常态,为此甚至要求法官在确定其活动范围时还要考虑到犯罪嫌疑人、被告人工作方面的需求。以《意大利刑事诉讼法》有关强制措施的规定为例,该法在"禁止居住"和"住地逮捕"两种强制措施中均特别强调了对犯罪嫌疑人、被告人工作权利的保护。[2] 在美国的审前软禁制度中外出工作也构成大部分审前

---

[1] 参见周伟主编:《宪法基本权利:原理·规范·应用》,法律出版社 2006 年版,第 265 页。

[2] 如根据该法第 283-4、283-5 的规定,法官在作出禁止居住的决定时,可以另行作出决定,要求被告人不得在某一时间离开住宅,同时又不影响正常的工作需要。并且,在确定禁止居住的有关地域界限时,法官还应尽可能的考虑到被告人工作方面的需要。而对于"住地逮捕"而言,如果被告人不能以其他方式满足基本的生活需要或者陷于特别困难的境地,法官可以批准他在白天离开逮捕地,在严格的时间限度内设法满足上述需求或者进行有关工作。

软禁中离家的正当理由。

当然,允许犯罪嫌疑人、被告人外出工作并不是无条件的,考虑到犯罪的严重性质以及犯罪嫌疑人、被告人离开候审地点可能对公共安全以及诉讼的顺利进行产生的影响,法官甚至可以做出剥夺其离开候审地点工作权利的决定。比如在意大利的住地逮捕制度中,被告人得离开逮捕地工作必须以其不能以其他方式满足基本生活需要或者会陷于特别困难的境地为前提,并且离开逮捕地工作的时间也严格地限制在白天的特定时间限度内,同时为了保证其遵守住地逮捕的规定,犯罪嫌疑人、被告人还必须接受公诉人或者司法警察的随时检查。也就是说,外出工作必须事先经过法官评估,在符合条件准许外出工作的过程中还要接受不定期的检查,通过上述两种办法既保证了犯罪嫌疑人、被告人的基本生活需求,同时也达到了采取强制措施保障诉讼顺利进行的目的。

笔者认为,对于被监视居住人而言,应当有条件的保留其劳动的权利。首先,法律应当明确被监视居住人可以外出劳动的具体情形。对于在固定住处执行的监视居住,如果被监视居住人的劳动是满足本人及其家庭成员基本生活需要的唯一途径,那么在做出监视居住决定时可以一并做出允许其外出劳动的决定。而对于在指定居所执行的监视居住,根据现行《刑事诉讼法》及相关司法解释,执行监视居住的费用不由被监视居住人承担,被监视居住人的基本生活由办案单位和执行机关来保障,因此,也就不存在外出劳动的必要了。其次,考虑到满足被监视居住人的劳动权利以及保障诉讼顺利进行之间的平衡,在存在可以外出劳动的具体情形的前提下,还要对允许其外出劳动的风险进行评估,对于风险较大且不可有效控制的,也不应允许其外出劳动。那么在这种情形下,被监视居住人及其家庭成员基本生活的保障应当如何实现呢?这就是下面将要讨论的被监视居住人的生存权利的问题。

(二)被监视居住人的生存权

生存权与劳动权其实是一对息息相关的概念,当公民因自身或其他客观原因无法通过劳动满足其基本生活需要时,国家就应该承担起"维持、延续其生命及其安全和最低生活需要"[1] 的责任。[2]

被监视居住人的生存权问题主要存在于在固定住处执行的监视居住中。其

---

[1] 参见周伟著:《宪法基本权利:原理·规范·应用》,法律出版社 2006 年版,第 292~293 页。
[2] "国家虽无提供公民衣、食、住和满足他们的基本需要的义务,但有责任建立完善的社会保障制度,满足公民因故无法正常获得这些得以维持其生命延续的最低条件时,可以获得社会的救助或国家的帮助以维持正常的生活条件。"参见周伟著:《宪法基本权利:原理·规范·应用》,法律出版社 2006 年版,第 293 页。

主要体现在，被监视居住人外出劳动是其与家庭成员维持基本生活的唯一途径但同时允许其外出劳动又存在较大的不可控制的风险时，应当通过何种方式维持其基本生活需要的问题。被监视居住人的生存权问题产生于刑事诉讼程序当中，但远非刑事诉讼本身可以解决的问题。它首先需要完备的社会保障体系的存在，其次才是享有监视居住决定权和执行权的国家机关在保障符合条件的被监视居住人获得上述社会保障方面的责任和义务。

就前者来说，根据国外的经验，公民生存权的保障制度主要由生活扶助制度、社会福利制度以及社会保险制度构成。[①] 我国现行《宪法》规定"国家建立健全同经济发展水平相适应的社会保障制度"。从当前的制度构建来看，我国生存权意义上的社会保障制度主要包括社会保险、社会救济、社会福利、优抚安置以及社会互助等内容，已经形成了相对完备的社会保障体系，这构成了被监视居住人的生存权的保障的基本前提。对于后者来说，享有监视居住决定权和执行权的国家机关应当为被监视居住人生存权的实现创造条件：对于在因涉嫌犯罪而被监视居住之前就已经在接受社会救济、享有社会福利或其他社会保障制度的，不应因为监视居住对上述权利的行使造成障碍；对于因为被监视居住而造成严重威胁其基本生活的人来说，监视居住的决定机关及执行机关则应当承担为其申领诸如最低生活保障等社会保障的责任。

(三) 被监视居住人的受教育权

我国现行《宪法》第 46 条第 1 款规定："中华人民共和国公民有受教育的权利和义务。"接受教育的权利是宪法赋予每个公民的基本权利，从宪法学的学理来看，受教育权主要包括三个具体的内容，即学习的权利、义务教育的无偿化以及教育的机会均等。[②] 即便一个人身陷囹圄也不得剥夺其受教育的权利，但强调对犯罪嫌疑人、被告人受教育权利的保护并非宪法意义上的泛泛而谈，而主要是指得对其学习的权利的保障。而且，虽然根据《宪法》条文本身的字面意思理解，受教育的权利是每个公民都享有的基本权利，但其主要的权利主体乃是适龄的儿童、少年和青年。而具体到被监视居住人的受教育权则主要是指的对涉嫌犯罪而被监视居住的少年和青年继续接受高等教育、职业教育等多种形式的教育的权利。

---

① 参见韩大元、林来梵、郑贤君著：《宪法学专题研究（第二版）》，中国人民大学出版社 2004 年版，第 442 页。
② 参见韩大元、林来梵、郑贤君著：《宪法学专题研究（第二版）》，中国人民大学出版社 2004 年版，第 446 页。

就候审状态下我国对犯罪嫌疑人、被告人学习的权利的保障来看,《刑事诉讼法》并无规定。当前仅仅由公安监管部门对羁押场所内犯罪嫌疑人、被告人的学习权利予以规定,而对于取保候审以及监视居住状态下犯罪嫌疑人、被告人的学习权利则没有明文规定。从司法实践的角度来看,当前很多羁押场所为了满足在押人员学习的需要都设置了所内图书室,有的看守所内还会定时组织在押人员观看、收听电视及广播节目,在一些未成年人人数较多的看守所内甚至还专门针对这些特殊群体开展针对性的教育活动。① 但尽管如此,由于没有统一的规定,看守所内在押人员学习权利的实现状况很大程度上还受制于每个看守所的管理制度。而就被取保候审人来说,由于其仍享有较大程度的活动自由,因此取保候审本身一般不会对其学习权利的实现造成过多的影响。相比较而言,被监视居住人特别是在指定的居所执行监视居住的犯罪嫌疑人、被告人的学习权利的保障状况可能是各种候审状态中最差的。由于离开监视居住执行地点的行为均须经过执行机关批准,而法律又没有规定可以离开的正当事由,因此执行机关的这一裁量权几乎处于不受限制的状态,能否因接受教育为由离开监视居住执行地点完全由执行机关决定。

笔者认为,既然犯罪嫌疑人在被羁押的状态下仍享有受教育的权利,那么被监视居住人当然也应享有该种权利。如果被监视居住人在因涉嫌犯罪进入刑事诉讼程序之前正在接受诸如高等教育、职业教育等各种形式的教育的,那么在被采取监视居住措施后仍有权继续接受上述教育。对于其他被监视居住人,则应当尽可能地保证其基本的学习的权利。

4.2.6 精神自由权

"精神自由权又称'精神自由',是那些与人的精神作用或精神活动相关的所有自由权利的总称,其中主要包括思想和良心的自由、表达自由、宗教信仰自由等各项更具体的自由权利。"② 我国现行《宪法》中所规定的精神自由权包括表达自由(言论、出版、集会、结社、游行、示威自由)、宗教信仰自由、

---

① 如笔者曾于 2013 年 7 月底到访深圳市宝安区看守所,在该所的未成年人监室中统一配备了诸如《弟子规》《中华人民共和国宪法》《中华人民共和国刑事诉讼法》以及其他供未成年在押人员学习的书籍。除此以外,每个未成年在押人员可以在监室内放置一个盛放私人物品的整理箱,其中也允许其放置纸、笔、书之类的可供学习的物品。不但如此,在笔者到访的其中一个未成年监室,看守所还在该监室内安排了一个有过教师经历的在押人员帮助监室内未成年在押人员更好的学习文化知识。

② 参见韩大元、林来梵、郑贤君著:《宪法学专题研究(第二版)》,中国人民大学出版社 2004 年版,第 370 页。

文化活动的自由以及通信自由和通信秘密。由于上述精神自由权的实现均要以一定的表示行为为前提，而监视居住目的达成又是以对被监视居住人行动自由的控制和监视为手段，这样一来二者之间必然产生冲突。那么，犯罪嫌疑人、被告人的精神自由权是否应该因被监视居住而受到限制？如果可以对该种权利做出限制，那么其限度又该如何确定？

一、被监视居住人的表达自由

根据表达自由的实现是否需要借助一定的群体行为为标准，可以将其划分为两类：一类是不需要借助群体行为而由行为人本身即可达到的自由，包括言论自由和出版自由；另一类是必须借助群体行为才能得以实现的自由，包括集会、结社、游行、示威的自由。在讨论被监视居住人的表达自由之前将其作上述划分，主要是考虑到一旦允许被监视居住人行使上述表达自由可能面临的风险存在较大差异。

言论自由和出版自由是表达自由的核心，二者都是行为人将基于自己意志自由而形成的意见或思想表达于外的行为，前者是口头形式，后者是书面的形式。在我国，对公民言论自由和出版自由的限制或者剥夺在两种情形下具有正当性：一是因犯罪被剥夺政治权利的人不得行使言论和出版自由；二是言论自由和出版自由具有内在的界限，[①] 不能超出该必要的限度而使公共利益或他人利益受到损害。虽然《刑事诉讼法》没有明确规定，但无论如何对犯罪嫌疑人、被告人采取监视居住等强制措施本身都不构成限制或者剥夺其言论自由和出版自由的理由。

当然，被监视居住人在行使其言论自由和出版自由时也必须遵循上述限制，但也必须看到，由于被监视居住人的人身自由受到一定程度的限制，其言论自由和出版自由的行使与一般的公民也有所不同。更具体地说，对被监视居住人言论自由和出版自由权利的行使需要重点审查其安全风险，比如言论自由和出版自由的行使是否会泄露侦查秘密、是否会产生妨害侦查、起诉和审判的严重后果、是否会导致新的犯罪，等等。如果存在上述较高的安全风险，那么

[①] 一般来说言论自由存在以下界限：（1）行使言论自由不能侵犯他人的名誉权，否则就可能构成诽谤；（2）行使言论自由不能侵犯他人的隐私权，否则就可能构成侵权；（3）一定限度和一定凡是的猥亵性、淫秽性的言论必然受到限制或禁止；（4）行使言论自由不能煽动或教唆他人实施违法的行为；（5）行使言论自由与保守国家机密之间也可能存在冲突；等等。而就出版自由，我国《出版管理条例》中则通过规定"出版物中不能含有的内容"的方式对其加以限制。参见韩大元、林来梵、郑贤君著：《宪法学专题研究（第二版）》，中国人民大学出版社 2004 年版，第 380 页。

监视居住的执行机关则有正当理由对其言论自由和出版自由的行使进行控制。也就是说，被监视居住人言论自由和出版自由的行使受到双重控制或者审查，首先是监视居住执行机关和办案机关出于办案安全因素的控制和审查，其次才是出版物管理部门等的审查和控制。通过双重审查机制，可以将被监视居住人行使言论自由和出版自由的风险降到较小的程度。如果监视居住执行机关经审查认为被监视居住人行使言论自由与出版自由的行为不存在安全风险或者虽有较小的安全风险但完全在可控制的范围内的，则应该为其提供便利条件。

就被监视居住人的第二类表达自由，即集会、结社、游行、示威自由而言，由于该类自由的实现必须借助一定的群体行为，因此无论采取何种监视方法都存在较大的不可控制的安全风险。在缺乏有效的控制手段的情况下，监视居住执行机关应当严格限制被监视居住人行使该类表达自由。

二、被监视居住人的通信自由

所谓通信自由，指的是人们通过书信、电话、电信等手段，根据自己的意愿自由的进行通信而不受国家或公权力不当干涉的自由。[①] 我国现行《宪法》第 40 条对公民通信自由的界限作了明确规定，即因国家安全或者追查刑事犯罪的需要，可由公安机关或者检察机关依照法律规定的程序对通信进行检查。

根据现行《宪法》的规定，对公民通信自由的限制仅限于特定情形下公安机关或者检察机关的"检查"行为，但是，现行《刑事诉讼法》中的有关被监视居住人应当遵守的规定当中则有将这种限制扩大化的倾向。2012 年《刑事诉讼法》修改之前，我国《刑事诉讼法》中没有关于被监视居住人通信自由的限制性规定，2012 年修改后，将"未经批准不得会见他人"的规定修改为"未经批准不得会见他人或者通信"。根据该规定，被监视居住人的通信行为必须以监视居住执行机关的批准为前提。那么，"批准"与"检查"是相同性质的行为吗？该规定有没有超出宪法对公民通信自由限制的界限呢？

我国现行《刑事诉讼法》及相关司法解释中大量地使用了"批准"这一概念，从批准行为双方的关系来看，较为典型的用法有以下几种：一是国家最高权力机关对办案机关有关申请的批准，如《刑事诉讼法》第 155 条所规定的全国人民代表大会常务委员会对最高人民检察院申请延期审理的批准。二是用于同一机关上级对下级申请的批准，如根据《公安机关办理刑事案件程序规定》

---

① 参见韩大元、林来梵、郑贤君著：《宪法学专题研究（第二版）》，中国人民大学出版社 2004 年版，第 393 页。

第 107 条，涉嫌危害国家安全犯罪、恐怖活动犯罪，在住处执行可能有碍侦查的，经上一级公安机关批准，可以在指定的居所执行；三是用于不同机关之间的申请与批准，最典型的如公安机关"提请批准逮捕"与检察机关"审查批准逮捕"；四是用于公、检、法机关与当事人及其他诉讼参与人之间，诸如被监视居住人会见和通信的批准、涉及国家秘密的案件律师会见在押的犯罪嫌疑人的批准，等等。上述几种批准行为均含有授权的意思，即延期审理、三类特殊案件适用指定居所监视居住、逮捕等刑事诉讼行为必须以事先的授权为前提，否则则不可为，而这也正是"批准"这一概念的核心要素。英美法中以"approve"表示批准、核准的意思，常指官员核准申请的权力；罗马法中则采用"homologation"来表达批准、确认的意思，元照英美法词典中对该词条的解释则指出其"尤其指法院对某些行为的批准和授权"。从《刑事诉讼法》"未经批准不得与他人会见或者通信"的规定来看，被监视居住人的通信必须经由执行机关的授权。

然而，《宪法》及《刑事诉讼法》中所使用的"检查"这一概念则无论如何都不包括授权的意思。根据现行《宪法》第 40 条的规定，对公民通信的检查主要包括两种情况：一是国家安全机关及法律授权的其他机关在执行国家安全任务时对公民通信进行的例行检查。① 二是公安机关、检察机关及法律授权的其他国家机关在刑事诉讼活动中，尤其是在侦查活动中对公民通信进行的检查。② 除此以外，还包括刑罚执行活动中对罪犯服刑期间与他人的通信往来进行的检查。③ 刑事诉讼中的"通信检查"主要是对通信内容进行查阅，以发现犯罪证据、查获犯罪嫌疑人或者防止刑罚执行过程中发生有碍罪犯改造的情况，并不包括犯罪嫌疑人、被告人以及罪犯的通信行为需要经过事先授权的意思，这也基本符合《宪法》关于对公民通信自由的限制性规定。

可见，被监视居住人的通信需要经过执行机关事先批准、授权的规定已经超出了宪法对公民通信自由的限制性规定。在《宪法》授权的范围内，监视居

---

① 如根据《国家安全法》第 11 条规定，国家安全机关为维护国家安全的需要，可以查验组织和个人电子通信工具、器材等设备、设施。而根据《国家安全法实施细则》第 11 条规定，国家机关工作人员依法执行国家安全工作任务时，对发现身份不明、有危害国家安全行为的嫌疑人员，可以检查其随带物品。
② 这里主要是指具有侦查职能的国家机关根据《刑事诉讼法》第二编第二章第四节"勘验、检查"的规定对犯罪嫌疑人、被告人的通信进行的检查。
③ 《监狱法》第 47 条规定："罪犯在服刑期间可以与他人通信，但是往来信件应当经过监狱检查。监狱发现有有碍罪犯改造内容的信件，可以扣留。罪犯写给监狱的上级机关和司法机关的信件，不受检查。"

住执行机关仅可就被监视居住人的通信进行检查,并就有碍追诉犯罪或者危害国家安全的信件予以扣押,但被监视居住人的通信行为并不需要经过事先授权。

三、被监视居住人的其他精神自由权

其他精神自由权主要是指宗教信仰自由以及文化活动的自由。

一般认为,宗教信仰自由主要包括三个方面的内容:内心的信仰自由、宗教上的行为自由以及宗教上的结社自由。其中,内心的信仰自由属于内面性精神自由,国家公权力对此不能加以任何限制;宗教上的行为自由以及结社自由则属于外面性的精神自由,即宗教信仰自由通过外部行为的方式表现出来,这部分宗教信仰自由则是要受到限制的。① 就犯罪嫌疑人、被告人而言,并不因为被采取监视居住而丧失内心的信仰自由,但是其宗教上的行为自由以及结社自由则要根据具体情况加以区别对待。就被监视居住人宗教上的行为自由而言,如果在监视居住的执行地点即可进行的诸如自行祷告等行为,执行机关应不加以干涉;对需要离开监视居住执行地点才能进行的诸如参加宗教仪式等行为,执行机关则要对其外出风险加以评估并做出是否批准的决定。而对于宗教结社的自由,如果犯罪嫌疑人、被告人在被监视居住时已经加入或退出某一宗教团体,执行机关不得强行要求其退出该宗教团体或者加入其他宗教团体;但对于被监视居住人参加宗教团体活动,执行机关则应予以严格限制。

至于文化活动的自由,根据我国《宪法》规定,主要是指公民进行科学研究、文艺创作和其他文化活动的自由。与表达自由、通信自由以及宗教信仰自由权利的行使相比较,文化活动自由的实现对诉讼秩序造成冲击的可能性相对较小,在不妨碍诉讼顺利进行的前提下,执行机关也不应对被监视居住人文化活动自由的实现进行干涉。

4.2.7 基本生活待遇

基本生活待遇主要是指在指定居所监视居住中对被监视居住人在居住条件、个人卫生、衣服和被褥、饮食以及戒具的使用等方面的基本保障。在固定住处执行的监视居住,被监视居住人的基本生活由其自己或同住的家人负责,不存在生活待遇的问题。但在指定居所监视居住状态下,根据法律规,定监视

---

① 参见韩大元、林来梵、郑贤君著:《宪法学专题研究(第二版)》,中国人民大学出版社 2004 年版,第 386—387 页。

居住的费用不得由被监视居住人承担,因此被监视居住人的基本生活待遇取决于办案机关的保障力度。

一、与家属同住的权利

"监视居住仅仅是对被监视居住人的行动自由局限于'处所'内以保障诉讼的顺利进行。法律同时保障被监视居住人在生活场所中正常生活的权利,包括与其共同居住人共同生活,这一点是监视居住不同于看守所羁押的重要特征之一。"[①] 在固定住处执行监视居住的,被监视居住人与家属同住的权利自不待言。但指定居所监视居住的,被监视居住人是否同样享有与家属同住的权利呢?

无论从诉讼法理还是从当前的法律规定来看,被监视居住人应当享有与家属同住的权利。从诉讼法理的角度,强制措施的适用应当遵循适应性原则以及合目的性原则,适用监视居住时,应当尽量选择对被监视居住人影响较小的手段,且不能超出诉讼保障的目的给被监视居住人造成不必要的影响。因此,当与家属同住不会影响监视居住本身诉讼保障的目的时,不应对其加以剥夺或者不当限制。从当前法律规定来看,《高检规则》以及《公安机关办理刑事案件程序规定》中在解释"指定的居所时"均强调了必须"具备正常的生活、休息条件"。笔者认为,"正常的生活"不仅是指对被监视居住人的饮食、作息、个人卫生、医疗等基本待遇的限定,同时与家属同住也应当是"正常的生活"的一部分。

被监视居住人当然享有与家属同住的权利,但该权利并不是绝对的。一方面,当被监视居住人家属是同案犯或者有较大的妨害诉讼的可能性时,可以剥夺被监视居住人与家属同住的权利;而在监视居住过程中,同住家属有任何不当行为影响到诉讼顺利进行时,执行机关也应当有权终止其同住。另一方面,家属与被监视居住人同住必然要以遵守执行机关相关的管理规定为前提,而这就意味着家属的有关权利被限制,但这种限制是以家属自愿放弃某些权利为前提的,是对自己权利的处分行为。因此,被监视居住人与家属同住权利的实现还受到家属权利处分行为的限制。

虽然指定居所监视居住中被监视居住人享有与家属同住的权利,但是该权利的实现既面临法律规定层面的障碍也存在执行中的难题。从法律规范的层面讲,根据《高检规则》以及《公安机关办理刑事案件程序规定》,指定居所监

---

① 程雷:《刑事诉讼法第73条的法解释学分析》,载《政法论坛》2013年7月第31卷第4期。

视居住的费用不得由被监视居住人承担,这些费用包括诸如租用执行地点的费用、执行人员以及被监视居住人的生活开销,等等。① 一旦允许被监视居住人与家属同住,必然会产生额外的费用,那么这部分费用应当如何承担?从执行层面,前已述及家属选择与被监视居住人同住的,必然要以遵守执行机关的管理规定为前提。但是,执行机关对同住家属的权利限制正当性何在?如果可以,那么这种限制应当在什么限度以内?这些都是急需解决的问题。

二、其他生活待遇

其他生活待遇包括被监视居住人的住宿、卫生、衣服和被褥、饮食、医疗等基本生活条件,这里主要是指指定的居所在上述各方面所应满足的基本标准。根据《高检规则》以及《公安机关办理刑事案件程序规定》,指定的居所应当具备正常的生活、休息条件,并且还应考虑到办案安全的因素。但仅作这种程度的规定还不够具体,指定居所的通风、采光、满足被监视居住人个人卫生等基本住宿条件以及被监视居住人的衣着、饮食等均应明确予以规定。在这个问题上,《看守所条例》以及《监狱法》中对看守所在押人员以及监狱内囚犯的基本生活待遇的有关规定可供借鉴,同时,《囚犯待遇最低限度标准规则》等国际公约也提供了参照。

就被监视居住人的住宿和个人卫生而言,应当满足以下基本要求:(1)指定的居所通风和采光良好。白天应当有充足的天然光线,晚上则应当有充足的灯光。必要时,可以安装通风设备。根据当地的气候条件,气温过高或者过低时应当应采取通风或者保温措施。(2)有卫生设备,能够满足被监视居住人大小便的需要。(3)有充分的洗浴设施,为被监视居住人提供盥洗用具,以满足被监视居住人保持整洁、卫生的需要。(4)应当为被监视居住人提供可供休息的、干净的床铺和被褥。就衣着和饮食来说,(1)应当允许被监视居住人穿着自己的衣服,并允许其经常换洗,不具备换洗条件的,应当允许被监视居住人的家属为其提供干净的衣服。(2)应当为被监视居住人提供充足的饮水和食物,且要尊重其民族和宗教习惯。

除了上述物质方面的条件,也有学者指出,基本生活条件中还应当包括精神文化层面的读书、看报、看电视、娱乐等需求,特别是作为居所应当体现的

---

① 孙茂利主编:《公安机关办理刑事案件程序规定释义与实务指南》,中国人民公安大学出版社 2013 年版,第 252 页。

私生活隐私权利也应当得到尊重。①

4.3 被监视居住人的程序性权利

4.3.1 程序基本权

一、程序参与权

程序参与是刑事诉讼程序的一项基本原则，它是指程序所涉及其利益的人或者他们的代表能够参加诉讼，对与自己的人身、财产等权利相关的事项，有知悉权和发表意见权；国家有义务保障当事人的程序参与权。② 程序参与贯穿刑事诉讼的各个程序阶段，被监视居住的犯罪嫌疑人、被告人自然享有在各个程序阶段的程序参与权，但此处所指的被监视居住人的程序参与权不能作泛化的理解，而主要是指犯罪嫌疑人在监视居住的决定、执行、变更以及解除程序中所享有的参与及发表意见的权利。

被监视居住人程序参与的逻辑前提和先决条件是其信息知悉权。当前我国法律法规及相关司法解释对被监视居住人的信息知悉权的保护主要是通过规定办案机关和执行机关的告知义务的方式来实现的。具体来说，这些告知义务包括：（1）侦查机关在适用监视居住时应当告知犯罪嫌疑人有权委托辩护人以及因经济困难或其他原因没有委托辩护律师的可以申请法律援助的权利；③（2）决定适用监视居住的，办案机关应当向犯罪嫌疑人宣读监视居住决定书，告知其监视居住期间应当遵守的规定及违反规定应当承担的法律责任。④（3）采用电子监控及通信监控时的提前告知义务。虽然《刑事诉讼法》及相关司法解释中没有对此明确予以规定，但是无论是电子监控还是通信监控，均非技术侦查手段，而仅仅是对被监视居住人进行监督管理的方法而已。非但没有秘密进行的必要，而且应当事先告知被监视居住人。⑤（4）解除、变更监视居住的通

---

① 参见程雷：《刑事诉讼法第 73 条的法解释学分析》，载《政法论坛》2013 年 7 月第 31 卷第 4 期。
② 参见宋英辉主编：《刑事诉讼原理》，法律出版社 2003 年版，第 107 页。
③ 现行《刑事诉讼法》第 33 条第 2 款、《高检规则》第 36 条以及《公安机关办理刑事案件程序规定》第 41 条。
④ 《高检规则》第 113 条、《公安机关办理刑事案件程序规定》第 248 条。
⑤ 陈卫东主编：《2012 刑事诉讼法修改条文理解与适用》，中国法制出版社 2012 年版，第 187 页。

知。解除或者变更监视居住的,执行机关应当及时通知被监视居住人及相关单位。①

在信息知悉的基础上,监视居住人程序参与最为核心的内容则是在影响其人身、财产等合法权利的监视居住的决定、执行、变更或解除程序中表达自己的意见的权利,而这也恰恰是我国监视居住程序设计中最为缺乏的因素。在我国,监视居住乃至整个强制措施制度的设计出发点均为权力本位主义,被监视居住人以及其辩护人在监视居住的决定程序中没有发表意见的权利,而仅在办案机关做出监视居住的决定后享有申请变更的权利。"犯罪嫌疑人、被告人一方在提出变更强制措施申请时,应当说明自己符合取保候审、监视居住的条件,应当予以变更强制措施的理由,有事实和证据的,还可以附上相关材料……"② 虽然上述提供事实和证据以及申请变更理由的要求是为了"便于有关机关根据其各方面的情况综合评判,做出决定"③,出发点并非被监视居住人的程序参与权,但应当说客观上也会起到一定的程序参与的效果。

二、程序选择权

程序选择权广义上说是程序参与权的一个重要组成部分,由于不同的程序设置意味着犯罪嫌疑人、被告人实体权利和程序权利的差别,因此,赋予犯罪嫌疑人、被告人以程序选择权也就意味着允许其对自己的实体权利和程序权利为一定的处分行为。程序选择权在民事诉讼程序中普遍存在,但是由于特殊的程序构造,其在刑事诉讼程序特别是刑事审前程序中则较为少见。然而,这并不意味着刑事诉讼程序主体没有处分其实体权利和程序权利的自由。

就监视居住的适用而言,犯罪嫌疑人、被告人的程序选择权主要体现在两个方面:

一是在监视居住的决定程序中,犯罪嫌疑人、被告人满足以下两种情况之一的,即患有严重疾病、生活不能自理的、怀孕或者正在哺乳自己婴儿的妇女可以选择放弃监视居住而要求被适用逮捕的权利。根据《刑事诉讼法》第72条的规定,符合逮捕条件同时具备上述两种情形的可以适用监视居住。之所以这样规定,主要是为了使其回到社会或者家庭中,尽量获得更好的医治和照顾。④ 该规定体现了人道主义的立法精神,但是不能完全排除司法实践中出现

---

① 《公安机关办理刑事案件程序规定》第119条。
② 郎胜主编:《中华人民共和国刑事诉讼法修改理解与适用》,新华出版社2012年版,第201页。
③ 郎胜主编:《中华人民共和国刑事诉讼法修改理解与适用》,新华出版社2012年版,第201页。
④ 参见郎胜主编:《中华人民共和国刑事诉讼法修改与适用》,新华出版社2012年版,第158页。

这样的情况，即由于犯罪嫌疑人、被告人的经济条件等客观原因，在监视居住状态下的医疗条件甚至都达不到看守所羁押状态下的水平。这时如果还对其适用监视居住的话，可能与立法所体现的人道主义的精神背道而驰。当然，根据《刑事诉讼法》的规定，办案机关在上述情形下享有自由裁量的权力，但不得不考虑的现实情况是司法实践中办案机关多是从有利于办案的角度决定强制措施的适用，犯罪嫌疑人、被告人的利益往往容易被忽视。因此，更为可行的做法应当是赋予上述犯罪嫌疑人、被告人以程序选择权，由其自己处分其相关的实体权利及程序权利。

二是在申请变更指定居所监视居住时要求被逮捕的权利。一般意义上理解申请变更强制措施的权利应该是申请由强度较大的强制措施变更为强度较小的强制措施，但被监视居住人能否申请由监视居住变更为逮捕呢？从法律规定的角度来看，《刑事诉讼法》并未限制申请变更的指向必须是由强到弱；而从现实需要来看，尤其是在指定居所监视居住的执行过程中，被监视居住人的权利保护状况在某些方面甚至不及看守所在押人员，被监视居住人或许有申请变更为逮捕的现实需要。"被追诉人自愿放弃对自由干预程度更低的指定居所监视居住而选择被羁押，处分的是当事人的诉讼权利，从尊重被追诉人程序主体地位的角度出发并无不妥。"[1]

三、获取法律帮助的权利

学理上讲，获取法律帮助是程序参与及程序选择的应有之义。当被监视居住人因自身原因或者客观条件使其无法充分行使辩护权时，其程序参与及选择的能力必然受到较大程度的削弱，这时就有必要通过委托辩护人的方式以保证实质的程序参与选择。

1979年以及1996年修改后的《刑事诉讼法》中并没有就被监视居住人获取法律帮助的权利加以特别规定，2012年修改后的《刑事诉讼法》中特别强调了指定居所监视居住中被监视居住人委托辩护人的权利。根据该法第73条第3款的规定，指定居所监视居住的犯罪嫌疑人、被告人委托辩护人适用该法第33条的有关规定。[2] 据此，指定居所监视居住的犯罪嫌疑人侦查期间只能

---

[1] 程雷：《刑事诉讼法第73条的法解释学分析》，载《政法论坛》2013年7月第31卷第4期。
[2] 虽然73条第3款的条文表述为"被监视居住的犯罪嫌疑人、被告人委托辩护人，适用本法第三十三条的规定"，仅从字面意义上理解其并未单独强调指定居所监视居住，但该条一、二、四款分别就指定居所监视居住的地点、通知家属以及法律监督作了规定，从条文结构的一致性看，第三款同样应当是有关指定居所监视居住中委托辩护人的规定。

委托辩护律师作为辩护人；侦查机关、人民检察院以及人民法院在相应的程序阶段上应当告知被指定居所监视居住的犯罪嫌疑人、被告人有权委托辩护人；指定居所监视居住期间犯罪嫌疑人、被告人要求委托辩护人的，人民法院、人民检察院以及公安机关应当及时转达其要求；辩护人接受委托后应当及时告知办案机关。

两高司法解释以及《公安机关办理刑事案件程序规定》中对被指定居所监视居住的犯罪嫌疑人、被告人委托辩护人的规定进行了细化，其中既有值得肯定之处也有解释不到位的情况。如就办案机关转达被监视居住人委托辩护人的要求的问题，《刑事诉讼法》没有明确指出转达的对象，对此，《高检规则》及《公安机关办理刑事案件程序规定》均作了进一步的规定。① 但是对于何为"及时转达"，上述司法解释及规定中则予以回避。

法律法规及司法解释单独强调了被指定居所监视居住的犯罪嫌疑人、被告人委托辩护的权利，那么在固定住处执行监视居住的犯罪嫌疑人、被告人的相关权利的法律依据呢？实际上，《刑事诉讼法》第33条有关委托辩护人的规定同样适用于在固定住处执行监视居住的犯罪嫌疑人、被告人。一方面，指定居所监视居住虽然不属于羁押，但从对人身自由的限制来看与羁押已经十分接近，而且从以往司法实践的经验来看，指定居所监视居住中对犯罪嫌疑人、被告人委托辩护权利的保护并不到位，因此《刑事诉讼法》第73条第3款专门针对指定居所监视居住中犯罪嫌疑人、被告人委托辩护人的规定加以强调。另一方面，即便上述规定没有写入刑事诉讼法之前，被监视居住的犯罪嫌疑人、被告人同样享有委托辩护人的权利。因此，固定住处执行监视居住的犯罪嫌疑人、被告人可以依据《刑事诉讼法》第33条的规定委托辩护人。

4.3.2 与外界联系的权利

与外界联系的权利很难笼统地说是一项程序性权利或者实体性权利，该权利既为已决犯享有也为未决犯享有，但在不同的场合下其所强调的侧重点是不一样的。对于已决犯而言，与外界联系的权利更多地体现在其帮助罪犯回归社会的实体价值。"在一定限制之内保留囚犯人权与自由的原则和囚犯最终要重返社会、融入社会、成为正常公民的考虑紧密相关。所以，与外界的接触在囚

---

① 《高检规则》第37条将转达的对象细化为监护人、近亲属或者被监视居住人指定的人员；而《公安机关办理刑事案件程序规定》第43条则考虑到犯罪嫌疑人没有监护人及近亲属的情况，规定在这种情况下办案部门应及时通知当地律师协会或者司法行政机关为其推荐辩护律师。

犯重新融入社会过程中起着至为关键的作用。"① 对于未决犯而言，与外界联系的权利则是其实现获得法律帮助等程序性权利的重要手段，因此其程序性价值也更明显。与外界联系主要包括与家属的联系以及与辩护律师的联系，未决犯与家属的联系主要是出于对其家庭权利的尊重和保护，当然在有些情况下与家属的联系也是实现其辩护权的重要方式，而与辩护律师的联系则是未决犯辩护权以及申诉、控告等权利的重要保证。

就监视居住而言，与外界联系的权利主要是指被监视居住人与家属及其辩护律师之间的联系。虽然《刑事诉讼法》及相关司法解释中对该问题已有规定，但是一方面，法律规定还有许多不尽完善之处，另一方面，司法实践中被监视居住人与外界联系的权利的实现仍然困难重重。因此，有必要对以下几个问题加以讨论：

一、采取监视居住措施后通知家属的问题

"对公民采取拘留、逮捕等限制或者剥夺自由的强制措施后及时通知家属关押的事由及地点是一项原则性的规定。通知家属，让其了解情况，对于家属及时聘请律师、维护犯罪嫌疑人、被告人辩护权等合法权利具有非常重要的意义；同时，这也是避免强迫失踪给其家庭成员带来痛苦、维系正常家庭关系所必须具备的基础条件。"② 2012 年修改后，我国《刑事诉讼法》首次就指定居所监视居住后及时通知家属的问题作了规定，根据《刑事诉讼法》第 73 条第 2 款的规定，指定居所监视居住的，除无法通知的以外，应当在执行监视居住后二十四小时以内，通知被监视居住人的家属。《公安机关办理刑事案件程序规定》以及《高检规则》中均就"无法通知"作了细化，规定了具体的情形。上述规定可以看作我国监视居住制度的一大进步，但是如果仅仅停留在这个层面，还不足以保证被监视居住人与家属的联系，诸如何时通知、如何通知、通知的事项以及通知的对象等问题均需要进一步予以明确。

采取强制措施后通知家属不仅包括犯罪嫌疑人、被告人首次被采取强制措施后的通知，广义上理解该问题还应当包括强制措施变更的通知，主要是执行

---

① 国际刑罚改革协会编：《让标准发挥作用：监狱实务国际手册》，法律出版社 2009 年版，第 92 页。
② 陈卫东主编：《〈人民检察院刑事诉讼规则（试行）〉析评》，中国民主法制出版社 2013 年版，第 145 页。

地点变更时也应当通知犯罪嫌疑人、被告人的家属,这也是一项国际通行的规则。[1] 监视居住也概莫能外,办案机关以及执行机关变更监视居住的执行地点的应当及时通知被监视居住人的家属。

就通知家属的方式而言,以传统的信件方式通知由于途中时间的不确定性,有可能会造成虽然办案机关履行了通知义务但却造成被监视居住人事实上"秘密失踪"的状态。因此,办案机关在履行通知家属的义务时应当尽可能地采取较为快捷的信息传递方式,如电话、传真、电子邮件等方式,在穷尽上述方式后仍无法通知的,才可选择邮寄的方式。[2]

就通知的事项而言,《刑事诉讼法》及相关司法解释中都没有明文规定。立法机关给出的解释是给予办案机关一定的自由裁量权,由其根据案件的具体情况自行决定通知的事项。尽管有一定道理,但是由于司法实践中监视居住特别是指定居所监视居住具有很强的侦查倾向,侦查机关往往以通知妨碍侦查为由而不履行通知家属的义务,这显然会对被监视居住人与家属联系的权利的实现造成严重的妨碍。笔者认为,解决上述问题的办法是将采取监视居住措施后通知家属的事项区分为必须通知的事项以及可以由办案机关自行决定通知与否的事项。其中,被监视居住的原因以及处所包括变更监视居住的执行地点及事由属于必须通知的事项,其他则由办案机关自由裁量是否通知。

就通知的对象而言,我国刑事诉讼法将其规定为"被监视居住人的家属",一般认为家属包括被监视居住人的夫、妻、父母以及子女。相比较而言,许多国家的刑事诉讼法中对采取强制措施后通知家属的对象范围规定的较为宽泛。[3] 从最大限度保护被监视居住人与家属联系的权利、防止发生"秘密失踪"现象的角度出发,通知对象的范围不应仅限于被监视居住人的家属,特别

---

[1] 如出于对在押人员与家属联系权利的保障,《联合国囚犯待遇最低限度标准规则》中就对在押人员转押时家属的知情权作了规定。根据规则第44条,囚犯有权将他被监禁或者移往另一监所的事,立刻通知其亲属。《保护所有遭受任何形式拘留或监禁的人的原则》第16(1)条也规定,被拘留人或被监禁人在被逮捕后和每次从一个拘留出所转移到另一个出所后,应有权将其被逮捕、拘留或监禁或转移的情况及其在押出所通知或要求主管当局通知其家属或其所选择的其他适当的人。

[2] 参见陈卫东主编:《2012刑事诉讼法修改条文理解与适用》,中国法制出版社2012年版,第188—189页;陈岩:《从卡恩案看我国采取强制措施后通知家属规则的完善》,载《中国检察官》2013年第11期(下)。

[3] 如《日本刑事诉讼法》第79条规定,已经羁押被告人时,应当立即通知他的辩护人。在被告人没有辩护人时,应当通知被告人在其法定代理人、保佐人、配偶、直系亲属及兄弟姐妹中所指定的人。而《德国刑事诉讼法》第114(b)则规定,对逮捕事实、有关羁押期间的每一项新决定,应当不迟延的通知被逮捕人的亲属或者他的新来人。由法官负责通知。此外,在不影响侦查目的之前提下,应当给予被捕人本人机会,向亲属或者新来人通知被捕事实。

是当无法通知家属时，经由被监视居住人提出也可以通知其他人，比如被监视居住人的兄弟姐妹、工作单位的人，等等。

二、被监视居住人或者其近亲属重大疾病或者死亡时的通知义务

重大疾病以及死亡通知是看守所、监狱等监禁场所的一项法定义务和职责，通行的做法是当被监禁者重大疾病或者死亡时，监禁场所应当立即将该消息通知被监禁者的近亲属；而当被监禁者的近亲属重大疾病或者死亡的，监禁场所同样有义务将其告知被监禁者并在条件允许时许可探视。[1] 我国现行《监狱法》以及《看守所条例》中均对监狱及看守所的上述义务作了规定。[2]

被监视居住人当然也会面临上述情形，然而现行法律法规及司法解释中却没有就相关机关的通知义务作出规定。根据现行《刑事诉讼法》，在指定居所监视居住以及在固定住处执行监视居住但无家属同住的情况下，被监视居住人与家属之间的交流与沟通均受到较大程度的限制，因此，当出现被监视居住人或者其近亲属重大疾病或者死亡的特殊情况时，监视居住执行机关就应当承担起通知的义务。这也是被监视居住人与外界联系权利的应有之义。

三、被监视居住人与"他人"的会见与通信权

根据《刑事诉讼法》第75条以及《公安机关办理刑事案件程序规定》第111、116条规定，未经执行机关批准被监视居住人不得会见他人或者以任何方式通信。如果是人民法院、人民检察院决定监视居住的，执行机关在批准被监视居住人与他人会见或者通信时还应当征得决定机关的同意。其中，"他人"是指被监视居住人的共同居住人及其聘请的律师以外的人。而"共同居住人"一般是指与被监视居住人居住在同一住处，共同生活的人，如被监视居住人的父母、夫、妻、子女、保姆等。[3] 根据该释义，与被监视居住人"同住一处、

---

[1] 如《联合国囚犯待遇最低限度标准规则》第44条规则规定，囚犯死亡、病重、重伤或者移送一个机构接受精神疾病时，监狱长应立即通知其配偶（如果囚犯已婚），或者最近亲属，在任何情况下，应通知囚犯事先指定的其他任何人。囚犯任何近亲属死亡或病重时，应立即通知囚犯；近亲属病情严重时，如果情况许可，囚犯应准随时单独或在护送之下前往探望。

[2] 根据《看守所条例》第27、29条的规定，人犯在羁押期间死亡的，应当立即报告人民检察院和办案机关，由法医或者医生做出死亡原因的坚定，并通知死者家属。人犯近亲属病重或者死亡时，应及时通知人犯。与《看守所条例》不同，《监狱法》仅规定了罪犯死亡时监狱的通知义务，根据该法第55条，罪犯在服刑期间死亡的，监狱应当立即通知罪犯家属和人民检察院、法院。

[3] 参见孙茂利主编：《公安机关办理刑事案件程序规定释义与实务指南》，中国人民公安大学出版社2013年版，第259页。

共同生活"的人才可以不经批准即与其见面或者通信，那么，当被监视居住人的父母、夫、妻、子女、保姆不与其同住的情况下与其会见或者通信也要经过批准。

笔者认为，该释义存在认识上的偏差。就会见而言，当共同居住人与被监视居住人形成"同住一处、共同生活"的关系，并且被监视居住人被严格限制了离开执行监视居住的处所的自由时，共同居住人与被监视居住人的接触本身就是共同生活的应有之义，因此，也就没有单独强调其不经批准即可与被监视居住人会见的必要。而就通信而言，根据释义，只要是共同居住人，其与被监视居住人的通信也不必经过批准。那么当共同居住人因工作或者其他原因离开住所时，在住所外与被监视居住人的通信也不必经过批准，这样一来实际上也存在相当的风险。但之所以法律没有禁止就说明这种风险仍在办案机关和执行机关可控制的范围之内，即只要确定了共同居住人，通过一定的技术手段就能将其与被监视居住人之间的通信行为完全掌握。可见，是不是共同居住人并不是其与被监视居住人的通信行为是否须经批准的决定性因素，只要通信行为可能带来的风险在可控制的范围内即可。因此，要求共同居住人以外的其他人特别是未与被监视居住人同住的亲属与被监视居住人的会见与通信也需要经过批准实无必要。

然而，为了避免出现逃避侦查等妨害诉讼行为的发生，应当合理界定被监视居住人与他人会见和通信的权限。为此，首先可以将被监视居住人会见或者通信的主体区分为三类：共同居住人、共同居住人以外的其他家属以及上述两类之外的其他人员。就会见而言，在固定住处执行监视居住的，共同居住人因共同居住和生活的客观事实本身就包含了与被监视居住人接触、会见的意思，因此不存在单独讨论会见问题的必要；共同居住人以外的其他家属，即未与被监视居住人共同居住的其配偶、父母、子女与其会见的，应当提前告知监视居住执行机关；而上述两类人之外的他人与被监视居住人会见的，则必须经过执行机关的批准。在指定的居所执行监视居住的一般不存在共同居住的问题，被监视居住人的家属在指定的居所与其会见的也无须经过执行机关批准，当然，与犯罪有牵连的家属除外，且家属在会见前应当由执行机关进行安全检查，通过后方可会见。而对于家属以外的其他人要求与被监视居住人会见的则应当经过执行机关批准。

就通信而言，前已述及，根据宪法，侦查机关仅有权以追诉犯罪的名义对公民的通信进行检查，但这并不意味着犯罪嫌疑人、被告人与他人的通信须事先经过批准。在通过通信检查、通信监控就能对被监视居住人与外界的通信进行控制的情况下，要求大多数情况下的通信须经批准不但没有必要，而且还涉嫌非法干涉被监视居住人的通信自由。笔者认为，共同居住人可以自由地与被监视居住人进行通信；共同居住人以外的亲属以及其他人员与被监视居住人通信的须履行提前告知义务，即要提前告知执行机关，以便执行机关就通信进行检查或者监控。

四、被监视居住人与辩护人的会见权

根据《刑事诉讼法》及相关司法解释的规定，除涉嫌危害国家安全犯罪案件、恐怖活动犯罪案件以及特别重大贿赂案件，侦查期间辩护律师会见犯罪嫌疑人需要批准以外，被监视居住人与辩护人的会见无须经过批准。对于被监视居住人与辩护人会见权的问题，有以下几点需要注意：(1) 对与辩护律师会见权的限制仅限于三类特殊案件，即涉嫌危害国家安全犯罪案件、恐怖活动犯罪案件以及特别重大贿赂案件。对上述案件，办案机关在将犯罪嫌疑人、交付执行监视居住时，应当告知执行机关侦查期间辩护律师会见犯罪嫌疑人的应当经过办案机关许可。(2) 对会见权的限制仅限于侦查阶段。即便属于上述三类特殊案件，辩护律师与犯罪嫌疑人的会见也并非均须经过办案机关的许可，而仅在侦查期间才有这样的要求。也就是说，即使是三类特殊案件，只要是侦查终结以后，辩护律师与被监视居住人的会见同样不需要经过批准。(3) 律师以外的其他辩护人与被监视居住人的会见仅限于侦查终结之后，且需要经过人民检察院或者人民法院的批准。根据《刑事诉讼法》，侦查期间犯罪嫌疑人只能委托律师作为辩护人，案件侦查终结、移送审查之后，被监视居住人也可以委托律师等其他符合法律条件的人作为辩护人。但其他辩护人与被监视居住人会见的，必须经过人民检察院或者人民法院的批准。

根据《刑事诉讼法》第 37 条第 4 款，辩护律师会见犯罪嫌疑人、被告人时不被监听，但同时法律又规定执行机关对被监视居住的犯罪嫌疑人、被告人可以采取电子监控，那么在执行地点装有视频、音频等电子监控设备时，如何保障会见不被监听的权利呢？根据立法机关的释义，辩护律师会见犯罪嫌疑人、被告人时不被监听，包括有关机关不得派员在场，不得通过任何方式监听律师会见时的谈话内容，也不得对律师会见进行秘密录音。但该规定并不禁止有关机关基于安全上的考虑，对律师会见犯罪嫌疑人、被告人的过程进行必要的监视，但这种监视不能影响律师与犯罪嫌疑人、被告人谈话内容的保密

第4章 被监视居住人的权利体系

性。[1] 可见，不被监听条款本意在于保障被监视居住人与辩护律师的谈话内容不被办案机关及执行机关知悉，这与出于安全考虑对会见过程进行必要的监视并不必然冲突。通过一定的技术手段完全可以达到对会见过程"看得见但听不见"的效果，这样既保证了会见过程的保密性又照顾到了办案安全。

---

[1] 参见郎胜：《中华人民共和国刑事诉讼法修改与适用》，新华出版社2012年版，第95页。

第 5 章　监视居住的程序规则

上一章中笔者厘定了被监视居住人的权利体系，这是保障被监视居住人权利、规范办案机关权力行为的必要前提，然而仅限于此还不足以达到权利保护的效果。各种实体权利的内涵和外延本身就存在模糊性和不确定性，以人身自由权利为例，尽管可以通过规定被监视居住人可以离开监视居住执行地点的合理情形而将其对人身自由的干预限制在一定的限度之内，但是在现行刑事司法体制赋予办案机关较大的自由裁量权的前提下，很容易造成对被监视居住人人身自由的不当干预。实际上，上述问题并非我国刑事诉讼所特有的问题，而是普遍存在于各国的刑事诉讼中。在不可避免的情况下，"通过程序限制恣意"成为各国刑事诉讼的普遍选择。本章对我国现行法律法规及相关司法解释所构建的监视居住的程序规则展开讨论，分析当前规则中的优势和不足之处。

5.1　监视居住的决定程序

5.1.1　监视居住动议的提出方式

提出适用监视居住的动议是引发监视居住的决定、执行等后续程序的先决条件。由于我国强制措施一直以来都定位于保证刑事诉讼顺利进行的一种手段，是否适用强制措施、适用何种强制措施等均为办案机关的职权行为。因此，即便现行《刑事诉讼法》将监视居住定位为旨在减少羁押的替代措施，使其与许多国家和地区的保释制度十分相似，但从本质上看，保释是犯罪嫌疑人、被告人享有的权利，通常由其本人或者律师为其申请保释而引发相关的诉讼程序，但是监视居住动议的提出则主要是通过办案机关的职权行为。从现行《刑事诉讼法》及相关司法解释的规定来看，当前监视居住动议的提出方式主要有以下三种：

1. 办案人员提议适用监视居住

由办案人员提议适用监视居住是最为常见的方式。根据《高检规则》第111条以及《公安机关办理刑事案件程序规定》第106条的规定，需要对犯罪嫌疑人适用监视居住时，由办案人员提出意见或者制作呈请监视居住报告书，部门负责人审核后交由检察长或者县级以上公安机关负责人决定、批准。

2. 检察机关建议适用监视居住

除了由办案人员提议适用监视居住以外，检察机关在以下两种情况下享有适用监视居住的建议权：

(1) 不批准逮捕的同时做出适用监视居住的建议。根据修改前的《刑事诉讼法》及相关的司法解释，人民检察院审查批准逮捕的，只能做出批准或者不批准逮捕的决定。修改后，对于符合逮捕条件同时又具有《刑事诉讼法》第72条第1款所规定的五种情形的，办案机关既可以决定适用监视居住，也可以提请审查批准逮捕。针对这种情况的审查批准逮捕，《高检规则》"取消了侦查监督部门不能直接提出采用监视居住措施的意见的规定"①，赋予侦查监督部门就此提出适用监视居住建议的权力。根据《高检规则》第145条的规定，检察机关审查批准逮捕时，如果认为不需要逮捕，同时犯罪嫌疑人又符合《刑事诉讼法》第72条第1款所规定的监视居住的适用情形的，检察机关可以在做出不批准逮捕或者不予逮捕决定的同时，向侦查机关提出监视居住的建议。

(2) 羁押必要性审查后，认为不需要继续羁押的，建议适用监视居住。犯罪嫌疑人、被告人被逮捕后，由检察机关对羁押的必要性进行审查是修改后的《刑事诉讼法》赋予检察机关就逮捕活动的执行进行监督的一项重要职能。羁押必要性审查的结果采用检察建议的方式，建议予以释放或者变更强制措施。对于检察机关是否可以直接建议将逮捕变更为取保候审或者监视居住还是只能笼统提出变更强制措施的建议，《高检规则》中没有明确指出，但笔者认为，变更强制措施的建议应当是具体的建议。检察机关在羁押必要性审查之后认为应当变更强制措施的，应当直接提出适用取保候审或者监视居住的建议。理由如下：

首先，从羁押必要性审查的内容来看，其主要是审查"被羁押的犯罪嫌疑人、被告人是否仍然具有社会危险性以及其涉嫌犯罪罪行的轻重"②，这与检

---

① 孙谦主编：《〈人民检察院刑事诉讼规则（试行）〉理解与适用》，中国检察出版社2012年版，第242页。

② 孙谦主编：《〈人民检察院刑事诉讼规则（试行）〉理解与适用》，中国检察出版社2012年版，第456页。

察机关审查批准逮捕时的审查内容具有高度一致性。两者都是对逮捕活动的监督，既然不批准逮捕时可以同时做出适用监视居住的建议，那么羁押必要性审查后认为符合监视居住条件的应该也可以直接建议适用监视居住。其次，根据《高检规则》第619条第2款以及第621条的规定，检察机关在羁押必要性审查之后建议变更强制措施的，应当说明不需要继续羁押犯罪嫌疑人、被告人的理由及法律依据。而办案机关接到建议书后应当在十日以内将处理情况通知做出建议的人民检察院，没有采纳建议的，还应当说明理由和根据。虽然该程序设置的直接目的是为了"加强检察机关建议的效力"，但从客观结果上看，其对于办案机关公正执法、司法以及犯罪嫌疑人合法权利的保护均会产生积极作用，这也是羁押必要性制度的立法原意。① 而具体的建议显然要比笼统的建议更能促成上述效果及立法目的的达成。

综上所述，羁押必要性审查后，检察机关认为不需要继续羁押而应变更强制措施的，应当直接向侦查机关提出取保候审或者监视居住的建议。

3. 犯罪嫌疑人及相关人申请变更指定居所监视居住

根据《高检规则》第112条第2款的规定，对特别重大贿赂犯罪案件决定适用监视居住的，如果犯罪嫌疑人及其法定代理人、近亲属或者辩护人认为不再具备指定居所监视居住的条件的，有权向人民检察院申请变更强制措施。变更指定居所监视居住申请的提出即能够引发人民检察院就是否需要继续指定居所监视居住的审查程序，并且最终要做出是否继续适用指定居所监视居住的决定。虽然该审查程序发生于指定居所监视居住的执行过程中，但广义上理解，这也可以看作是监视居住的一个相对独立的适用程序，而犯罪嫌疑人及其法定代理人或者辩护人变更指定居所监视居住的申请即是启动该程序的动议。

5.1.2 监视居住的决定权

强制措施决定权的归属是关系到强制措施能否被正确、有效适用的关键。世界范围内，各国均规定法院是享有强制措施决定权的主体，只有在少数情况下，侦查人员可以采取临时性的强制措施。② 采取强制措施时须经司法审查的规则也为许多国际公约所认可。③ 与国外通行的做法不同，我国并未采用适用

---

① 郎胜主编：《中华人民共和国刑事诉讼法修改与适用》，新华出版社2012年版，第197～198页。
② 参见陈卫东主编：《刑事审前程序研究》，中国人民大学出版社2004年版，第139～140页。
③ 如根据《公民权利和政治权利国家公约》第9条规定，人人有权享有人身自由和安全。任何人不得加以任意逮捕或拘禁。任何因刑事指控被逮捕或拘禁的人，应被迅速带见审判官或其他经法律授权行刑事司法权力的官员，并有权在合理的时间内受审判或被释放。

强制措施时的司法审查原则，而是采取办案机关自我授权、自我决定与检察机关审批相结合的方式。

具体到监视居住决定权的归属，2012年《刑事诉讼法》修改之前，监视居住的决定权体现出较强的分散性，人民法院、人民检察院及公安机关对于各自办理的案件均享有自行决定是否适用监视居住的权力。《刑事诉讼法》修改后上述情况有所改变，主要体现在涉嫌危害国家安全犯罪、恐怖活动犯罪以及重大贿赂犯罪，在住处执行监视居住有碍侦查、需要在指定居所执行监视居住的，应当经上一级的人民检察院或者公安机关批准。① 三类特殊案件之外的其他案件适用监视居住的，仍然采取办案机关自行决定的方式。也就是说，三类特殊案件以外的其他案件，因犯罪嫌疑人、被告人无固定住处而适用指定居所监视居住的也无须经办案机关的上一级检察机关或者公安机关决定，而是由办案机关自行决定。笔者认为这种规定极为不妥，理由如下：

首先，从立法目的看，就三类特殊案件适用指定居所监视居住规定更为严格的批准手续，其初衷非常明确，即"为了防止办案机关将指定居所监视居住弄成变相羁押，规避本法关于拘留逮捕犯罪嫌疑人、被告人应当及时送看守所关押，讯问必须在看守所内进行等方面的规定，防止刑讯逼供等非法取证行为，保障犯罪嫌疑人、被告人的诉讼权利和其他合法权益"②。可见，严格的批准手续着眼点是在于指定居所监视居住所可能造成的执法不规范、侵犯犯罪嫌疑人、被告人合法权益的情况，而非在于三类案件的特殊性质。三类特殊案件以外的其他案件中适用指定居所监视居住的，同样面临上述问题，因而也具有适用更为严格的审批手续的需要。

其次，从当前司法实践情况来看，普遍存在着指定居所监视居住扩大适用的现象，其中一个重要的表现就是扩大对"无固定住处"的理解或者通过指定管辖人为制造无固定住处的条件而适用指定居所监视居住。因此，司法实践中有很大一部分案件并非涉嫌三类特殊案件、在固定住处执行有碍侦查，而是由

---

① 有学者认为，指定居所监视居住的决定主体只能是检察机关或者公安机关，人民法院无权适用指定居所监视居住。其依据是现行《刑事诉讼法》第73条有关三类特殊案件适用指定居所监视居住要符合"在住处执行可能有碍侦查"的规定，认为指定居所监视居住只能适用于刑事诉讼法第二编"立案"、"侦查"和"提起公诉"阶段的补充侦查，不能适用于审判阶段。这种理解显然是对《刑事诉讼法》第73条的误读，因为指定居所监视居住不仅适用于三类特殊案件，还适用于三类特殊案件以外的普通刑事案件，对于这些案件来说，人民法院显然也享有决定适用指定居所监视居住的权力。相关观点参见尹吉：《指定居所监视居住法律适用》，载卞建林、谭世贵主编：《新刑事诉讼法的理解与实施》，中国人民公安大学出版社2013年版，第301页。

② 郎胜主编：《中华人民共和国刑事诉讼法修改与适用》，新华出版社2012年版，第161页。

于"无固定住处"而适用了指定居所监视居住。并且，扩大适用指定居所监视居住的一个非常重要的直接动因就是为了规避刑事诉讼法对拘留、逮捕后送看守所关押以及讯问必须在看守所内进行等规定对侦查造成的诸多不便。因而，这些案件中发生执法不规范、侵犯犯罪嫌疑人、被告人合法权益的可能性或许更大。

综上所述，笔者认为，只要是办案机关有意适用指定居所监视居住的，不管是否涉嫌三类特殊案件，都应当经由其上一级检察机关或公安机关的批准，在条件成熟的时候，甚至可以考虑将指定居所监视居住的决定权统一交由检察机关行使。

5.1.3 决定程序中的诉讼主体及其作用

综观世界主要国家和地区的刑事诉讼程序，审前程序中做出限制或者剥夺犯罪嫌疑人、被告人人身、财产等权利的裁判时都要求持有非常审慎的态度。为此，一方面要求做出裁判的过程中允许被追诉人有机会为自己申辩，另一方面则要求与追诉利益没有关涉的中立的第三方做出不偏不倚的裁判。前者是指被追诉人的程序参与，后者是指司法审查机制。

程序参与是程序公正的基本要义之一，基于此，在进行有关人身、财产等权利的强制性处分时，应当保障程序所涉及其利益的人的程序参与权。两大法系国家中，除法律明确规定的特殊情况外，强制性处分的决定和实施都应当保障当事人的参与。① 我国监视居住决定程序采取书面审批的方式，由办案人员提出适用意见，经部门负责人审核后交由检察长或者县级以上公安机关负责人批准。从程序的启动到进行乃至监视居住决定的做出，一概没有犯罪嫌疑人、被告人的参与。

虽然监视居住的决定程序中没有体现犯罪嫌疑人、被告人的程序参与，但是这并不表示其对决定的做出没有产生任何影响。《高检规则》修改后赋予检察机关在不批准逮捕的同时做出建议适用监视居住决定的权力，而修改后的《刑事诉讼法》则要求检察机关在审查批准逮捕时要讯问犯罪嫌疑人、听取辩护律师的意见。在检察机关讯问及听取辩护律师意见时，犯罪嫌疑人及其辩护律师如果认为不符合逮捕条件而具有《刑事诉讼法》第72条第1款所规定的适用监视居住的情形的，可以向检察机关提出。而这可能成为促成检察机关决定不批准逮捕、建议适用监视居住的重要因素，从而对监视居住的适用产生影

---

① 宋英辉主编：《刑事诉讼原理》，法律出版社2003年版，第108页。

响。但是，这种影响毕竟是间接的，其作用范围也十分有限。

前已述及，我国监视居住制度具有较强的权力属性，体现在监视居住的决定程序方面，其并不具备基本的诉讼构造而是采用行政化审批的方式。在这样的程序设计中，追诉者替代中立的第三方就关涉被追诉者人身自由的事项做出决定，这种既当运动员又当裁判员的做法显然已经违背了基本的程序正义。即便在涉嫌危害国家安全犯罪、恐怖活动犯罪以及重大贿赂犯罪适用指定居所监视居住时要求决定权上提一级，但是本质上仍是追诉机关的内部审批。

5.2 监视居住的执行程序

5.2.1 监视居住的执行主体

我国监视居住的执行经历了由多个主体共享监视居住执行权到由单一主体集中行使执行权的演变过程。

在法律制度尚不完备的特殊历史时期，党的各项路线、方针和政策曾替代法律发挥了重要的社会调整的作用。中华人民共和国成立后相当长的一段时期内，党内特别强调对基层群众组织的建设，基层群众组织在当时拥有相当多的职能。[①] 在政法工作领域，特别强调"群众司法权"，其中基层群众组织对监视居住的执行权就是群众司法权的一个方面。基层群众组织在监视居住的执行程序中曾经发挥过非常重要的作用。作为监视居住制度的雏形，新民主主义革命时期边区及解放区的"保回耕作""保回养病"的执行过程中就是依靠基层政权及群众对犯罪嫌疑人、被告人进行监督和管束。中华人民共和国后第一部《刑事诉讼法》即1979年《刑事诉讼法》中保留了由基层群众组织对监视居住的执行权，该法第38条规定，监视居住由当地公安派出所执行，或者由受委托的人民公社、被告人的所在单位执行。也就是说，受委托的人民公社、被告人所在单位与公安派出所都单独地享有监视居住的执行权。

特殊历史时期，基层群众组织在监视居住的执行中发挥过积极的作用，但

[①] 如根据1982年6月4日，彭真"在四川省政法各部门负责同志座谈会上的讲话要点"中就曾指出："城乡基层组织要加强，政权、政法工作才有基础。城市要恢复、健全居民委员会，农村设村民委员会。居民委员会、村民委员会设立调解、治保、卫生等委员会……"。根据该讲话，当时居民委员会所承担的任务非常多，"有的地方有七十几项，有的地方有四五十项、六十几项"。参见彭真著：《论新中国的政法工作》，中央文献出版社1992年版，第280～281页。

是，这种由基层群众组织与公安派出所平行享有监视居住执行权的做法却容易产生相互推诿的现象。也正因如此，有学者曾提出由公安派出所与被监视居住人单位共同执行，即在单位期间由单位负责见时间，在住所期间由居住地派出所监视。[1] 然而，随着我国法制不断健全，基层群众组织的职责范围也更加明确，1989 通过的《城市居民委员会组织法》以及 1998 年通过的《村民委员会组织法》，明确了基层群众组织的运作和职能，从法律角度否定了群众司法权的存在。[2] 1996 年《刑事诉讼法》修改时即废除了基层群众组织的监视居住执行权，仅保留了公安机关的执行权并延续至今。由公安机关行使监视居住的执行权，既考虑到了执行工作的特点及公、检、法三机关各自的法律定位，同时也照顾到了正当程序的基本要求。[3]

5.2.2　决定权与执行权的分离

根据现行《刑事诉讼法》，公、检、法三机关均享有监视居住的决定权，而监视居住的执行权则由公安机关独享。这样一来，检察机关、人民法院与公安机关监视居住的决定权与公安机关执行权的分离一目了然；而公安机关决定监视居住的则面临着决定权与执行权不分的理论难题。为解决上述问题，1996 年《刑事诉讼法》修改后出台的《公安机关办理刑事案件程序规定》中曾明确规定派出所作为监视居住的执行机关。虽然考虑到派出所和公安机关的特殊关系，由公安机关决定、由派出所执行监视居住能否实现监视居住决定权和执行权分离的初衷则值得怀疑，但这样一来也在一定程度上也实现了决定权与执行权的相对分离。然而这还不是最糟糕的情况，2012 年修订的《公安机关办理刑事案件程序规定》中打破了这种相对分离的规定，自我授权办案部门以执

---

[1] 参见戴涛：《执行监视居住中需要解决的几个问题》，载《法学》1988 年第 6 期。
[2] 参见姚玉林、张伟：《监视居住强制措施存在的合理性分析》，载《检察实践》2004 年第 2 期。
[3] 根据立法机关释义，由公安机关行使监视居住执行权主要是基于以下三点考虑：一是，公安机关执行便于加强对被监视居住人的监督和考察，因为公安机关在各个区域都设有派出机构，同时与居委会、村委会等基层组织也有紧密的联系，并有拘留、执行逮捕的权力，一旦发现有违反监视居住期间应当遵守的规定的情况可以及时采取措施；二是，符合正当程序的基本要求，有利于司法机关正确地决定和采取监视居住措施，是分工负责、相互配合、相互制约原则的要求；三是，人民法院和人民检察院分属审判机关和法律监督机关，由其从事执行活动不利于案件的客观公正处理，会损及司法的公正和权威。参见郎胜主编：《〈中华人民共和国刑事诉讼法〉修改与适用》，新华出版社 2012 年版，第 159 页。

行监视居住的权力。① 之所以增加该规定，主要是出于办案方便的考虑。②

虽然《刑事诉讼法》及相关司法解释和部门规章中已经就监视居住的决定权与执行权的归属问题做了较为明确的规定，但是学术界对该问题的讨论却从未停止。有学者主张在维持公安机关对由其决定的监视居住的执行权的同时赋予人民检察院、人民法院对各自做出的监视居住的执行权。③ 有学者建议实行监视居住决定权与执行权的绝对分离，即在维持当前有关决定权规定的同时，将执行权完全交由司法行政机关行使。④ 还有学者考虑到指定居所监视居住的特殊性，建议指定居所监视居住的决定权统一交由检察机关行使，实现指定居所监视居住决定权与执行权的绝对分离，而固定住处监视居住的决定权则可以维持现有的规定。⑤

监视居住决定权与执行权的关系问题所反映的是诉讼效率和诉讼公正两种程序价值的博弈。主张公、检、法各自执行由其决定的监视居住，避免了决定权和执行权分离所必需的不同机关之间的工作衔接和沟通等问题，较大程度地实现了诉讼效率的价值，但决定权与执行权不分，极有可能助长了权力的恣意，从而对诉讼公正造成威胁。主张由司法行政机关统一行使监视居住的执行权，实现了决定权与执行权的绝对分离，最大限度地保证了诉讼公正价值，但必然要以牺牲一定的诉讼效率为代价。上述两种一刀切的做法难免有失偏颇，而区别监视居住的执行地点，分别就其决定权和执行权的归属区别规定的做法则较为可取。考虑到指定居所监视居住对人身自由限制的严厉程度及可能发生的执法失范情况，对于这一类的监视居住应当在诉讼效率和诉讼公正的权衡方面更偏向于对公正价值的追求，实行决定权与执行权的绝对分离；而在固定住处执行的监视居住，执行环境相较于指定居所监视居住更为宽松，则可以保留

---

① 根据《公安机关办理刑事案件程序规定》第 113 条，公安机关决定监视居住的，由被监视居住人住处或者指定居所所在地的派出所执行，办案部门可以协助执行。必要时，也可以由办案部门负责执行，派出所或者其他部门协助执行。
② "考虑到一些案件，如经济犯罪、毒品犯罪、危害国家安全犯罪等案件，犯罪嫌疑人的情况或案件的情况可能比较复杂、特殊，由办案部门直接执行对办案部门及时查清全案、依法做出处理决定将更为有利……这种变化既减轻派出所的工作负担，也有利于办案部门办案。"参见孙茂利主编：《公安机关办理刑事案件程序规定释义与实务指南》，中国人民公安大学出版社 2013 年版，第 263～264 页。
③ 林楠：《监视居住若干问题思考》，载《人民检察》1998 年第 9 期；王国社：《关于检察机关适用监视居住的问题》，载《政法论坛》1992 年第 4 期。
④ 马静华、冯露：《监视居住：一个实证角度的分析》，载《中国刑事法杂志》2006 年第 6 期。
⑤ 陈卫东主编：《〈人民检察院刑事诉讼规则（试行）〉析评》，中国民主法制出版社 2013 年版，第 136 页。

公安机关决定并由派出所执行的这种相对分离的做法。

5.2.3 执行程序中决定机关与执行机关的关系

由于实行决定权和执行权的分离,人民检察院、人民法院在决定适用监视居住后还存在交付执行以及对被监视居住人监督过程中与公安机关的配合与制约等问题。

一、交付执行

交付执行涉及公安、司法机关之间的工作衔接问题,同时交付执行过程中还涉及犯罪嫌疑人、被告人的权利保护问题。对于前者,当前的司法解释及部门规章中已有初步规定,但现有规定较为粗略,有待于进一步的细化和完善;而对于后者,其在当前交付执行程序中并未受到应有的重视。

当前有关交付执行的程序主要规定于《高检规则》以及《公安机关办理刑事案件程序规定》中,前者就人民检察院办理自侦案件适用监视居住交付公安机关执行中检察机关的责任和义务作了规定,而后者,一方面规定了公安机关接受人民法院和人民检察院送交执行的程序,另一方面,就公安机关与派出所之间执行监视居住的程序规则作了规定。由于人民法院极少采用监视居住这一强制措施,《高法解释》中对人民法院决定监视居住的交付执行着墨较少,规定极为简单。

对于人民检察院办理的、适用监视居住的案件,人民检察院在交付公安机关执行时负有送达义务和告知义务。人民检察院的送达义务体现在,在决定监视居住后应当核实犯罪嫌疑人的住处或者为其指定的居所,并制作监视居住执行通知书,连同有关法律文书和案由、犯罪嫌疑人基本情况材料送交监视居住地的公安机关。而其告知义务则体现为,人民检察院在送达上述材料时应当告知公安机关在执行期间拟批准犯罪嫌疑人离开执行处所,会见他人或者通信的,批准前应当征得人民检察院同意。[1] 人民法院决定监视居住的,也应当履行相应的送达义务。[2] 负责执行的县级公安机关在收到人民检察院或者人民法院的上述材料后,应当在 24 小时以内通知住处或指定居所所在地的派出所,在核实被监视居住人的身份、住处或者居所等情况后予以执行。[3]

---

[1] 《高检规则》第 115 条。
[2] 《高法解释》第 126 条。
[3] 《公安机关办理刑事案件程序规定》第 114 条。

第5章 监视居住的程序规则

前已述及，当前有关交付执行的规定仅仅是对人民法院、人民检察院与公安机关之间就文书送达及告知等监视居住执行中工作衔接机制的粗略规定，对于交付执行的对象，即被监视居住人在交付执行过程中的押解、转移以及交付被监视居住人过程中风险及责任的承担等事项则缺乏相应的规定。犯罪嫌疑人、被告人在被宣布监视居住后大多会涉及从现有处所到监视居住执行地点的转移问题，① 而转移问题不仅关涉被监视居住人的权利保护，而且也最为直接地关涉决定机关与执行机关之间的工作衔接以及风险及责任的承担。就转移过程中被监视居住人的权利保护而言，可以借鉴较为成熟的被羁押的犯罪嫌疑人、被告人转移过程中的权利保护规则。被监视居住人在转移过程中应当享有以下权利：（1）人格尊严及人身安全；②（2）被告知转移理由及地点的权利；（3）家属及其法定代理人、辩护人被及时告知被监视居住人的转移理由及地点的权利。

就被监视居住人交付执行过程中决定机关及执行机关风险及责任的承担问题，笔者认为应当采取"实际控制者责任"的原则，即由被监视居住人的实际控制人承担转移过程中的风险及责任。这主要是解决交付执行中存在大量的"时间差"现象，即决定机关已经将所需文书、材料送达执行机关，但被监视居住人并未同时交付的情况。诉讼法中，一般以文书的送达作为诉讼行为相互联系的纽带，送达即意味着前一诉讼行为的结束及后一诉讼行为的开始。但就监视居住而言，决定行为和执行行为之间不仅要有文书的送达，还涉及被监视居住人的转移，如果仅以文书送达作为风险及责任承担的区分标准，那么就会发生被监视居住人人身自由的实际控制者不承担责任的奇怪现象，这显然是不合理的。因此，即便监视居住决定机关已经将文书等其他材料送达监视居住执行机关，但如果尚未将被监视居住人交付转移执行机关的情况下，风险及责任仍由决定机关承担。③ "实际控制者责任"能够实现交付执行风险及责任问题

---

① 在以下几种情况中不涉及交付执行中被监视居住人的转移问题：（1）未被采取强制措施的犯罪嫌疑人、被告人在住处被宣布固定住住监视居住的；（2）拘传并讯问后宣布对犯罪嫌疑人、被告人采取固定住住监视居住的；（3）由取保候审、指定居所监视居住以及拘留或逮捕变更为固定住住监视居住的。除上述有限的三种情况外，其他犯罪嫌疑人、被告人在被监视居住后均涉及转移问题。

② 对于因患有严重疾病、生活不能自理以及怀孕或者正在哺乳自己婴儿的妇女而被适用监视居住的犯罪嫌疑人、被告人而言，尤其要强调转移过程中对其人身安全的保护。

③ 比如根据《公安机关办理刑事案件程序规定》第114条的规定，负责执行监视居住的公安机关应当在收到法律文书和有关材料后二十四小时以内通知被监视居住人住处或指定居所所在地的派出所，在核实有关情况后予以执行。

163

上的无缝对接，避免出现风险及责任的真空地带，防止出现决定机关与执行机关相互扯皮的现象。

二、对被监视居住人的监督

（一）监视方法的确定

出于增强监视居住执行效果的考虑，现行《刑事诉讼法》及相关司法解释、部门规章中增加规定了监视居住期间执行机关可以采取的具体监视方法。然而，对被监视居住人采用何种监视方法是属于监视居住决定权范畴还是执行权范畴的问题，《刑事诉讼法》中没有规定，《高检规则》中则对检察机关适用监视居住的自侦案件中监视方法的确定机制作了规定。

根据《高检规则》第116条[①]的规定，监视方法的确定是属于监视居住执行机关的执行权的范畴，人民检察院自侦案件中决定适用监视居住的，仅可进行"商请"而无"决定"的权力。对此，有学者认为不妥，认为检察机关自侦案件中适用监视居住的，监视方法的确定构成监视居住决定权的一部分，理应由检察机关享有，而不仅仅是享有就监视方法进行"商请"的建议权。[②] 这一理解符合先前《高检规则（征求意见稿）》中对该问题的表述，根据征求意见稿第116条，人民检察院办理的自侦案件中适用监视居住的可以"要求"公安机关采取电子监控、不定期检查等监视方法。现行《高检规则》改变了征求意见稿中有关监视居住方法确定的规定主要是考虑到司法实践中公、检两家在自侦案件适用监视居住上的衔接问题，避免两家互相扯皮，使衔接更为顺畅。[③]

（二）离开监视居住处所、会见他人或者通信的审批

根据现行《刑事诉讼法》及相关司法解释、部门规章的规定，被监视居住人因正当理由离开执行地点、与他人会见或者通信必须经过批准。公安机关办理的、适用监视居住的案件，被监视居住人有正当理由离开执行地点、与他人会见或者通信的，应当经过负责执行监视居住的派出所或者办案部门的批准。人民检察院、人民法院决定适用监视居住的案件，负责执行的派出所在批准离

[①] 《高检规则》第116条规定："人民检察院可以根据案件的具体情况，商请公安机关对被监视居住的犯罪嫌疑人采取电子监控、不定期检查等监视方法，对其遵守监视居住的情况进行监督。人民检察院办理直接立案侦查的案件对犯罪嫌疑人采取监视居住的，在侦查期间可以商请公安机关对其通信进行监控。"

[②] 参见陈卫东主编：《〈人民检察院刑事诉讼规则（试行）〉析评》，中国民主法制出版社2013年版，第131页。

[③] 同上。

开执行地点、与他人会见或者通信前则必须征得决定机关的同意。

就因正当理由离开执行地点的批准,有两个问题亟须予以明确:一是符合什么情形才能构成离开执行地点的正当理由;二是在发生突发事件或其他紧急情形的条件下,被监视居住人是否享有未经批准离开监视居住地点的权利。就离开指定地点的正当理由而言,实务部门倾向于将其理解为"被监视居住人因治病、奔丧(亲属死亡)、出庭作证等特殊情况,确实需要离开住处或者指定的居所,或者因其他合理理由确实需要与他人会见或通信,如与外地的子女、父母等亲属会见或通信"[1]。笔者认为,上述规定可以适当放宽并根据外出的目的将其分为以下几类:(1)满足基本生活需要的外出,包括外出购买生活必需品、就医等;[2] (2) 配合侦查、起诉或者审判的需要而外出,比如到办案场所接受讯问、外出指认犯罪现场或者辨认、出席法庭等诉讼活动;(3) 其他特殊需要,如奔丧等。就第二个问题而言,应当允许被监视居住人在因不可抗力或者发生其他紧急情况而危及被监视居住人或者其同住人的生命、健康时不经执行机关批准而外出,但是应当在紧急情况消失后立即向执行机关报告。

(三) 监视居住的终止

监视居住的终止是指发生法定事由使得监视居住的决定归于无效,监视居住的终止包括解除、撤销和变更三种情形。根据《刑事诉讼法》第 77 条第 2 款的规定,监视居住的解除,是指在发现不应当追究刑事责任或者监视居住期间届满的情况下,由监视居住决定机关做出的使监视居住决定归于无效的法律行为。《刑事诉讼法》第 94 条同样规定了强制措施的撤销和变更,前者是指公、检、法机关对自己做出的采取强制措施的决定予以撤销,不再对犯罪嫌疑人、被告人采取强制措施;而后者则是指根据案件情况,采取更为适宜的其他强制措施。

监视居住的变更较容易理解,但是监视居住的解除和撤销单纯从词义上则容易产生混淆。首先,从结果上看,变更的结果是由监视居住变更为取保候审、拘留或者逮捕等强制措施,而解除和撤销则都是表现为原监视居住的决定

---

[1] 参见孙茂利主编:《公安机关办理刑事案件程序规定释义与实务指南》,中国人民公安大学出版社 2013 年版,第 268—269 页。

[2] 满足基本生活需要的外出并非是指只要具备购买生活必需品及就医的需要被监视居住人就可以获得外出批准,为了兼顾执行效果,将被监视居住人逃避诉讼的风险降至最低,上述为满足基本生活需要的外出应当以"非被监视居住人亲为不可"为前提。比如在固定住处执行的监视居住,如果有同住的家属,购买生活必需品的活动即可由其家属代替;指定居所监视居住的,由于被监视居住人的基本生活由办案机关、执行机关保障,一般认为其不存在因购买生活必需品而外出的事由。

归于无效。其次，在《高检规则》以及《公安机关办理刑事案件程序规定》中也使用了监视居住的"解除和撤销"以及监视居住的"解除、变更"的用法，但是从实务部门的理解看，与立法机关就上述词义的解释存在区别。比如，根据最高人民检察院就《高检规则》的释义，监视居住的解除，是指因监视居住期限届满或者决定不再对犯罪嫌疑人监视居住时，而将监视居住措施解除适用。监视居住的撤销，是指不应当追究犯罪嫌疑人刑事责任，但却采取了监视居住措施，在发现后予以撤销的行为。[1] 可见，同样是"不应当追究犯罪嫌疑人刑事责任"的事由，在《刑事诉讼法》中构成监视居住解除原因，但是根据《高检规则》则是引起监视居住撤销的原因。

然而，既然《刑事诉讼法》在表述上作了解除和撤销的区分，也就说明了二者在立法目的及适用情形上应当有所区别。有关解除监视居住的内容规定在《刑事诉讼法》第77条第2款当中，第1款则是有关监视居住期限的规定，从条文结构可知，解除监视居住的规定旨在督促办案机关严格按照监视居住的法定期限办案，防止案件久拖不决给公民权利造成的不确定状态，以保护公民合法权利。因此，在"不应追究刑事责任"[2] 以及"监视居住期限届满"的情况下，办案机关应当及时解除监视居住措施。除上述两种情形下的监视居住的解除之外，原监视居住决定还可能因为强制措施变更而发生"自动解除"的法律效力。[3]

与监视居住的解除不同，《刑事诉讼法》规定强制措施的撤销则旨在纠正办案机关"采取强制措施不当"的情况。根据《刑事诉讼法》第94条，强制措施撤销的原因是"对犯罪嫌疑人、被告人采取强制措施不当"，而这里所谓"不当"是指，"对犯罪嫌疑人不应当采取强制措施的采取了强制措施"[4]。就监视居住的适用来说，不当情况至少包括以下情形：（1）违反法定程序采取监视居住。比如对于三类特殊案件未经办案机关的上一级机关批准即适用指定居

---

[1] 参见孙谦主编：《人民检察院刑事诉讼规则（试行）理解与适用》，中国检察出版社2012年版，第113页。

[2] 根据立法机关的释义，"不应追究刑事责任"除了《刑事诉讼法》第15条所规定的情形之外，还包括被监视居住人没有犯罪事实的情况，既包括犯罪事实没有发生，也包括所侦查的犯罪活动不是被监视居住人实施的情况。参见郎胜主编：《中华人民共和国刑事诉讼法修改与适用》，新华出版社2012年版，第170页。

[3] 如根据《高检规则》第149条及150条的规定，监视居住变更为拘留、逮捕的，在变更的同时原监视居住决定自动解除，不再办理解除法律手续。人民检察院已经对犯罪嫌疑人监视居住，案件起诉至法院后，人民法院决定取保候审、监视居住或者变更强制措施的，原监视居住决定自动解除，不再办理解除法律手续。

[4] 郎胜主编：《中华人民共和国刑事诉讼法修改与适用》，新华出版社2012年版，第199页。

所监视居住的。(2) 对不符合监视居住条件的犯罪嫌疑人、被告人适用监视居住的。(3) 对于已经采取监视居住的犯罪嫌疑人、被告人，随着案情的变化，已经不需要继续对其适用强制措施的。

5.3 监视居住的救济程序

对被监视居住人的法律救济可以分为程序性救济和实体性救济，前者主要是指被监视居住人及法律规定的其他人员对监视居住的决定或者执行程序不服而提起申诉、控告以及申请解除、撤销与变更监视居住等的救济程序；后者则是指在错误的决定以及执行监视居住的情况下，监视居住的决定机关、办案机关及执行机关所应承当的赔偿被监视居住人物质及精神方面损失的责任。现行《刑事诉讼法》及相关司法解释中主要规定了监视居住的程序性救济，而对于其实体性救济当前尚无明文规定。

5.3.1 程序性救济

一、监视居住程序性救济的种类及程序规则

根据程序性救济的提起主体不同，可将其分为以下三类：

1. 被监视居住人及其相关人的救济

现行《刑事诉讼法》中较为笼统地规定了被监视居住人及其法定代理人、近亲属或者辩护人寻求法律救济的途径。根据现行《刑事诉讼法》第95条、97条的规定，犯罪嫌疑人、被告人及其法定代理人、近亲属或者辩护人有权申请变更强制措施，对公、检、法采取强制措施法定期限届满的，有权要求解除强制措施。

《高检规则》及《公安机关办理刑事案件程序规定》中对上述规定作了进一步细化。就监视居住的申请解除而言，犯罪嫌疑人及其法定代理人、近亲属或者辩护人得以监视居住期限届满为由要求办案机关解除监视居住。如果是由人民检察院做出的监视居住决定，人民检察院侦查部门或者公诉部门负责审查并于审查后报检察长决定，决定应当在三日以内做出。认为法定期限届满的，应当决定解除或者变更强制措施，认为未满法定期限的则应当书面答复申请人。如果是公安机关做出的监视居住决定，公安机关应当进行审查，对于情况属实的应当立即解除或者变更强制措施，但并未规定对要求解除强制措施的申请进行审查并做出决定的时限。

就监视居住的申请变更而言,如果是人民检察院做出的监视居住决定,犯罪嫌疑人、被告人及其法定代理人、近亲属或者辩护人在申请变更强制措施时应当说明理由,有证据和其他材料的,应当附上相关材料。接到申请后,人民检察院侦查部门或者公诉部门应当进行审查并报检察长决定,决定应当在三日以内做出。如果是公安机关做出的监视居住决定,公安机关也应当在收到申请后三日以内做出决定,若不同意变更,则应当告知申请人并说明理由。

2. 监视居住决定机关的救济

根据现行《刑事诉讼法》第77条与第94条的规定,公、检、法三机关对于各自做出的监视居住决定,在发现不应当追究刑事责任、期限届满以及采取监视居住不当的情况下,应当予以解除、撤销或者变更。

由决定机关就自己做出的监视居住决定自行启动的解除、撤销或者变更程序并非典型意义上的救济程序。① 之所以《刑事诉讼法》做出这种制度设计,其直接目的是为了"督促办案机关在采取前置措施以后即使结案,防止办案机关在宣布取保候审、监视居住以后,出现所谓的'候而不审'的现象,防止案件久拖不决,或者在超过取保候审、监视居住期限后不解除相关措施,或者办案机关对犯罪嫌疑人、被告人采取取保候审、监视居住后,不了了之,以取保候审、监视居住作为案件最终处理的情况。"②

---

① 一般意义上理解的诉讼法上的法律救济是指诉讼两造对于诉讼程序中做出的关切自身程序或实体利益的裁判提出申诉、控告、上告等,意图动摇该裁判法律效力的法律行为。一般认为,刑事诉讼程序中有权提起法律救济活动的主体是作为控告方的检察机关以及作为辩护方的犯罪嫌疑人、被告人及其法定代理人、辩护人等。如《德国刑事诉讼法》第三编"法律救济"第一章"通则"中开章就对法律救济权利人做了明确规定,根据该法第296~298条,不论是检察院还是被指控人,均拥有提起准许法律救济诉讼活动的权利。检察院也可以为了被指控人的利益而提起法律救济诉讼活动。除此以外,辩护人和法定代理人也可以提出法律救济的诉讼活动。对于做出裁判的有权机关对自己做出的裁判进行的自我审查和纠正能否划入法律救济的范畴值得讨论,起码这种方式不属于典型的法律救济。但从有利于被追诉人的角度考虑,这种自我审查和纠正的方式与典型的法律救济都能够起到保护被追诉人合法权利的法律效果,也可以算作广义的法律救济。

② 郎胜主编:《中华人民共和国刑事诉讼法修改与适用》,新华出版社2012年版,第169页。

3. 法律监督机关的救济——指定监视居住的检察监督[①]

现行《刑事诉讼法》第73条第4款规定："人民检察院对指定居所监视居住的决定和执行是否合法实行监督。"《高检规则》中对人民检察院就指定居所监视居住的检察监督的程序规则作了细化：首先明确了检察机关内部不同部门之间对指定居所监视居住进行监督的分工和权限；其次规定了指定居所监视居住决定违法以及执行违法的具体情形；最后还明确了被监视居住人及其法定代理人、近亲属或者辩护人就违法的指定居所监视居住决定和执行进行控告和举报的权利。

根据检察监督程序的启动方式不同，可将对指定居所监视居住的检察监督分为主动监督和被动监督。前者是指人民检察院依照职权主动对指定居所监视居住的执行是否合法进行的监督；后者则是指在被指定居所监视居住人及其法定代理人、近亲属或者辩护人对监视居住的决定提出控告或者举报以及对监视居住的执行提出控告的情况下，承担监督职责的部门对监视居住决定或者执行的合法性进行的检察监督。也就是说，对指定居所监视居住决定的监督采用的是被动监督的方式，而对指定居所执行的监督则是采用主动监督和被动监督相结合的方式。

对指定居所监视居住决定和执行的检察监督由人民检察院不同的部门分工负责。对指定居所监视居住决定的监督由侦查监督部门和公诉部门负责，根据做出指定居所监视居住决定的主体的不同，负责对其进行检察监督的部门也有所区别：(1) 由上一级人民检察院侦查监督部门对决定的合法性进行监督。这是针对涉嫌三类特殊犯罪适用指定居所监视居住的案件，下级人民检察院报请上一级人民检察院指定居所监视居住的，由上一级人民检察院侦查监督部门对

[①] 在诉讼化的程序构造中，检察机关作为与被追诉人相对立的诉讼构造的一方显然享有提起法律救济的权利。然而，就监视居住决定的做出程序而言，由于其不具备基本的诉讼构造，检察机关或者不参与监视居住的决定程序，或者作为享有监视居住决定权的主体参与决定程序，其无论如何都不是享有法律救济权的主体。然而，我国检察机关享有法律监督的权力，有权对所有的诉讼活动进行法律监督。也正是从这一点上，有学者将检察机关对监视居住的检察监督与被监视居住人的法律救济平行视为新《刑事诉讼法》对监视居住设置的两道"法律屏障"，从而对"监视居住的法律监督"和"监视居住的法律救济"作出区分。笔者认为，这一理解符合我国《宪法》对检察机关的法律定位以及当前《刑事诉讼法》中强制措施决定的行政化程序设置，但从长远看，监视居住尤其是指定居所监视居住决定程序的诉讼化改造有可能取代当前行政化色彩极浓的行政化构造，这样一来，检察机关也就有了成为监视居住法律救济权利主体的可能性。笔者将检察机关对监视居住的检察监督置于监视居住的程序性救济部分予以讨论，既是对当前检察监督对被监视居住人权利保护所起到的作用的肯定，同时也是从长远角度完善我国监视居住乃至强制措施救济程序的考虑。

决定的合法性进行监督。(2) 由做出批准决定的公安机关的同级人民检察院侦查监督部门对决定的合法性进行监督。这里是针对公安机关办理的适用指定居所监视居住的案件，又可细分为两种情况：一是涉嫌三类特殊犯罪适用指定居所监视居住的，由与办案机关的上一级公安机关同级的人民检察院侦查监督部门对决定的合法性进行监督；二是三类特殊犯罪之外的案件适用指定居所监视居住的，由于办案机关即可自行决定而无须上报一级决定，所以由办案机关的同级人民检察院侦查监督部门对决定的合法性进行监督。(3) 由做出决定的人民法院的同级人民检察院公诉部门对决定合法性进行监督。这里是指人民法院因被告人无固定住处而决定对其适用指定居所监视居住的情况。

与对决定的监督由不同的部门负责不同，对指定居所监视居住执行的检察监督则统一由监所检察部门负责。之所以这样规定，主要是出于对监所检察部门职责权限的认识，"考虑到指定居所监视居住也是强制措施执行的重要组成部分，监所检察部门按照职责分工对强制措施的执行予以监督，因此规定由监所检察部门来实施。"[①]

《刑事诉讼法》及相关司法解释中明确规定了对指定居所监视居住的检察监督，对于固定住处的监视居住的检察监督却未提及，但这并不是说检察机关对固定住处的监视居住的决定和执行没有监督的职责。从理论上讲，人民检察院是我国法律监督机关，其法律监督活动贯穿刑事诉讼程序的全部过程，对固定住处监视居住的监督当然在其职责范围之内。从现实需要看，在固定住处执行监视居住的，被监视居住人的合法权利同样面临被侵犯的风险，因此也有必要对其进行监督。

二、指定居所监视居住的特别救济程序

在上述常规程序性救济之外，《高检规则》还专门就特别重大贿赂犯罪案件适用指定居所监视居住的规定了特别救济程序，即指定居所监视居住的必要性审查。之所以规定重大贿赂犯罪案件适用指定居所监视居住的必要性审查程序，主要是"为了切实保障犯罪嫌疑人的人身权利，考虑到指定居所监视居住的特殊性，为避免出现指定居所监视居住时间过长演变为对犯罪嫌疑人的变相羁押"[②]。

---

① 孙谦主编：《人民检察院刑事诉讼规则（试行）理解与适用》，中国检察出版社2012年版，第110页。

② 孙谦主编：《人民检察院刑事诉讼规则（试行）理解与适用》，中国检察出版社2012年版，第105页。

根据指定居所监视居住必要性审查的启动方式不同可以将其分为依职权启动和依申请启动两种。两种启动方式从本质上讲，都是由《刑事诉讼法》中有关撤销、变更强制措施的条款引申出来的，是在特定的案件中对上述条款的细化，使其具有了更强的操作性。

指定居所监视居住必要性审查的主体是办理案件的人民检察院侦查部门。对此，《高检规则》修订过程中曾经出现过两种不同的意见：一是由办理案件的人民检察院审查并决定；二是由上一级人民检察院审查并决定。出于办理案件的检察机关更加了解案情，从而更有利于做出客观决定以及节省办案时间和有效避免不必要的限制人身自由的考虑，最终采用了由办理案件的人民检察院审查决定的做法。[①]

指定居所监视居住的必要性审查有其特定的适用案件范围。根据《高检规则》第112条的规定，人民检察院仅在特别重大贿赂犯罪案件中进行指定居所监视居住的必要性审查。对于该类案件，办理案件的人民检察院侦查部门有职责自做出指定居所监视居住决定之日起每两个月对指定居所监视居住的必要性进行审查。对于人民检察院办理的特别重大贿赂案件以外的其他案件决定适用指定居所监视居住的[②]，办案机关侦查部门则没有职责进行定期的审查。那么在这些案件中犯罪嫌疑人及其法定代理人、近亲属或者辩护人是否享有申请变更指定居所监视居住的权利呢？前已述及，《高检规则》中有关依申请启动指定居所监视居住必要性审查的规定是对《刑事诉讼法》中有关撤销、变更强制措施的引申，而《刑事诉讼法》所赋予犯罪嫌疑人及相关人员的申请撤销、变更强制措施的权利并不因其所涉嫌的案件不同而有所区别。因此，人民检察院办理的所有适用指定居所监视居住的案件中，犯罪嫌疑人及其法定代理人、近亲属或者辩护人均有权向办理案件的人民检察院申请变更强制措施。也就是说，对于特别重大贿赂案件决定适用指定居所监视居住的，人民检察院侦查部门应当依照职权或者依申请对指定居所监视居住的必要性进行审查；而对于特别重大贿赂案件以外的由人民检察院办理的案件决定适用指定居所监视居住的，人民检察院侦查部门仅可依申请进行审查。

---

① 孙谦主编：《人民检察院刑事诉讼规则（试行）理解与适用》，中国检察出版社2012年版，第108页。

② 比如人民检察院立案侦查的贿赂犯罪案件，虽然未达到"重大贿赂犯罪案件"的标准，但是因为在办案机关所在的市、县内没有固定住处而适用了指定居所监视居住的情况。

5.3.2 实体性救济

所谓实体性救济，即被监视居住人及相关人员①有权就公、检、法的监视居住的决定和监视居住执行过程中侵犯被监视居住人人身、财产和其他权益的职权行为要求国家赔偿。2012年《刑事诉讼法》修订以后，《国家赔偿法》等相关法律也相应地作了修改，但其中并未涉及监视居住的国家赔偿问题。然而无论是从监视居住尤其是指定居所监视居住对犯罪嫌疑人、被告人的人身自由的干预程度以及我国《国家赔偿法》的完善来说，将监视居住造成的对被监视居住人合法权益的损害纳入国家赔偿的范围都是大势所趋。② 就监视居住要求国家赔偿，有两个问题亟须予以明确：一是赔偿范围；二是承担赔偿责任的主体。

一、赔偿范围

所谓赔偿范围，也就是被监视居住人及相关人员可以就公、检、法的哪些职权行为要求国家赔偿。明确的赔偿范围是被监视居住人获得国家赔偿的首要依据，那么现行法中有无就监视居住进行赔偿的法律依据呢？根据2012年修订后的《国家赔偿法》，刑事赔偿的范围仅限于相关机关及其工作人员行使职权时对受害人人身权利和财产权利的侵犯。而该法第17条至19条将赔偿范围细化为相关机关的具体行为，其中第17条明确将违法的拘留和逮捕③作为刑事赔偿范围，而未提及监视居住。这是否意味着监视居住决定和执行行为不在刑事赔偿的范围之内呢？对于该问题，应当区别监视居住的决定行为和执行行为分别予以讨论。

就监视居住的决定而言，首先需要明确可能导致国家赔偿的监视居住决定的判定标准，而这则是由归责原则所决定的。在判定国家是否承担刑事赔偿责任的问题上，存在三种基本的归责原则，即违法归责原则、过错责任原则以及

---

① 主要是指被监视居住人死亡时，其继承人和其他有扶养关系的亲属。
② 程雷：《刑事诉讼法第73条的法解释学分析》，载《政法论坛》2013年7月第31卷第4期；印习平、辛耀波：《刑事赔偿的归责原则、赔偿范围和国家免责规定的完善》，载《河北法学》2010年5月第28卷第5期。
③ 根据该条规定，错误的拘留是指违反刑事诉讼法的规定对公民采取拘留措施，或者虽然依照刑事诉讼法规定的条件和程序对公民采取拘留措施，但拘留时间超过刑事诉讼法规定的时限，而后决定撤销案件、不起诉或者宣告无罪终止追究刑事责任的情形；而错误的逮捕则是指采取逮捕措施后，决定撤销案件、不起诉或者判决宣告无罪终止追究刑事责任的。

结果责任原则。① 我国《国家赔偿法》在制定之初总体上采用了违法责任原则，即国家机关及其工作人员的职权行为不但要导致一定的损害结果，而且还要求职权行为本身是违法的。② 这一制度设计忽略了追诉犯罪过程中即便是合法职权行为也可能对被追诉人的合法权益造成损害的事实，将这种因追诉犯罪本身所固有的风险完全交由被追认承担的做法长期以来受到学术界的批评。2010年《国家赔偿法》修改时，将原来单一的违法归责的制度设计修改为违法归责、结果归责和过错归责等多元归责体系。③ 2012年《国家赔偿法》再修改时维持了这一归责体系的设置。具体到刑事赔偿中所涉及的拘留和逮捕，前者经历了由过错归责到违法归责的转变，而后者则是由过错归责变为无过错归责（亦称结果责任）。上述变化，尤其是就逮捕决定无过错归责原则的确立实际上扩大了刑事赔偿的范围，而逮捕和违法拘留归责原则的不同设置则主要是反映了两种强制措施在对被追诉人人身自由等人身权利的干涉方面的不同程度。虽然根据我国现行《刑事诉讼法》所确立的强制措施体系，监视居住被视为逮捕的替代措施，是一种非羁押性的强制措施，但是从监视居住的持续时间以及指定居所监视居住期间折抵刑期等规定来看，其对人身自由的干预程度与逮捕极为相似。因此，在指定居所监视居住决定的刑事赔偿归责原则上应当效仿逮捕的刑事赔偿归责，采用结果责任原则，即对公民采取指定居所监视居住后决定撤销案件、不起诉或者判决宣告无罪的，被监视居住人有权要求国家赔偿。而就在固定住处执行的监视居住决定的刑事赔偿则应当采用违法责任原则，仅就违反法定程序和条件以及超期监视居住等违法的监视居住决定予以国家赔偿。

就监视居住的执行而言，其主要涉及执行过程中执行机关和办案机关对被监视居住人人身权利的侵犯。现行《国家赔偿法》第17条第1款第4项与第5项的规定可以作为被监视居住人就监视居住执行行为侵犯其权利要求国家赔偿的法律依据，也就是说在监视居住执行过程中如果执行机关或者办案机关对被监视居住人刑讯逼供或者以殴打、虐待等行为或者唆使、放纵他人以殴打、虐待等行为以及违法使用武器、警械造成被监视居住人身体伤害或者死亡的，被监视居住人或者死亡被监视居住人的继承人或者与其有扶养关系的人有权获

---

① 参见钟佳萍、禹龙国：《论我国刑事赔偿归责原则的完善》，载《政治与法律》2007年第1期。
② 2010年《国家赔偿法》修改之前，该法第2条规定："国家机关和国家机关工作人员违法行使职权侵犯公民、法人和其他组织的合法权益造成损害的，受害人有依照本法取得国家赔偿的权利。"
③ 参见胡仕浩：《扩大赔偿范围、畅通求偿渠道、完善赔偿程序、提高赔偿标准、改进经费保障——国家赔偿法的修改凸显五大亮点》，载《人民法院报》2010年12月1日。

得国家赔偿。

二、承担赔偿义务的主体

《国家赔偿法》第 21 条对承担刑事赔偿义务的主体作了明确的规定，虽然其中没有像拘留、逮捕那样直接规定监视居住的赔偿义务主体，但根据该条第 1 款①的规定，可以推出对公民决定适用监视居住措施、应当给予国家赔偿的，做出监视居住决定的机关为赔偿义务机关。

与监视居住决定对公民合法权益造成损害所导致的国家赔偿中承担赔偿义务的主体的确定较为明晰不同，由于监视居住执行过程涉及执行机关与办案机关之间的关系，国家赔偿义务主体的确定也较为复杂。加之我国监视居住执行过程中时常发生的由办案机关与执行机关共同执行的情况，一旦监视居住执行过程中发生侵犯被监视居住人合法权益的行为，在确定承担国家赔偿义务的主体时则极有可能出现因为主体不明而导致受害的被监视居住人难以主张并实现其要求国家赔偿的权利。

解决这一问题，最根本的是要规范监视居住执行权的运行，使《刑事诉讼法》中有关由公安机关负责执行监视居住的规定落到实处。这样一来，执行过程中造成被监视居住人合法权益损害后确定承担赔偿义务的主体时则相对较为明确：对于在监视居住执行地点发生的，由于执行人员的职权行为造成的被监视居住人合法权益的损害应当承担国家赔偿义务的，执行机关为赔偿义务机关；执行机关按照法定的职权和程序将被监视居住人交由办案机关带离执行地点进行讯问或者进行其他配合侦查、起诉、审判等活动，应当承担国家赔偿义务的，办案单位为赔偿义务机关；而如果执行机关超出法定权限和程序将被监视居住人交由办案机关带离执行地点，且在该过程中侵犯被监视居住人合法权益并应承担国家赔偿义务的，执行机关与办案机关为共同赔偿义务机关。当然，在执行机关与办案机关共同执行的局面难以在较短的时间内改变的情况下，只能由执行机关与办案机关共同承担国家赔偿义务。

---

① 《国家赔偿法》第 21 条第 1 款规定："行使侦查、检察、审判职权的机关以及看守所、监狱管理机关及其工作人员在行使职权时侵犯公民、法人和其他组织的合法权益造成损害的，该机关为赔偿义务机关。"

5.4 监视居住期间侦查讯问程序规则

当前监视居住程序中存在的问题归结于一点就是程序规则的设置偏离了强制措施的基本功能设置。监视居住超出诉讼保障的基本功能，承担了太多原本不该由其承担的辅助侦查功能，特别是在指定居所监视居住的程序设置方面，这种功能的偏离表现得尤为明显。具体来说，指定居所监视居住的适用很大程度上是为了获取证据及证据线索。

2012 年《刑事诉讼法》修改后，监视居住的这种功能性偏离较之以前有可能更甚。一方面，修改后的《刑事诉讼法》第 72 条明确规定，因为办理案件的需要，采取监视居住措施更为适宜的，对本来符合逮捕条件的犯罪嫌疑人、被告人也可以采取监视居住措施。所谓"'办理案件的需要'是从有利于继续侦查犯罪，或者诉讼活动获得更好的社会效果出发"[①]，可见在法律规定方面，《刑事诉讼法》的这一规定为以侦查为主要目的的监视居住的适用开了一道口子。另一方面，根据修改后的《刑事诉讼法》，一旦对犯罪嫌疑人、被告人予以拘留或者逮捕，对其讯问必须在看守所内进行，对被羁押的犯罪嫌疑人、被告人的讯问地点的改变也势必会影响通过侦查讯问获取证据及证据线索的能力，从而促使侦查人员将目光转向监视居住，特别是指定居所的监视居住。由此看来，如何规范监视居住期间办案机关的侦查取证行为就成为促成监视居住功能回归、重塑监视居住程序规则的根本。

5.4.1 讯问地点

在侦查实践中，讯问地点直接关系到犯罪嫌疑人在生理、心理上是否能够避免受到不应当的酷刑或其他不人道待遇问题。[②] 上面提到，《刑事诉讼法》修改以后，为侦查机关通过扩大适用监视居住规避有关羁押后的讯问必须在看守所内进行的规定提供了可能性，而这种刻意的规避往往又为之后在看守所以外的其他地点进行的非法审讯埋下伏笔。有研究表明，非法审讯往往发生在特定的时空条件中，犯罪嫌疑人的初次认罪供述往往发生在侦查人员的办公室

[①] 参见郎胜主编：《中华人民共和国刑事诉讼法修改与适用》，新华出版社 2012 年版，第 158 页。
[②] 陈卫东主编：《模范刑事诉讼法典（第二版）》，中国人民大学出版社 2011 年版，第 262 页。

中。① 由此看来，对被监视居住人进行侦查讯问的地点的确定对于保障其合法权益就显得尤为重要了。

现行《刑事诉讼法》第116、117条对侦查讯问的地点作了规定。对因拘留或者逮捕而送交看守所羁押的犯罪嫌疑人的讯问应当在看守所内进行；而对于不需要羁押的犯罪嫌疑人既可以将其传唤到侦查机关进行讯问，也可以选择将其传唤到其所在的市、县内的指定地点或者到他的住处进行讯问。就对被监视居住人的讯问而言，其显然属于后者。也就是说，从条文字面意义上理解，对被监视居住人的讯问，既可以在侦查机关进行，也可以在其所在市、县内的指定地点或者他的住处进行。

根据立法机关的法律释义，"犯罪嫌疑人所在的市、县内的指定地点"，主要是指犯罪嫌疑人在被讯问时工作生活所在的市、县的公安局、公安派出所、基层组织及其所在单位等；而"住处"则是指犯罪嫌疑人在被讯问时所居住的地方。② 在具体讯问地点的选择上，《刑事诉讼法》中对"犯罪嫌疑人所在的市、县内的指定地点"与"犯罪嫌疑人的住处"两个地点并未规定孰先孰后，但根据《公安执法细则》，对未被羁押的犯罪嫌疑人的讯问原则上应当在市、县公安机关的办案场所进行，但对于有严重疾病或者残疾、行动不便的，以及正在怀孕的犯罪嫌疑人，经县级以上公安机关负责人批准，可以到犯罪嫌疑人住处进行讯问。根据该规定，对被监视居住人进行讯问应当首先考虑在侦查机关的办案场所进行，对于因特殊身体原因不便到办案场所接受讯问的，才会考虑到被监视居住人的住处进行讯问。

考虑到指定居所监视居住的特殊性，有学者提出"指定的地点是否包括执行监视居住的处所"的问题，并认为无论是从监视居住作为强制措施的功能的角度，还是从"传讯""到案"等用语的字面意思以及从体系解释的角度，讯问地点中所指的"指定的地点"都不应该包括监视居住的处所。③ 也就是说，执行监视居住的地点不能作为讯问地点。但笔者认为，对被监视居住人的讯问既可以在其住处（包括固定的住处以及指定的处所），也可以将其传唤到指定的地点进行讯问，但带离执行监视居住的处所进行讯问应当经过更加严格的批准手续。究其原因，首先，无论执行监视居住的场所是犯罪嫌疑人的固定住处还是指定的地点，其都符合《刑事诉讼法》中未被羁押的犯罪嫌疑人的讯问地

---

① 马静华、彭美：《非法审讯：一个实证角度的研究》，载郝宏奎主编：《侦查论坛（第五卷）》，北京：中国人民公安大学出版社，2006年版。

② 郎胜主编：《中华人民共和国刑事诉讼法修改与适用》，新华出版社2012年版，第239页。

③ 程雷：《刑事诉讼法第73条的法解释学分析》，载《政法论坛》2013年7月第31卷第4期。

点的规定。被监视居住人的固定的住处自不待言,就指定的居所而言,且不论当前司法实践中各地的做法可能存在较大差别,但是从立法及司法解释的本意来看,指定的居所首先应当是"具备正常的生活、休息条件"的生活场所,这也是监视居住的应有之义。从这一点来说,其也符合立法释义中对讯问地点"住处"的解释。其次,从可预知的效果来看,在监视居住执行场所的讯问,特别是对受到较多质疑的在指定的居所进行讯问而言,由于有执行机关的人员在场,本身也是对办案机关讯问的一种制约,可以督促讯问的规范进行。至于在执行监视居住的处所以外的地点进行的讯问,按照现行《刑事诉讼法》中有关讯问地点的规定,应当在办案机关指定的地点。

5.4.2 讯问时间

对讯问进行时间方面的限制,既是保证讯问得以公正、人道的方式进行的一个重要方面,也是保证被追诉人供述自愿性的一种保障机制。[①] 我国现行《刑事诉讼法》中有关讯问时间的直接规定仅限于拘留、逮捕以后必须在24小时内进行讯问的规定,由于传唤、拘传的目的在于强制犯罪嫌疑人到案接受讯问。因此,有关传唤、拘传不得超过12小时、特殊情况下不得超过24小时的规定也可以视作对讯问时间的间接的规定。然而,现有的规定并不足以保障讯问行为的规范性,也就难以保障犯罪嫌疑人、被告人供述的自愿性和真实性。从比较法的角度,一个完整的有关讯问时间的规定至少应该就讯问的开始时间、持续时间以及间隔时间做出明确规定。

上述规定的缺失也导致我国侦查实践中"突审"现象大量存在,这就为刑讯逼供等非法审讯埋下伏笔。所谓突审,一般是指包括夜间讯问[②]在内的,在看守所以外的地点——一般是办案单位的内部办案场所,对犯罪嫌疑人、被告人进行的长时间、高强度的讯问。在我国的侦查讯问实践中,"突审"在获取犯罪嫌疑人口供和证据线索方面发挥着非常重要的作用。下面以一个案例中统计的一组数据来说明突审在侦查实践中的适用情况:

---

① 陈卫东主编:《模范刑事诉讼法典(第二版)》,中国人民大学出版社2011年版,第262页。
② 关于什么时间内进行的讯问构成夜间讯问并没有统一的规则,不过按照通常意义上的理解以及规范研究的需要,此处所指的夜间讯问是指当天晚上六点至第二天早上六点这一时间段内进行的讯问。

【案例7】姚某某故意杀人案①

姚某某涉嫌故意杀人，于 2006 年 11 月 10 日被 A 市公安局刑事拘留，并于当年 12 月 16 日被执行逮捕。自 2006 年 11 月 9 日至 12 月 16 日，姚某某先后 14 次接受讯问，具体情况见下表：

讯问次数	讯问时间跨度	讯问时长	讯问地点
1	11 月 9 日 21:20——10 日 03:00	5 小时 40 分钟	A 市公安局刑侦中队
2	11 月 11 日 00:30——05:05	4 小时 35 分钟	A 市公安局刑侦中队
3	11 月 11 日 15:54——16:35	41 分钟	A 市看守所
4	11 月 16 日 11:50——17 日 02:50	15 小时	A 市公安局刑侦中队
5	11 月 28 日 15:30——18:18	2 小时 32 分钟	A 市 B 县看守所
6	11 月 28 日 19:00——20:40	1 小时 40 分钟	A 市 B 县看守所
7	11 月 29 日 18:35——20:40	2 小时 50 分钟	A 市 B 县看守所
8	11 月 29 日 21:10——22:32	1 小时 22 分钟	A 市 B 县看守所
9	12 月 1 日 14:50——17:20	2 小时 30 分钟	A 市 B 县看守所
10	12 月 5 日 9:45——16:35	6 小时 50 分钟	A 市 B 县看守所
11	12 月 6 日 15:10——16:55	1 小时 45 分钟	A 市 B 县看守所
12	12 月 12 日 15:40——16:30	50 分钟	A 市看守所
13	12 月 13 日 19:08——20:50	1 小时 42 分钟	A 市看守所
14	12 月 16 日 11:30——11:50	20 分钟	A 市看守所

在上述案例中，突审主要体现在对夜间讯问的运用上，在对姚某某的总共 14 次讯问中，夜间讯问多达 7 次，占到 50％。并且，犯罪嫌疑人姚某某到案后所进行的前 4 次讯问中，夜间讯问多达 3 次，占到 75％，且三次夜间讯问均是将姚某某从 A 市看守所中提出，在 A 市公安局刑侦中队进行，最长的一次讯问达到 15 小时。可以推测，姚某某到案后在 A 市公安局刑侦中队的三次突审（第 1、2、4 次讯问）对获取该嫌疑人口供方面所发挥的重要作用。

然而，现行《刑事诉讼法》中要求拘留、逮捕后对犯罪嫌疑人、被告人的讯问必须在看守所内进行，这样一来就切断了提外突审的路径，这一变化势必

---

① 该案是笔者于 2011 年参加中国人民大学诉讼制度与司法改革研究中心有关"侦查权平衡"项目调研时通过阅览侦查卷宗得来。

会对当前模式下的侦查工作造成较大的冲击。除此以外，当前审讯能力大不如前[1]、辩护律师提前介入以及讯问过程全程录音录像的新规定等因素综合作用，势必导致侦查讯问特别是突审手段的运用受到影响，进而造成破案率的大幅下降。而这也正是笔者之所以担心实务部门会将视线转移到运用监视居住、特别是指定居所监视居住来规避有关羁押后的讯问必须在看守所内进行的规定对侦查工作可能造成的冲击的原因。为此，就对被监视居住人的讯问这一问题应当引起足够的重视，对讯问的地点、讯问时间这两个直接关系被监视居住人合法权益保护的问题应当予以明确规定。

---

[1] 笔者于2012年9月5日至7日参加了中国人民大学诉讼制度与司法改革研究中心"侦查权平衡"课题的调研活动，调研中，一位有着20多年侦查工作经验的老干警向课题组反应，主客观两方面的因素导致近年来侦查讯问工作总体上呈现出由易到难的趋势。客观上看，犯罪数量连年增加但警力却没有相应的增加，案多人少的矛盾愈演愈烈；主观上，由于预审制度的取消，现在的办案人员的审讯技巧、审讯能力都大不如前。

参考文献

一、中文著作及译著

[1] [英] 哈耶克. 自由秩序原理（上）[M]. 邓正来译. 北京：生活·读书·新知三联书店，2007.

[2] [英] 约翰·密尔. 论自由 [M]. 程崇华译. 北京：商务印书馆出版社，1959.

[3] 陈卫东. 刑事诉讼法（第二版）[M]. 北京：中国人民大学出版社，2004.

[4] 陈卫东. 2012刑事诉讼法修改条文理解与适用 [M]. 北京：中国法制出版社，2013.

[5] 陈卫东. 刑事诉讼法学研究 [M]. 北京：中国人民大学出版社，2008.

[6] 陈卫东. 刑事审前程序研究 [M]. 北京：中国人民大学出版社，2004.

[7] 陈卫东、Taru Spronken. 遏制酷刑的三重路径——程序制裁、羁押场所的预防与警察讯问技能的提升 [M]. 北京：中国法制出版社，2012.

[8] 陈卫东. 模范刑事诉讼法典（第二版）[M]. 北京：中国人民大学出版社，2011.

[9] 陈卫东. 《人民检察院刑事诉讼规则（试行）》析评 [M]. 北京：中国民主法制出版社，2013.

[10] 孙长永. 探索正当程序——比较刑事诉讼法专论 [M]. 北京：中国法制出版社，2005.

[11] 胡康生，李福成. 中华人民共和国刑事诉讼法释义 [M]. 北京：法律出版社，1996.

[12] 宋英辉. 刑事诉讼原理 [M]. 北京：法律出版社，2003.

[13] 林钰雄. 刑事诉讼法（上册）[M]. 北京：中国人民大学出版社，2005.

[14] 林钰雄. 刑事诉讼法（下册）[M]. 北京：中国人民大学出版社，2005.

[15] [德] 克劳思·罗科信. 刑事诉讼法 [M]. 吴丽琪译. 北京：法律出版社，2003.

[16] 焦洪昌. 宪法学（第四版）[M]. 北京：北京大学出版社，2010.

[17] 罗郎胜. 中华人民共和国刑事诉讼法修改与适用 [M]. 北京：新华出版社，2012.

[18] 海敏著. 反恐视野中的刑事强制措施研究 [M]. 北京：中国人民公安大学出版社，2012.

[19] 马相哲. 韩国刑事诉讼法 [M]. 北京：中国政法大学出版社，2004.

[20] 王贞会. 羁押替代性措施改革与完善 [M]. 北京：中国人民公安大学出版社，2012.

[21] 朱最新. 宪法学 [M]. 北京：中国人民大学出版社，2010.

[22] 李步云. 人权法学 [M]. 北京：高等教育出版社，2005.

[23] 张华金. 哲学的智慧 [M]. 北京：上海社会科学院出版社，2010.

[24] 彭华民，杨心恒. 社会学概论 [M]. 北京：高等教育出版社，2006.

[25] 张友琴，童敏，欧阳马田. 社会学概论 [M]. 北京：科学出版社，2000.

[26] 薛宏伟. 羁押制度创新、热点问题与法律适用 [M]. 北京：人民法院出版社，2007.

[27] [美] 德雷斯勒，迈克尔斯. 美国刑事诉讼法精解（第二卷·刑事审判）[M]. 魏晓娜译. 北京：北京大学出版社，2009.

[28] 张凤仙，刘世恩，高艳. 中国监狱史 [M]. 北京：群众出版社，2004.

[29] 樊崇义. 刑事诉讼法学研究综述与评价 [M]. 北京：中国政法大学出版社，1991.

[30] 张建良. 刑事强制措施要论 [M]. 北京：中国人民公安大学出版社，2005.

[31] 武延平，刘根菊. 刑事诉讼法学参考资料汇编（上册）[M]. 北京：北京大学出版社，2005.

[32] 徐益初. 刑事诉讼法学研究综述 [M]. 天津：天津教育出版社，1989.

[33] 吴宏耀，种松志. 中国刑事诉讼法典百年（中册）[M]. 北京：中国政法大学出版社，2012.

[34] 陈瑞华，黄永，褚福民. 法律程序改革的突破与限度——2012年刑事诉讼法修改评述 [M]. 北京：中国法制出版社，2012.

[35] 左卫民著. 中国刑事诉讼运行机制实证研究 [M]. 北京：法律出版社，2007.

[36] 樊崇义等. 刑事诉讼法修改专题研究报告［M］. 北京：中国人民公安大学出版社，2004.

[37] 高其才. 法理学［M］. 北京：清华大学出版社，2011.

[38] 郎胜. 欧盟国家审前羁押与保释制度［M］. 北京：法律出版社，2006.

[39] 黄风译. 意大利刑事诉讼法典［M］. 北京：中国政法大学出版社，1994.

[40] 李心鉴. 刑事诉讼构造论［M］. 北京：中国政法大学出版社，1992.

[41] 黄道秀. 俄罗斯联邦刑事诉讼法典［M］. 北京：中国人民公安大学出版社，2006.

[42] 江国华. 立法——理想与变革［M］. 济南：山东人民出版社，2007.

[43] 宋英辉. 刑事诉讼目的论［M］. 北京：中国公安大学出版社，1995.

[44] 王雨田. 控制论、信息论、系统科学与哲学［M］. 北京：中国人民大学出版社，1986.

[45] 陈少林，顾伟. 刑事诉权原论［M］. 北京：中国法制出版社，2009.

[46] 宋英辉，李忠诚. 刑事程序法功能研究［M］. 北京：中国人民公安大学出版社，2004.

[47] 孙连钟. 刑事强制措施问题研究［M］. 北京：知识产权出版社，2007.

[48] 赖玉忠. 刑事强制措施体系研究［M］. 北京：中国政法大学出版社，2012.

[49] ［日］土本武司. 日本刑事诉讼法要义［M］. 董樊舆，宋英辉译. 台北：五南图书出版公司，1997.

[50] 陈光中. 刑事诉讼法实施问题研究［M］. 北京：中国民主法制出版社，2000.

[51] 张清源，田懋勤等. 同义词词典［M］. 成都：四川人民出版社，1994.

[52] 林贻影. 两岸检察制度比较研究［M］. 北京：中国检察出版社，1998.

[53] 王贞会. 羁押替代性措施改革与完善［M］. 北京：中国人民公安大学出版社，2012.

[54] 陈朴生. 刑事诉讼实务（增订本）［M］. 台北：海天印刷厂有限公司，1967.

[55] ［德］托马斯·魏根特. 德国刑事诉讼程序［M］. 岳礼玲等译. 北京：中国政法大学出版社，2004.

[56] 国际刑罚改革协会. 让标准发挥作用［M］. 张青译. 北京：法律出版社，2009.

[57] 郭立新. 检察机关侦查实务（第四卷）［M］. 北京：中国检察官出版社，2005.

[58] 韩大元，林来梵，郑贤君. 宪法学专题研究（第二版）［M］. 北京：中国人民大学出版社，2004.

[59] 张千帆. 宪法学讲义［M］. 北京：北京大学出版社，2011.

[60] 周伟. 宪法基本权利——原理·规范·应用［M］. 北京：法律出版社，2006.

[61] 周汉华. 个人信息保护前沿问题研究［M］. 北京：法律出版社，2006.

[62] 孙茂利. 公安机关办理刑事案件程序规定释义与实务指南［M］. 北京：中国人民公安大学出版社，2013.

[63] 孙谦.《人民检察院刑事诉讼规则（试行）》理解与适用［M］. 北京：中国检察出版社，2012.

[64] 彭真. 论新中国的政法工作［M］. 北京：中央文献出版社，1992.

[65] 李袁婕. 取保候审制度研究［D］. 北京：中国政法大学，2007.

[66] 唐茂定. 监视居住制度研究［D］. 南京：南京师范大学，2012.

[67] 孙皓. 看守所规范化研究［D］. 北京：中国人民大学，2013.

[68] 邓成明，杨松才.《公民权利和政治权利公约》若干问题研究.［M］. 长沙：湖南人民出版社，2007.

二、中文论文

[1] 林楠. 监视居住若干问题思考［J］. 人民检察，1998（9）.

[2] 王国社. 关于检察机关适用监视居住的问题［J］. 政法论坛，1992（4）.

[3] 戴涛. 执行监视居住中需要解决的几个问题［J］. 法学，1988（6）.

[4] 尹吉. 指定居所监视居住法律适用［G］. 卞建林，谭世贵. 新刑事诉讼法的理解与实施［M］. 北京：中国人民公安大学出版社，2013.

[5] 王兆鹏. 台湾地区"刑事诉讼法"的重大变革［G］. 陈光中，柯恩. 比较与借鉴：从各国经验看中国刑事诉讼法改革路径——比较刑事诉讼国际研讨会论文集［C］. 北京：中国政法大学出版社，2007.

[6] 林邦梁. 台湾地区刑事诉讼中之强制处分［G］. 陈光中，柯恩. 比较与借鉴：从各国经验看中国刑事诉讼法改革路径——比较刑事诉讼国际研讨会论文集［C］. 北京：中国政法大学出版社，2007.

[7] 印习平，辛耀波. 刑事赔偿的归责原则、赔偿范围和国家免责规定的完善［J］. 河北法学，2010（5）.

[8] 钟佳萍，禹龙国. 论我国刑事赔偿归责原则的完善［J］. 政治与法律，

2007 (1).

[9] 程雷. 刑事诉讼法第 73 条的法解释学分析 [J]. 政法论坛, 2013 (2).

[10] 胡仕浩. 扩大赔偿范围、畅通求偿渠道、完善赔偿程序、提高赔偿标准、改进经费保障——国家赔偿法的修改凸显五大亮点 [J]. 人民法院报, 2010 (12).

[11] 马静华, 彭美. 非法审讯: 一个实证角度的研究 [G]. 郝宏奎. 侦查论坛 (第五卷). 北京: 中国人民公安大学出版社, 2006.

[12] 柯葛壮. 完善我国取保候审制度的几点思考 [J]. 法学, 2003 (6).

[13] 徐静村, 潘金贵. 我国刑事强制措施制度改革的基本构想 [J]. 甘肃社会科学, 2006 (2).

[14] 杨雄. 刑事强制措施功能论 [G]. 赵秉志. 现代法学问题思考 [M]. 北京: 北京师范大学出版社, 2011.

[15] 马静华, 冯露. 监视居住: 一个实证角度的分析 [J]. 中国刑事法志, 2006 (6).

[16] 杨正万. 监视居住制度的困境与出路——基于保留立场的分析 [J]. 凯里学院学报, 2009 (1).

[17] 杨正万. 监视居住制度功能分析 [J]. 贵州民族学院学报 (哲学社会科学版), 2008 (6).

[18] 陈岩. 从卡恩案看我国采取强制措施后通知家属规则的完善 [J]. 中国检察官, 2013 (11).

[19] 余辉胜. 现行监视居住制度的隐忧与省思 [J]. 西南政法大学学报, 2007 (6).

[20] 徐俊. 浅谈监视居住的适用价值及其完善 [J]. 政法学刊, 2006 (6).

[21] 程荣斌, 赖玉忠. 论废除监视居住的理由 [J]. 山东警察学院学报, 2010 (1).

[22] 姚玉林, 张伟. 监视居住强制措施存在的合理性分析 [J]. 检察实践, 2004 (2).

[23] 周长军. 从基本权干预原理论指定居所监视居住——兼评新《刑事诉讼法》第 73 条 [J]. 山东社会科学, 2013 (4).

[24] 郭琼. 试论检察机关自侦案件中监视居住的执行 [J]. 当代法学, 2003 (2).

[25] 房国宾. 审前羁押替代措施之理性分析 [J]. 贵州社会科学, 2010 (11).

[26] 王贞会，茹艳红．羁押目的及其关联命题之辨［J］．山东警察学院学报，2011（6）．

[27] 卞建林．我国刑事强制措施的功能回归与制度完善［J］．中国法学，2011（6）．

[28] 李娜，张昊．最高检：指定居所监视居住实践中应当慎用［J］．法制日报，2013（1）．

[29] 左卫民．指定监视居住的制度性思考［J］．法商研究，2013（3）．

[30] 庞凌，缪岚．住宅不受侵犯权研究［G］．徐显明．人权研究（第六卷）［M］．济南：山东人民出版社，2007．

三、新闻报道

[1] 新华网．卡恩性侵案疑点重重，美国记者认为背后有人指使［EB/OL］．（2011-11-28）．http://news.sohu.com/20111128/n327090932.shtml．

[2] 陈霄．刑诉法监视居住条款再现争议［EB/OL］．（2013-07-31）．http://news.hexun.com/2013-07-31/156635747.html?fromtool=roll．

[3] 王和岩．"北海律师伪证案"主角杨在新下落不明［EB/OL］．（2012-03-21）．http://china.caixin.com/2012-03-21/100371075.html．

[4] 王和岩．"北海律师伪证案"主角杨在新取保候审［EB/OL］．（2012-09-13）．http://china.caixin.com/2012-09-13/100437495.html．

[5] 陈光中．两种情况拘留不通知"不过分"［EB/OL］．（2012-03-15）．http://epaper.jinghua.cn/html/2012-03/15/content_771066.htm．

[6] 羊忠民，辉平．执行成本高易异化"指定居所监视居住"遭遇"慎用"［EB/OL］．（2013-05-08）．http://jxfzb.jxnews.com.cn/system/2013/05/08/012407400.shtml．

[7] 人民网．成都首例指定居所监视居住，警方给醉驾男开房［EB/OL］．（2013-07-19）．http://sc.people.com.cn/n/2013/0719/c347559-19108227.html．

[8] 贺信．指定居所监视居住："双规"曲线入法［EB/OL］．（2012-03-12）．http://china.caixin.com/2012-03-12/100367089.html．

[9] 中国台湾网．详讯：羁押原因未变，法院裁定陈水扁延长羁押2月［EB/OL］．（2009-05-11）．http://www.taiwan.cn/xwzx/bwkx/200905/t20090511_892572.htm．

[10] 法制网．陈水扁机关算尽如意算盘仍落空［EB/OL］．（2009-05-15）．http://www.legaldaily.com.cn/bm/content/2009-05/15/content_

1091598. htm?node=195.

[11] 台海网. 陈水扁哽咽向支持者致谢，释放后限制住居[EB/OL]. (2008-12-13). http://news.qq.com/a/20081213/000290.htm.

[12] 华商网. 台北地方法院裁定当庭释放陈水扁但限制住居[EB/OL]. (2008-12-13). http://news.hsw.cn/2008-12/13/content_10466312.htm.

四、英文文章

[1] Richard S. Frase, Thomas Weigend. German Criminal Justice As A Guide to American Law Reform: Similar Promblems, Better Solutions? [J]. Boston College International and Comparative Law Review, 1995, Summer.

[2] Bruce D. Pringle. Bail And Detention In Federal Criminal Proceedings [J]. Colorado Lawyer, 1993, May.

[3] Clara Kalhous & John Meringolo. Bail Pending Trail: Changing Interpretations Of The Bail Reform Act And The Importance Of Bail From Defense Attorneys'Perspectives [J]. Pace Law Review, 2012, Summer.

[4] Esmond Harmsworth. Bail And Detention: An Assessment And Critique Of The Fedetal And Massachusetts Systems [J]. New England Jounal On Criminal And Cinil Confinement, 1996, Spring.

[5] Kuk Cho. "Procedural Weakness" of German Criminal Justice and Its Unique Exclusionary Rules Based on The Right of Personality [J]. Temple International and Comparative Law Journal, 2001, Spring.

[6] Natasha Alladina. The Use of Electronic Monitoring In The Alaska Crimenal Justice System: A Practical Yer Incomplete Alternative to Incarceration [J]. Alaska Law Review, 2011, June.

[7] Mark E. Burns. Electronic Home Detention: New Sentencing Alternative Demands Uniform Standards [J]. Journal of Contemorary Law, 1992.

[8] Jeffrey N. Hurwitz. House Arrest: A Critical Analysis Of An Intermediate-level Penal Sanction [J]. University of Pennsylvania Law Rebiew, 1987, March.

[9] Clara Kalhous, John Meringolo. Bail Pending Trial: Changing Interpretations Of The Bail Reform Act And The Importance Of Bail From Defense Attorney's Perspectives [J]. Pace Law Rebiew, 2012, Summer.

参考文献

[10] Douglas J. Klein. The Pretrial Detention "Crisis": The Causes And The Cure [J]. Washington University Journal of Urban and Contemporary Law, 1997.

[11] Dorothy K. Kagehiro. Pycholegal Isuues of Home Confinement, Saint Louis University Law Jounal [J]. 1993, Spring.

[12] Marie VanMostrand (ph. D) & Gena Keebler. Pretrial Risk Assessment In The Federal Court [J]. Federal Probation, 2009, September.

[13] Brian K. Payne & R. Gainey. The Influence Of Demographic Factors On The Experience Of House Arrest [J]. Fedetal Probation, 2002, December.

[14] Ed Cape & Jacqueline Hodgson & Ties Prakken & Taru Spronken. Suspects in Europe, Procedural Rights at the Investigative Stage of the Criminal Process in the European Union [M], Intersentia Antwerpen—Oxfod, 2007.

[15] German Federal Government Reply to Green Pape. Strengthening mutual trust in the European judicial area-A Green Paper on the application of EU criminal justice legislation in the field of detention, Ref. Ares (2012) 65960—20/01/2012.